안양대HK+
동서교류문헌총서
13

Physiologus
피지올로구스 라틴어본 역주
중세 그리스도교 우화집

KB191645

안양대학교 신학연구소

안양대HK+ 동서교류문헌총서 13

피지올로구스 라틴어본 역주
중세 그리스도교 우화집

초판인쇄 2024년 10월 23일
초판발행 2024년 10월 30일

지은이 Physiologus
번역 및 주해 곽문석 · 이삭

펴낸곳 동문연
등 록 제2017-000039호
전 화 02-705-1602
팩 스 02-705-1603
이메일 gimook@gmail.com
주 소 서울특별시 용산구 청파로 40, 1602호 (한강로3가, 삼구빌딩)

값 24,000 원 (* 파본은 바꾸어 드립니다.)

ISBN 979-11-981913-8-0 (94230)
ISBN 979-11-974166-0-6 (세트)

* 이 저서는 2019년 대한민국 교육부와 한국연구재단의 HK+사업의 지원을 받아 수행된 연구임
  (NRF-2019S1A6A3A03058791).

Physiologus

피지올로구스 라틴어본 역주
중세 그리스도교 우화집

Physiologus 지음

곽문석 · 이삭 번역 및 주해

동문연

발간에
즈음하여

안양대학교 신학대학 부설 신학연구소 소속의 인문한국플러스(HK+) 사업단은 소외 · 보호 분야의 동서교류문헌 연구를 2019년 5월 1일부터 수행하고 있다. 다시 말하여 그동안 소외되었던 연구 분야인 동서교류문헌을 집중적으로 연구하면서, 동시에 연구자들의 개별 전공 영역을 뛰어넘어 문학 · 역사 · 철학 · 종교를 아우르는 공동연구를 진행하고 있다. 서양 고대의 그리스어, 라틴어 문헌이 중세 시대에 시리아어, 중세 페르시아어, 아랍어로 어떻게 번역되었고, 이 번역이 한자문화권으로 어떻게 수용되었는지를 추적 조사하고 있다. 또한, 체계적으로 연구하기 위해서 동서교류문헌을 고대의 실크로드 시대(Sino Helenica), 중세의 몽골제국 시대(Pax Mongolica), 근대의 동아시아와 유럽(Sina Corea Europa)에서 활동한 예수회 전교 시대(Sinacopa Jesuitica)로 나누어서, 각각의 원천문헌으로 실크로드 여행기, 몽골제국 역사서, 명청시대 예수회 신부들의 저작과 번역들을 연구하고 있다. 이제 고전문헌학의 엄밀한 방법론에 기초하여 비판 정본을 확립하고 이를 바탕으로 번역 · 주해하는 등등의 연구 성과물을 순차적으로 그리고 지속적으로 총서로 출간하고자 한다.

본 사업단의 연구 성과물인 총서는 크게 세 가지 범위로 나누어 출간될 것이다. 첫째는 "동서교류문헌총서"이다. 동서교류문헌총서는 동서교류에 관련된 원전을 선정한 후 연구자들의 공동강독회와 콜로키움 등의 발표를 거친 다음 번역하고 주해한다. 그 과정에서 선정된 원전 및 사본들의 차이점을 비교 혹은 교감하고 지금까지의 연구에 있어서 잘못 이해된 것을 바로잡으면서 번역작업을 진행하여 비판 정본과 번역본을 확립한다. 그런 다음 최종적으로 그 연구 성과물을 원문 대역 역주본으로 출간하는 것이다. 둘째는 "동서교류문헌언어총서"이다. 안양대 인문한국플러스 사업단은 1년에 두 차례 여름과 겨울 동안 소수언어학당을 집중적으로 운영하고 있다. 이 소수언어학당에서는 고대 서양 언어로 헬라어와 라틴어, 중동아시아 언어로 시리아어와 페르시아어, 중앙아시아 및 동아시아 언어로 차가타이어와 만주어와 몽골어를 강의하고 있는데, 이러한 소수언어 가운데 우리나라에 문법이나 강독본이 제대로 소개되어 있지 않은 언어들의 경우에는 강의하고 강독한 내용을 중점 정리하여 동서교류문헌언어총서로 출간할 것이다. 셋째는 "동서교류문헌연구총서"이다. 동서교류문헌연구총서는 동서교류문헌을 번역 및 주해하여 원문 역주본으로 출간하고, 우리나라에 잘 소개되지 않는 소수언어의 문법 체계나 배경 문화를 소개하는 과정에서 깊이 연구된 개별 저술들이나 논문들을 엮어 출간하려는 것이다. 이 본연의 연구 성과물을 통해서 동서교류의 과거 · 현재 · 미래를 가늠해 볼 수 있고 궁극적으로 '그들'과 '우리'를 상호 교차적으로 비교해 볼 수 있을 것이다.

안양대학교 신학연구소 인문한국플러스 사업단장

곽 오 석

제1부

———————

피지올로구스 해제

피지올로구스-중세 그리스도교 라틴어 우화집

『피지올로구스』 개론

『피지올로구스』는 종교적이고 도덕적인 교훈을 담고 있는 동물과 돌과 나무 등에 관한 중세 이야기 모음집이다. 이 우화집은 중세 시대 가장 인기 있고 널리 읽힌 책 중 하나였다. 이야기들의 원천은 고대 헤로도토스 시대부터 아리스토텔레스와 플리니우스와 아일리아노스 등에 의해 전해진 것들과 이집트와 인도는 물론, 유대와 그리스와 로마에서 회자하던 전설들이다. 이러한 이야기들은 우화집의 제목과 같은 '피지올로구스'라는 한 화자에 의해 전달되고 있다. 라틴어 'Physiologus'(피지올로구스)는 그리스어 'Φυσιολόγος'(퓌시오로고스)의 번역이며, 문자적으로는 '자연학자'를 의미한다. 이 화자는 '자연학자'라는 이름을 빌려 이 이야기들에 우화적 상상력과 종교적이고 신비적이며 도덕적인 의미를 더해 교훈적 의미를 전달해 주는 역할을 하고 있다. 즉 『피지올로구스』는 동물 우화집(bestiary)에 그리스도교의 신앙적 교훈을 더한 일종의 설교집이라고 할 수 있다.

『피지올로구스』의 원전은 3~4세기경 알렉산드리아에서 그리스어로 쓰였을 것으로 생각한다. 이러한 가정은 본문에 이집트에 관한 내용이 많기 때문이다. 이집트에 살았던 성경의 인물인 '요셉'에 관한 내용은 물론, 나일강에 사는 '휘드루스'(Hydrus)와 '이집트몽구스'(Echinemon), 이집트의 고대 도시 '헬리오폴리스'(Heliopolis)와 이집트의 달 이름인 '파르무티'(Farmuti)와 '파메노트'(Phamenoth) 등이 언급되고 있다.

이후 그리스어『피지올로구스』는 중세 유럽에서 라틴어와 프랑스어와 독일어 등으로 번역되었다. 중세 라틴어본은 그리스어본을 저본으로 번역된 것임을 알 수 있다. 그 근거로는 라틴어본이 때때로 각 이야기에 등장하는 동물과 사물 등의 라틴어 이름과 함께 대응되는 그리스어 이름을 제시하고 있으며, 그외 여러 의미의 그리스어 단어를 그대로 음역한 것들을 들 수 있다. 잔가지가 많은 관목의 이름인 그리스어 'ἐρικίνη'(에리키네)를 라틴어 'ricine' 와 'herecine'로, '부싯돌'을 의미하는 'πυροβόλος'(퓌로볼로스)를 'pirobolis' 로, '페리덱시온 나무'를 의미하는 'περιδέξιον'(페리덱시온)을 'peridexion'과 'peredexion'으로, '코끼리'를 의미하는 'ἐλέφας'(엘레파스)와 'γεργελέφας'(게르겔레파스)를 'elaphas'와 'tragelaphus'로, '노루'를 의미하는 'δόρκων'(도르콘)을 'dorchon'으로, '마노석'을 의미하는 'ἀχάτης'(아카테스)를 'achates'로, '굴' 을 의미하는 'ὄστρεος'(오스트레오스)를 'sostoros'로, '조개'를 의미하는 'κόγχος'(콩코스)를 'conchos'로, '내장 배설물'을 의미하는 그리스어 'ἀφοδεύματα'(아포듀마타)를 라틴어본에서 'apudeumata'로, '왜가리'를 의미하는 'ἐρωδιός'(에로디오스)를 'herodius'로, 한 고래의 이름인 'ἀσπιδοχελώνη'(아스피도켈로네)를 'aspidoceleon'로, '해산석'을 의미하는 'εὐτόκιος'(에우토키오스)를 'eutocium'으로, '유니콘'을 의미하는 'μουνόκερας'(무노케라스)를 'monoceras'로, '자웅동체' 를 의미하는 'ἀρρενόθηλύ'(아르레노쎌뤼)를 'arenotelicon'으로, '이집트몽구스' 를 의미하는 'ἰχνεύμων'(이크뉴몬)을 'echinemon'로, '육지에 사는'이라는 의미인 'χερσαῖος'(케르사이오스)를 'cerseus'로, 한 도마뱀의 이름인 'σαλαμάνδρα'(살라만드라)를 'salamandra'로, '비둘기 애호가'를 의미하는 'πηγματισταί'(페그마티스타이)를 'pegmatistes'로, '진홍'을 의미하는 'φοινικοῦν'(포이니쿤)을 'fenicium' 으로, '햇살 도마뱀'을 의미하는 'σαύρα ἡλιακή'(사우라 헬리케)를 'saura eliace' 로, '학'을 의미하는 'ασιδα'(아시다)를 'asida'로 음역하고 있다.

　　그리스어 단어를 번역하지 않고 그대로 음역하고 있는 경우도 보인다. 그리스어본에서 '춘분'을 의미하는 'ἰσημερία'(이세메리아)를 'ysemeria'

로, '광야'를 의미하는 'ἐρήμῳ'(에레모)를 'herimo'로, '자유인'을 의미하는 'πολιτευόμενε'(폴리튜오메네)를 'polivomene'로, '부친 살해자'와 '모친 살해자'를 의미하는 'πατραλοῖαι'(파트라로이아이)와 'μητραλοῖαι'(메트라로이아이)를 'patrueli'와 'matrueli'로 음역하고 있는 것이 그 예이다.

또한 라틴어본이 '예수 그리스도'를 의미하는 그리스어 "Ιησοῦς Χριστὸς'(이에수스 크리스토스)에 대해서 때때로 'Ihesus Xpistus'(이헤수스 크피스투스)라는 용어를 사용하고 있다는 점이다. 라틴어로는 'Iesus Christus'(이에수스 크리스투스)라고 해야한다. 이러한 표기법은 그리스어와 라틴어 철자의 음가가 서로 다르지만, 그리스어와 라틴어 철자의 모양이 비슷한 알파벳 모양, 즉 그리스어 'η'에 대해 라틴어 'h'로, 그리스어 'ρ'에 대해 라틴어 'p'를 사용하여 표기하고 있다는 것을 알 수 있다.

『피지올로구스』는 아프리카에서도 에티오피아어로 번역되었으며, 동방의 여러 언어들, 즉 시리아어와 아랍어와 아르메니아어와 조르지아어 등으로 번역되고 널리 읽혔다. 수백 년간 산문과 운문 등의 다양한 형식으로, 요한 크리소스톰, 암브로시우스와 히에로니무스 등 여러 작가들의 이름을 빌려 출판되었다. 수백 종류의 사본이 전해지고 있으며, 어떤 사본들은 각각의 동물들에 관한 이야기와 함께 신화적이고 문화적 상상력을 바탕으로 묘사된 다양한 그림을 간직하고 있다.

『피지올로구스』의 각 우화들의 전반부는 고대의 전설들을 바탕으로 기술되며, 후반부는 성경 인용과 성경의 등장인물과 함께 교훈적으로 마무리된다. 교훈적 내용은 신구약의 성경 구절의 인용문과 함께, 구약의 '다윗'과 '이사야'와 '예레미야'와 '욥'과 '아모스'와 '다니엘' 등과 신약의 '예수 그리스도'와 '바울' 등의 이름을 빌려 전달되고 있다.

그리스도교 우화집은 이후 더 다양한 동물 이야기들이 추가되고 더 많은 성경 구절들이 인용되면서, 초기 50여 개의 우화가 100여 개 이상으로 확장되었다. 예를 들면, 12세기 푸이요의 휴(Hugh of Fouilloy)의 *De avibus*(새에 관하여)[1]에는 총 60개의 새에 관한 우화가 기술되어 있다. 또한 같은 시기의 세인트 빅토르의 휴(Hugh of Saint Victor)의 *De Bestiis et Aliis Rebus*(들짐승과 다른 것들에 관하여)[2]는 총 4권으로 구성되어 있는데, 1권 *De avibus*(새에 관하여)에 60여 개의 새에 관한 이야기와, 2권과 3권 피지올로구스 관련 이야기가 각각 36개와 61개 기술되어 있다. 이후에도 이와 같은 다양한 이야기들의 모음집이 12~13세기에 걸쳐 출판되었으며[3], 14세기에는 *Novus Physiologus*(새로운 피지올로구스)라는 제목으로 기존의 라틴어『피지올로구스』에 없는 이야기들을 포함한 책이 출판되기도 하였다.[4]

이와 같이 고대 동물들에 관한 이야기들을 바탕으로 그리스도교 교리와 접목되어 전파된『피지올로구스』는 우화집의 장르뿐만 아니라, 설교집 또는 신앙 서적과 문학 등 다양한 문헌에서 인용되었으며, 재편집되고 확장되었다.『피지올로구스』에 관한 최근 연구는 그리스어와 라틴 교부들의 글에서 우화의 사용과 성경 인용과 그 저본에 관한 논의 그리고 동방 그리스도교 언어로 저술된 문헌들 간의 상호 관련성에 관한 주제 등으로 확장되고 있다.

주요 라틴어 판본들

중세 라틴어『피지올로구스』의 주요 판본은 라틴어 A, B, C, Y본 등이 있다. 이들 사본들은 대부분 8세기에서 10세기의 것들이다. 각 라틴어 본

---

1 편집본과 영어 번역본이 클라크에 의해 출판되었다: Willene B. Clark, *The Medieval book of birds: Hugh of Fouilloy's Aviarium* (Binghamton, NY: Medieval & Renaissance Texts & Studies, 1992).

2 편집본이 미뉴(Migne)에 의해 출판되었다: Jacques-Paul Migne, Patrologiae Cursus Completus, Series Latina Volume 177 (Paris: Migne, 1854) pp. 5~164.

3 이 시기에 쓰여진 123개의 이야기들에 대한 편집본과 영어 번역본이 클라크(Clark)에 의해 2006년에 출판되었다: Willene B. Clark, *A Medieval Book of Beasts: The second-family bestiary. Commentary, art, text and translation* (Woodbridge: Boydell, 2006).

4 편집본이 오르반(Orbán)에 의해 1989년에 출판되었다: A. P. Orbán, *Novus Phisiologus: Nach Hs. Darmstadt 2780* (Leiden: Brill, 1989).

문들의 구성과 주요 사본 및 본서에서 사용하거나 참고한 주요 문헌들은 다음과 같다.

라틴어 A본

라틴어 A본은 10세기 벨기에 사본이 유일본으로 전해진다(Koninklijke Bibliotheek van België, Ms. 10066-77). 총 36개의 우화로 구성되어 있으며, 아직 편집본이 출판되지 않았다. 본서에서는 이 본문을 사용하지 않았다. 맥컬록(McCulloch)이 제시한 우화 목록[5]에 따르면, Y본에 있는 '따오기', '돌무화과나무', '고래 아스피도켈로네', '대머리독수리', '개미사자', '족제비', '이집트몽구스', '까마귀', '제비', '사슴', '육지 개구리와 수생 개구리', '자석', '햇살 도마뱀' 등이 없고, C본에 있는 '수탉'과 '말'이 없다. 하지만 Y본과 C본에는 없고 B본에만 있는 '타조'를 포함하고 있다.

라틴어 B본

라틴어 B본은 8~9세기 사본이 존재한다. 총 34개의 우화로 구성되어 있다. 라틴어 B본의 편집본으로는 1851년에 출판된 캬이에(Cahier)[6]의 것과 1939년에 출판된 카모디(Camody)의 것[7]이 있다. 본서는 라틴어 B본의 본문으로 카모디(Camody)의 편집본을 사용하였다. 이 편집본에는 우화 번호가 37까지 있지만 34~37번 우화의 라틴어 본문은 소실되어 전해지지 않는다. Y본과 C본에는 없고 A본에 있는 '타조'를 포함하고 있다.

---

5 Florence McCulloch, *Medieval Latin and French Bestiaries* (Chapel Hill: University of North Carolina Press, 1962), p. 26.

6 Charles Cahier, *Mélanges d'archéologie, d'histoire et de littérature, vol. 2* (Paris: Poussielgue-Rusand, 1851).

7 Francis J. Carmody, *Physiologus Latinus: Éditions préliminaires versio B* (Paris: Librairie E. Droz, 1939).

라틴어 C본

라틴어 C본은 9~10세기 사본이 존재한다. 총 32개 우화로 구성되어 있다. 라틴어 C본의 편집본으로는 캬이에(Cahier)의 것[8]과 2010년에 출판된 게버트(Gebert)의 것[9]이 있다. 본서는 라틴어 B본의 본문으로 게버트의 편집본을 사용하였다. C본은 A본과 B본과 Y본에는 없는 '수탉'과 '말'을 포함하고 있다.

라틴어 Y본

라틴어 Y본은 9세기 사본이 가장 이른 사본이다. 총 49개의 우화로 구성되어 있다. 라틴어 Y본의 편집본으로는 1944년에 출판된 카모디(Camody)의 것[10]이 있으며, 번역으로는 1979년에 출판된 컬리(Curley)의 영어 번역본[11]이 있다. 본서는 라틴어 Y본의 본문으로 카모디의 편집본을 참고하였다.

라틴어 우화 제목과 순서

본서는 주요 라틴어본이 포함하고 있는 총 52개의 우화들을 아래와 같이 순서대로 편집하고 한글 번역을 제시하였다. 순서는 가장 많은 이야기를 포함하고 있는 순서대로, 즉 Y본, B본, C본 순으로 제시하였다. 아래 표에 기술된 라틴어 제목에는 우화의 제목과 함께 우화 내용 중에 언급된 용어들을 포함하고 있다. 각 판본들의 우화 번호는 Y본과 B본은 카모디의 편집본의 것이며, C본은 게버트의 편집본의 것이다.

---

8 캬이에는 B본의 편집본과 함께 C본을 제시하고 있다.

9 Bent Gebert, "Der Satyr im Bad: Textsinn und Bildsinn in der Physiologus-Handschrift Cod. Bongarsianus 318 der Burgerbibliothek Bern, mit einer Edition der Versio C des Physiologus latinus", *Mittellateinisches Jahrbuch* 45 (2010), pp. 353–403.

10 Francis J. Carmody, "Physiologus Latinus Versio Y", *University of California Publications in Classical Philology, Volume 12 (1933-1944)* (Berkeley and Los Angeles: University of California Press, 1944), pp. 95~134.

11 Michael J. Curley, *Physiologus: A Medieval Book of Nature Lore*, Austin (TX: University of Texas Press, 1979) [repr. Chicago, IL: University of Chicago, 2009].

우화 번호	Y본 번호	우화 제목	라틴어 제목	B본 번호	C본 번호
1	1	사자	leo	1	1
2	2	영양	antelups autolops autolopus	2	25
3	3	부싯돌	ignifer lapis pirobolus lapis	3	
4	4	톱상어	serra	4	26
5	5	물떼새	charadrius calatrius	5	3
6	6	펠리칸	pelicanus	6	4
7	7	해오라기	nicticorax nocticorax nycticorax	7	5
8	8	독수리	aquila	8	6
9	9	피닉스	phenix	9	
10	10	후투티	epope upupa yppopus	10	7
11	11	들나귀	onager		
12	12	독사	vipera		8
13	13	뱀	serpens		9, 10, 11
14	14	개미	formica	11	12, 13, 14
15	15	세이렌과 히포켄타우로스	serena sirena syrena honocentaurus honotaurus onocentaurus	12	15
16	16	고슴도치	ericius herinacius yricius	13	16
17	17	따오기	ibis	14	
18	18	여우	vulpis	15	17
19	19	페리덱시온 나무	peredexion arbor peredixion arbor peridexion arbor	32	24
20	20	코끼리	elephas elephans eliphans tragelaphus	33	27, 28
21	21	노루	caprea dorchon dorcon	20	
22	22	마노석	achates lapis achatis lapis		29-1
23	23	진주	margarita		29-2
24	24	금강석 1	adamantinus lapis		

우화 번호	Y본 번호	우화 제목	라틴어 제목	B본 번호	C본 번호
25	25	들나귀와 원숭이	onager simius simia	21	
26	26	인도석	indicus lapis sindicus lapis		30
27	27	왜가리	herodius fulica	22	
28	28	돌무화과나무	psycomora		
29	29	표범	panther panthera	23	18
30	30	고래 아스피도켈로네	aspidoceleon aspidochelone aspidohelune aspischelone	24	19, 20
31	31	자고새	perdix	25	
32	32	대머리독수리	vultur		
33	33	개미사자	mirmicoleon		
34	34	족제비	mustela	26	
35	35	유니콘	monoceras monoceros unicornis	16	21
36	36	비버	castor	17	
37	37	하이에나	hyaena hyena	18	
38	38	수달	niluus hydrus	19	
39	39	이집트몽구스	echinemon		
40	40	까마귀	cornicola		
41	41	산비둘기	turtur	28	
42	42	제비	hyrundo		
43	43	사슴	cervus	29	22
44	44	육지 개구리와 수생 개구리	cersea rana aquatica rana		
45	45	살라만드라	salamandra stellio	30	23
46	46	자석	magnis lapis		
47	47	금강석 2	adamantinus lapis		
48	48	비둘기	columba	31	
49	49	햇살 도마뱀	aesaure elicae anguilla solis lacerta saura eliace	37	2
50		타조	asida struthio struthiocamelon	27	
51		수탉	gallus		31
52		말	caballus		32

그리스어 우화 제목과 순서

라틴어 본문과 비교 연구를 위해서 본서에서 언급되거나 인용되고 있는 그리스어 판본은 스보르돈(Sbordone)이 1936년에 출판한 편집본[12]과 오페르만스(Offermanns)가 1966년에 독일어 번역과 함께 출판한 편집본[13]과 쇤베르거(Schönberger)가 2001년에 독일어 번역과 함께 출판한 편집본[14] 등이다. 그리스어본 번호는 쇤베르거 편집본의 순서를 따랐다. 라틴어본에 있는 '타조'와 '수탉'과 '말' 등 3개의 우화는 그리스어본에는 없다.

우화 번호	우화 제목	그리스어 제목	그리스어본(Gr) 번호
1	사자	λέων	1
2	영양	ὕδρωψ	36
3	부싯돌	πυροβόλος λίθος	37
4	톱상어	πρίων	39
5	물떼새	χαραδριός	3
6	펠리칸	πελεκάνος	4
7	해오라기	νυκτικόραξ	5
8	독수리	ἀετός	6
9	피닉스	φοῖνιξ	7
10	후투티	ἔποψ	8
11	들나귀	ὄναγρος	9
12	독사	ἔχιδνα	10
13	뱀	ὄφις	11
14	개미	μύρμηξ	12
15	세이렌과 히포켄타우로스	Σειρήν / ἱπποκένταυρος	13
16	고슴도치	ἐχῖνος	14
17	따오기	ἶβις	40
18	여우	ἀλώπηξ	15
19	페리덱시온 나무	περιδέξιον δένδρον	34

---

12 Francesco Sbordone, *Physiologus* (Hildesheim, Zürich, New York: Olms, 1991).

13 Dieter Offermanns, *Der Physiologus nach den Handschriften G und M* (Meisenheim am Glan: Anton Hain, 1966).

14 Otto Schönberger, *Physiologus Griechisch/Deutsch* (Stuttgart: Philipp Reclam, 2001).

우화 번호	우화 제목	그리스어 제목	그리스어본(Gr) 번호
20	코끼리	ἐλέφας γεργελέφας	43
21	노루	δόρκων	41
22	마노석	ἀχάτης	44
23	진주	μαργαρίτης	44
24	금강석 1	αδαμάντινος λίθος	42
25	들나귀와 원숭이	ὄναγρος πίθηκος	45
26	인도석	ἰνδικός λίθος βατράχιος λίθος	46
27	왜가리	ερωδιός	47
28	돌무화과나무	συκάμινος	48
29	표범	πάνθηρ	16
30	고래 아스피도켈로네	ἀσπιδοχελώνη	17
31	자고새	πέρδιξ	18
32	대머리독수리	γύψ	19
33	개미사자	μυρμηκολέων	20
34	족제비	γαλέη	21
35	유니콘	μονόκερως	22
36	비버	κάστωρ	23
37	하이에나	ὕαινα	24
38	수달	ἔνυδρος	25
39	이집트몽구스	ἰχνεύμων	26
40	까마귀	κορώνη	27
41	산비둘기	τρυγών	28
42	제비	χελιδών	33
43	사슴	ἔλαφος	30
44	육지 개구리와 수생 개구리	χερσαῖος βάτραχος ἔνυδρος βάτραχος	29
45	살라만드라	σαλαμάνδρα	31
46	자석	μαγνήτος λίθος	38
47	금강석 2	ἀδάμας αδαμάντινος λίθος ἰσχυρός	32
48	비둘기	περιστερά	35
49	햇살 도마뱀	σαύρα ἡλιακή	2
50	타조	없음	
51	수탉	없음	
52	말	없음	

참고문헌

Cahier, Charles. *Mélanges d'archéologie, d'histoire et de littérature, vol. 2*, Paris: Poussielgue-Rusand, 1851.

Carmody, Francis J.. *Physiologus Latinus: Éditions préliminaires versio B*, Paris: Librairie E. Droz, 1939.

Carmody, Francis J.. "Physiologus Latinus Versio Y", *University of California Publications in Classical Philology, Volume 12 (1933-1944)*, Berkeley and Los Angeles: University of California Press, 1944, pp. 95~134.

Clark, Willene B.. *A Medieval Book of Beasts: The second-family bestiary. Commentary, art, text and translation*, Woodbridge: Boydell, 2006.

Clark, Willene B.. *The Medieval book of birds: Hugh of Fouilloy's Aviarium*, Binghamton, NY: Medieval & Renaissance Texts & Studies, 1992.

Curley, Michael J.. *Physiologus: A Medieval Book of Nature Lore*, Austin, TX: University of Texas Press, 1979 [repr. Chicago, IL: University of Chicago, 2009].

Gebert, Bent. "Der Satyr im Bad: Textsinn und Bildsinn in der Physiologus-Handschrift Cod. Bongarsianus 318 der Burgerbibliothek Bern, mit einer Edition der Versio C des Physiologus latinus", *Mittellateinisches Jahrbuch 45*, 2010, pp. 353–403.

McCulloch, Florence. *Medieval Latin and French Bestiaries*, Chapel Hill: University of North Carolina Press, 1962.

Migne, Jacques-Paul. *Patrologiae Cursus Completus, Series Latina Volume 177*, Paris: Migne, 1854, pp. 5~164.

Offermanns, Dieter. *Der Physiologus nach den Handschriften G und M*, Meisenheim am Glan: Anton Hain, 1966.

Orbán, A. P.. *Novus Phisiologus: Nach Hs. Darmstadt 2780*, Leiden: Brill, 1989.

Sbordone, Francesco. *Physiologus*, Hildesheim, Zürich, New York: Olms, 1991.

Schönberger, Otto. *Physiologus Griechisch/Deutsch*, Stuttgart: Philipp Reclam, 2001.

제2부

_____

피지올로구스 번역

1. 사자

[Gr1] Y1 B1 C1

Y1. LEO

INCIPIMUS LOQUI DE LEONE PRIMUM, REGE OMNIUM
BESTIARUM.

IACOB, benedicens Iudam filium suum, ait: *Catulus leonis Iuda*[1].
Phisiologus dixit, qui sermonum horum scripsit naturas, leo tres
naturas habet. Prima natura est: cum ambulat olefaciens in monte,
venit ei odor venatoris; et de cauda sua cooperit vestigia sua
quocumque ierit, ut non sequatur venator vestigia eius, et inveniat
cubile ipsius, et capiat eum.

Y1. 사자

우리는 첫 번째로 모든 짐승의 왕, 사자에 관한 이야기를 시작합니다.
야곱이 자기 아들 유다를 축복하며 말했습니다. "유다는 사자 새끼로다."
이 말씀의 특성에 관해 기술했던 피지올로구스[2]는 사자가 세 가지 특성을

---

1 창 49.9: ***catulus leonis Iuda*** a praeda fili mi ascendisti requiescens accubuisti ut leo et
quasi leaena quis suscitabit eum.

2 라틴어 'Physiologus'(피지올로구스)는 그리스어본의 'Φυσιολόγος'(퓌시오로고스)의 번역이
며, 문자적으로는 '자연학자'를 의미한다. 한글 번역에서는 '피지올로구스'로 통일하였다.

갖고 있다고 말했습니다. 첫 번째 특성은 이러합니다. 사자가 냄새를 맡으며 산에서 거닐 때 사냥꾼의 냄새가 그에게 다가옵니다. 그러면 사자는 어디로 가든지 자신의 종적을 꼬리로 지웁니다. 이것은 사냥꾼이 그의 종적을 쫓아가지 못하게 하고, 자신의 거주지를 찾지 못하게 하며, 그를 잡지 못하게 하기 위함입니다.

Sic et salvator noster, spiritalis leo de tribu Iuda, radix David, missus a consempiterno patre, cooperuit intellegibilia vestigia sua (hoc est deitatem suam) a Iudeis incredulis: cum angelis angelus, cum archangelis archangelus, cum tronis tronus, cum potestate potestas; donec discendens descendisset in uterum virginis, ut salvaret quod perierat genus humanum: *Et verbum caro factum est, et habitaret in nobis*[3]. *Et hoc, ignorantes eum descendentem atque ascendentem, hi qui sursum sunt, dicunt: Quis est iste rex glorie? et angeli deducentes eum responderunt: Dominus virtutum ipse est rex gloriae*[4].

우리 구원자도 그렇습니다. 한결같이 영원하신 아버지로부터 보내심을 받고 다윗의 뿌리 유다 지파에서 나신 영적 사자이신 그분은 자신의 가지적(可知的)인[5] 종적(즉 자신의 신성)을 믿음이 없는 유대인들에게 감추셨습니다. 천

---

3 요 1.14: *et Verbum caro factum est et habitavit in nobis* et vidimus gloriam eius gloriam quasi unigeniti a Patre plenum gratiae et veritatis.

4 시 24.10(VUL 23.10): *quis est iste rex gloriae Dominus virtutum ipse est rex gloriae diapsalma.*

5 피지올로구스에서 '가지적(可知的)'이라는 표현이 여러번 등장한다. 서양 고대 철학의 개념에서, 가지적이란 감각을 통해 지각되는 감각적인 실재가 아니라 지성을 통해 인식되는 이데아의 세계나 비물질적이고 지성적인 실재를 나타낸다. 본문에서는 감각적 실재에 대한 문자 그대로의 의

사들과 함께 천사가, 대천사들과 함께 대천사가, 군주들과 함께 군주가, 권세자와 함께 권세자가 되셨습니다. 그러고는 동정녀의 태중으로 내려오시기까지 내려오셨으니, 이는 죽었던 인류를 구원하시기 위함이었습니다. "말씀은 육신이 되어 우리 가운데 거하셨도다." 강림하시고 승천하시는 이러한 주님을 모르는 위에 있는 자들은 이렇게 말합니다. "저 영광의 왕은 뉘시뇨?" 주님을 맞이하는 천사들이 대답합니다. "만군의 주 곧 영광의 왕이시로다."

Secunda natura leonis est: cum dormierit, vigilant ei oculi, aperti enim sunt ei; in canticis canticorum testatur sponsus dicens: *Ego dormio, cor meum vigilat*[6]. Etenim corporaliter dominus meus dormivit in cruce, deitas vero eius semper in dextera patris vigilat: *Non enim dormit neque dormitat qui custodit Israel*[7].

사자의 두 번째 특성은 이러합니다. 사자는 잠잘 때 눈은 깨어 있습니다. 즉 눈을 뜨고 있습니다. 아가서에서 신랑은 이렇게 이르며 증언합니다. "내가 잘찌라도 마음은 깨어있구나." 우리 주님은 육적으로 십자가에서 잠드셨지만, 그분의 신성은 항상 아버지의 우편에서 깨어 있기 때문입니다. "이스라엘을 지키시는 자는 졸지도 아니하고 주무시지도 아니하시리로다."

Tertia eius natura est: cum leena genuerit catulum suum, generat eum mortuum; et leena custodit eum tribus diebus; donec

---

미를 넘어서는 영적인 의미를 가진다.

6 아 5.2a: *ego dormio et cor meum vigilat* vox dilecti mei.

7 시 121.4(VUL 120.4): ecce **non dormitabit neque dormiet qui custodit Israhel**.

veniat pater eius die tertia et, essufflans in faciem eius die tertia, suscitat eum. Sic omnipotens pater omnium tertia die suscitavit primogenitum omnis creature a mortuis.

Bene ergo Iacob dixit: *Catulus leonis Iuda, quis suscitavit eum?*[8]

사자의 세 번째 특성은 이러합니다. 암사자가 새끼를 낳을 때 사산하면, 암사자는 사흘 동안 새끼를 지키니 새끼의 아비가 돌아와 그 새끼의 얼굴에 숨을 불어넣고 새끼를 일으킬 때까지 합니다. 만물의 전능하신 아버지는 사흘 만에 모든 피조물 중 장자를 죽은 자들 가운데서 일어나게 하셨습니다. 이와 같이 야곱은 잘 설명해 주었습니다. "유다는 사자 새끼로다. 누가 그를 일으키겠는가?"

B1. LEO

Etenim Iacob, benedicens filium suum Iudam, ait: *Catulus leonis ludas, filius de germine meo, quis suscitabit eum?*[9] Physiologus dicit tres res naturales habere leonem. Prima: ambulat in montibus, et si contigerit ut quaeratur a venatoribus, venit ei odor venatoris; et cauda sua cooperit post tergum vestigia sua quocumque ierit, ut non secutus venator per vestigia eius inveniat cubile eius et capiat eum.

---

8 창 49.9: **catulus leonis Iuda** a praeda fili mi ascendisti requiescens accubuisti ut leo et quasi leaena **quis suscitabit eum.**

9 창 49.9: **catulus leonis Iuda** a praeda **fili mi** ascendisti requiescens accubuisti ut leo et quasi leaena **quis suscitabit eum.**

B1. 사자

야곱이 자기 아들 유다를 축복하며 말했습니다. "나의 씨에서 난 아들 유다는 사자 새끼로다. 누가 그를 일으키겠는가?" 피지올로구스는 사자에게 세 가지 특성이 있다고 말합니다. 첫째, 사자는 산속을 거닙니다. 그리고 사냥꾼들에게 쫓기는 일이 벌어지면 사냥꾼의 냄새가 그에게 이릅니다. 그러면 어디를 가든 등 뒤 자신의 종적을 자기 꼬리로 지웁니다. 이는 뒤쫓는 사냥꾼이 그 종적을 따라와 사자의 거주지를 찾아내어 사자를 잡지 못하게 하기 위함입니다.

Sic et salvator noster spiritalis leo de tribu Iuda, radix Iesse, filius David missus a superno patre, cooperuit intelligentibus vestigia deitatis suae, et est factus cum angelis angelus, cum archangelis archangelus, cum thronis thronus, cum potestatibus potestas, donec descenderet in uterum virginis, et salvaret hoc quod erraverat humanum genus. Et hoc ignorantes, eum ascendentem ad patrem, hi qui sursum erant angeli dicebant ad eos qui cum domino ascendebant: *Quis est iste rex gloriae?* Responderunt illi: *Dominus virtutum ipse est rex gloriae*[10].

위에 계신 아버지께서 보내신 우리의 구원자, 즉 유다 족속이 낳은 영적인 사자, 이새의 뿌리에서 난 싹, 다윗의 자손도 이와 같이 당신이 지닌 신성의 흔적을 지혜 있는 자들에게는 감추셨고, 천사들과 함께 천사가, 대천사들과 함께 대천사가, 군주들과 함께 군주가, 권세자들과 함께 권세자가 되

---

10 시 24.10(VUL 23.10): *quis est iste rex gloriae Dominus virtutum ipse est rex gloriae* diapsalma.

셨으니, 동정녀의 태중으로 내려가시기까지 하셨고, 인류가 저질렀던 죄악을 사해주셨습니다. 이러한 사실과 아버지께로 승천하시는 주님을 모르고 있던 하늘의 천사들은 주님과 함께 승천하고 있던 이들에게 이렇게 말했습니다. "저 영광의 왕은 뉘시뇨?" 저들이 대답하였습니다. "만군의 주 곧 영광의 왕이시로다."

Secunda natura leonis: cum dormierit, oculi eius vigilant, aperti enim sunt; sicut in Canticis Canticorum testatur sponsus, dicens: *Ego dormio, et cor meum vigilat*[11]. Etenim corporaliter dominus meus obdormiens in cruce et sepultus, deitas eius vigilabat: *Ecce non dormitabit neque dormiet qui custodit Israel*[12].

사자의 두 번째 특성은 잠잘 때 눈이 깨어 있습니다. 즉, 눈을 뜨고 있습니다. 이는 마치 아가서에서 신랑이 이렇게 이르며 증언한 바와 같습니다. "내가 잘찌라도 마음은 깨어있구나." 우리 주님은 육적으로 십자가에서 잠드시고 땅에 묻히셨음에도 그분의 신성은 깨어 있었기 때문입니다. "보라 이스라엘을 지키시는 자는 졸지도 아니하고 주무시지도 아니하시리로다."

Tertia natura: cum leaena peperit catulum, generat eum mortuum, et custodit eum tribus diebus; donec veniens pater eius die tertia, insufflat in faciem eius et vivificat eum. Sic omnipotens pater dominum nostrum Iesum Christum filium suum tertia die suscitavit a mortuis, dicente Iacob: *Dormitabit tamquam leo, et sicut catulus*

---

11 아 5.2a: *ego dormio et cor meum vigilat* vox dilecti mei.

12 시 121.4(VUL 120.4): *ecce non dormitabit neque dormiet qui custodit Israhel.*

leonis, quis suscitabit eum?[13]

세 번째 특성은 이렇습니다. 암사자가 새끼를 낳을 때 사산하면, 사흘 동안 새끼를 지키니 삼 일째 되는 날 새끼의 아비가 돌아와 그 새끼의 얼굴에 숨을 불어넣어 살릴 때까지 합니다. 전능하신 아버지는 자기 아들 우리 주 예수 그리스도를 이처럼 사흘 만에 죽은 자들 가운데서 일어나게 하셨습니다. 야곱이 말합니다. "그는 사자와 같이, 또한 사자 새끼처럼 잠들 것이다. 누가 그를 일으키겠는가?"

C1. DE NATURA LEONIS

Est leo rex omnium animalium et bestiarum. Ideo et Iacob benedicens Iuda dicebat. *Catulus leonis Iuda filius meus et cetera*[14]. Physiologus narrat de leone quoniam tres naturas habet. Prima natura leonis haec est. Cum ambulat et iter facit in montes venit ei odor venantium. Et de cauda cooperit vestigia sua ut non sequantur vestigia venatores et inveniant cubile eius et adprehendant eum.

C1. 사자의 특성에 관하여

사자는 모든 동물과 들짐승 중에 왕입니다. 그래서 야곱은 유다를 축복하며 말했습니다. "내 아들 유다는 사자 새끼로다. 등등." 피지올로구스는 사자가 세 가지 특성을 갖고 있다고 설명합니다. 사자의 첫 번째 특성은 이러합

---

13 창 49.9: **catulus leonis Iuda** a praeda fili mi ascendisti requiescens accubuisti ut leo et quasi leaena **quis suscitabit eum.**

14 창 49.9: **catulus leonis Iuda** a praeda *fili mi* ascendisti requiescens accubuisti ut leo et quasi leaena quis suscitabit eum.

니다. 사자가 어슬렁거리며 산에서 거닐 때 그에게 사냥꾼의 냄새가 도달합니다. 그러면 사자는 자신의 흔적을 꼬리로 지웁니다. 이것은 사냥꾼들이 흔적을 쫓아오지 못하게 하고, 그의 둥지를 찾아내지 못하게 하며, 그를 잡지 못하게 하기 위함입니다.

Sic et salvator meus sensatus ut leo vincens de tribu Iuda radix David. Missus a sempiterno patre operuit intellegibilia vestigia sua, id est deitatem. Cum angelis angelos, cum thronis thronos, cum potestatibus potestas. Donec descendit in uterum genetricis Mariae ut salvaret hoc quod erraverat genus humanum *et verbum caro factum est et habitavit in nobis*[15]. Et hoc ignorantes eum omnes descendentem dicebant. *Quis est iste rex gloriae*[16].

나의 지혜로우신 구원자도 그러하니, 다윗의 뿌리 유다 지파에서 나신 사자이십니다. 그분은 영원한 아버지로부터 보내심을 받으셨으나, 자신의 가지적(可知的)인 흔적은 숨기셨습니다. 천사들과 함께 천사가, 군주들과 함께 군주가, 권세자와 함께 권세자가 되셨습니다. 마리아의 태중으로 내려오시기까지 하셨으니, 이는 미혹된 인류를 구원하시기 위함이었습니다. "말씀은 육신이 되어 우리 가운데 거하셨도다." 강림하시는 이러한 주님을 모르는 모든 자들은 말했습니다. "저 영광의 왕은 뉘시뇨?"

---

15 요 1.14: *et Verbum caro factum est et habitavit in nobis* et vidimus gloriam eius gloriam quasi unigeniti a Patre plenum gratiae et veritatis.

16 시 24.10(VUL 23.10): *quis est iste rex gloriae* Dominus virtutum ipse est rex gloriae diapsalma.

DE SECUNDA NATURA LEONIS

Secunda natura leonis talis est. Cum dormierit vigilat oculi aperti eius sunt. In Canticis Canticorum testatur et dicit. *Ego dormio et cor meum vigilat*[17]. *Non enim dormiet neque dormitavit qui custodit israhel*[18].

사자의 두 번째 특성에 대하여

사자의 두 번째 특성은 이러합니다. 사자가 잠잘 때 눈은 깨어 있습니다. 아가서에서 이렇게 증언하며 말합니다. "내가 잘찌라도 마음은 깨어있구나." "이스라엘을 지키시는 자는 졸지도 아니하고 주무시지도 아니하시리로다."

DE TERTIA NATURA LEONIS

Tertia natura leonis talis est, cum leaena genuerit catulum mortuum eum, et custodit filium lea donec veniat pater tertia die et sufflaverit in faciem eius, et suscitat eum. Sic et omnipotens Pater omnium suscitavit tertia die primogenitum omnis creature de mortuis Dominum Ihesum Xpistum[19].

Bene Iacob dixit *catulus leonis qui suscitavit eum*[20].

---

17 아 5.2a: *ego dormio et cor meum vigilat* vox dilecti mei.

18 시 121.4(VUL 120.4): ecce *non dormitabit neque dormiet qui custodit Israhel.*

19 '예수 그리스도'를 의미하는 그리스어는 'Ἰησοῦς Χριστὸς'이며, 라틴어로는 'Iesus Christus'라고 쓰여진다. C본에서는 'Ihesus Xpistus'라는 용어를 사용하고 있는데, 이는 그리스어 음역을 하고 있는 것이 아니라, 그리스어 철자와 비슷한 라틴어 알파벳 모양을 사용하여 표기하고 있다. 이후 C본 전체에서 이러한 경향이 보인다.

20 창 49.9: *catulus leonis Iuda* a praeda fili mi ascendisti requiescens accubuisti ut leo et quasi leaena *quis suscitabit eum.*

사자의 세 번째 특성에 대하여

사자의 세 번째 특성은 이러합니다. 암사자가 새끼를 낳을 때 사산하면, 암사자는 삼 일째에 그 아비가 와서 그 새끼의 얼굴에 숨을 불어넣고 새끼를 일으킬 때까지 새끼를 지킵니다. 이처럼 전능하신 만물의 아버지는 사흘 만에 모든 피조물 중 장자인 주 예수 그리스도를 죽은 자들 가운데서 일어나게 하셨습니다.

야곱은 잘 설명해 주었습니다. "그는 사자 새끼로다. 누가 그를 일으키겠는가?"

2. 영양

[Gr36] Y2 B2 C25

Y2. AUTOLOPS

EST animal quod dicitur autolopus, acerrimum nimis, ut nec venator possit ei appropinquare. Habet autem longa cornua serre figuram habentia, ut possit precidere arbores magnas et altas, et ad terram deponere. Si autem sitierit, vadit ad terribilem Eufraten flumen, et bibit; sunt autem ibi ricine (dicuntur grece), hoc est frutices tenues ramos habentes; et venit ludens ad illam ricinum fruticem, et obligatur in ramis eius. Et clamat, volens fugere, et non potest, obligatus est enim; audiens eum autem venator, veniet et interficiet eum.

Y2. 영양

영양이라 불리는 동물은 매우 지나치게 사나워서 사냥꾼이 가까이 갈 수 없습니다. 또한 톱 모양의 긴 뿔을 갖고 있어서 커다랗고 높은 나무들도 베어내 땅에 쓰러뜨릴 수 있습니다. 한편, 목이 마르면 무시무시한 유프라테스 강으로 가서 마십니다. 거기엔 (그리스어로) '리키네', 즉 잔가지를 갖고 있는 관목이 있습니다[21]. 영양은 그 리키네 관목으로 놀러 갑니다. 그리고 그 가지에 얽히고 맙니다. 소리를 지르고 달아나기를 원하지만 그럴 수 없습니다. 얽혀버렸기 때문입니다. 오히려 사냥꾼이 그의 소리를 듣고 다가와 그를 죽일 것입니다.

O polite nomine, hoc est cuius conversatio caelestis est, presumens duobus vis cornibus, detractationibus et voluptatibus, adversaria cupiditate et seculi pompa abstine: congaudent tibi angelorum virtutes, duo cornua duo testamenta sunt. Sed vide ne tenearis modicissime huic ricimine, hoc est frutici parvole per quam occasione vestitus, et tenearis laqueis eius, et malus venator occidet te (id est diabulus): Vinum autem et mulieres effugiet sapiens vir.

오, 자유인이여, 시민권이 하늘에 속한 이여, 능력의 두 뿔을 먼저 취하고서 비방과 쾌락, 해가 되는 욕망과 세속의 자랑을 멀리하십시오. 천사들 중에서 능품(能品) 천사[22]들이 당신으로 인해 기뻐할 것입니다. 두 뿔은 신약과 구약입니다. 오로지 이 매우 보잘것없는 리키네, 즉 작은 관목에 붙잡히지 않도록 조심하십시오. 관목으로 불시에 뒤덮여버릴 것입니다. 그 올가미에 붙잡히지 않도록 조심하십시오. 악한 사냥꾼이 (즉 마귀가) 당신을 죽이지 않도록 조심하십시오. 지혜로운 남자는 술과 여인들을 피할 것입니다.

---

21 '리키네'는 그리스어본의 'ἐρικίνη'(에리키네)의 음역이다: "εἰσὶ δὲ ἐκεῖ ἐρίκινα λεπτόκλονα" (그런데 거기에는 에리키네라는 잔가지가 많은 관목이 있는데). 라틴어 B본에는 'herecine'로 표기되어 있다.

22 능품(能品) 천사(Virtutes)는 구품천사 중에서 만물의 운전과 기적을 주관하는 천사를 가리킨다.

B2. AVTOLOPS

Est animal acerrimum nimis, ita ut nec venator ei possit appropinquare. Habet autem longa cornua serrae figuram habentia, ita ut possit etiam arbores altas et magnas secare et ad terram deponere. Et cum sitierit, venit ad magnum flumen Euphratem, et bibit; est autem ibi frutex qui dicitur graece herecine, habens virgulta subtilia atque prolixa; veniens autem incipit ludere cornibus suis ad herecinam; et dum ludit, obligat cornua sua in virgultis eius. Cum autem diu pugnans liberare se non possit, exclamat voce magna; audiens autem venator uocem eius, venit et occidit eum.

B2. 영양

영양은 매우 지나치게 사나운 동물이어서 사냥꾼도 가까이 다가갈 수 없습니다. 또한 톱 모양의 긴 뿔을 갖고 있어서 높고 커다란 나무들도 베어내 땅에 쓰러뜨릴 수 있습니다. 목이 마르면 거대한 유프라테스강으로 가서 마십니다. 거기에는 그리스어로 '헤레키네'[23]라고 불리는 관목이 있는데, 이 나무는 가늘고 긴 가지를 갖고 있습니다. 한편 헤레키네로 간 영양은 자기 뿔로 놀기 시작합니다. 노는 동안 자기 뿔이 나뭇가지에 얽힙니다. 오랜 분투에도 벗어날 수 없어 큰 목소리로 울부짖지만, 사냥꾼이 그 소리를 듣고 다가와 그를 죽입니다.

Sic et tu, homo dei, qui studes sobrius esse et castus et spiritaliter

---

23 그리스어본의 'ἐρικίνη'(에리키네)의 음역이다.

vivere; cuius duo cornua sunt duo testamenta, per quae potes resecare et excidere a te omnia vitia corporalia hoc est adulterium, fornicationem, avaritiam, invidiam, superbiam, homicidium, detractionem, ebrietatem, luxuriam, et omnem huius saeculi pompam; tunc congaudent tibi angeli et omnes virtutes caelorum. Cave ergo, homo dei, ebrietatem, ne obligeris luxuriae et voluptati, et interficiaris a diabolo: vinum enim et mulieres apostatare faciunt homines a deo.

하나님의 사람이여, 정결하고 경건케 되는 것뿐만 아니라 영적으로 살기 위해 힘쓰는 당신도 이렇듯 당신의 두 뿔인 두 언약을 통해 당신에게서 육체의 모든 죄악을 잘라 내던질 수 있습니다. 이러한 죄악에는 간음, 사통, 탐욕, 시기, 교만, 살인, 비방, 술 취함, 방탕뿐만 아니라 이 세상의 모든 허영이 있습니다. 그러면 하늘의 천사들과 모든 능품(能品) 천사들이 당신과 함께 기뻐할 것입니다. 그러니 방탕과 쾌락에 엉기지 않고, 마귀에게 죽임을 당하지 않도록 술 취함을 경계하십시오. 술 취함과 여인들은 사람들이 하나님을 떠나 변절케 하기 때문입니다.

C25. DE ANIMALE QUI DICITUR ANTELUPS

Est animal acerissimus nimis ut nec venatores in eum proficiant. Habet enim cornua longa serre figuram habentes ita ut arbores magnos secent et ad terram deponant. Cum enim sitierit venit fluvium. Sunt enim tenues ulicis rami et cum ludendo transcendeverit obligatur cornibus et tenetur ad ramos ulicis

tamquam, si inritietur et clamat vociferans volens fugere. Et dum
audierit eum venator venit et occidit eum.

Et tu homo serva duo testamenta novum et vetus quae tibi pro
salute anime date sunt, hoc est avaritia luxuria et omnes pompae
saeculi et eis incipias obligari.

C25. 영양이라고 불리는 동물에 대하여

영양은 매우 지나치게 사나운 동물이어서 사냥꾼들도 가까이 다가갈 수 없
습니다. 톱 모양의 긴 뿔을 갖고 있어서 큰 나무들을 베어내 땅에 쓰러뜨릴
수 있습니다. 목이 마르면 강으로 갑니다. (그곳에는) 관목의 가느다란 가지
들이 있고, 마치 흥분한 것처럼, 영양이 놀면서 지나가다가 관목 가지에 뿔
이 얽혀서 더 걸리게 됩니다. 그러고는 도망치려고 하면서 큰 소리로 울부
짖습니다. 사냥꾼이 그 소리를 듣고는 와서 그를 죽입니다.

사람이여, 당신도 구약과 신약 두 언약을 지키십시오. 이 언약들은 영혼의
구원을 위해 당신에게 주어진 것입니다. .... 즉 당신은 탐욕과 방탕과 이
세상의 모든 허영에 엉키기 시작합니다.

3. 부싯돌

[Gr37] Y3 B3

Y3. DE LAPIDIBUS PIROBOLIS[24]

SUNT tantum lapides piroboli in partis orientis, hoc est ignei lapides, masculus et femina. Et quamdiu longe a se sunt, ignis non ardet; si autem appropiaverit feminae masculus, ignis incenditur, et incendit omnia.

O generosa epolitetota (hoc est abstinens in omnibus), multi enim in tartaro sunt *propter mulierem, qui in temptationibus inciderunt*[25].

Y3. 부싯돌에 관하여

동방에 불을 내뿜는 돌이 있습니다. 즉 부싯돌입니다. 숫돌과 암돌이 있습니다. 이들은 서로 멀리 있는 한 불이 일어나지 않습니다. 하지만 숫돌이 암돌에게 다가가면 불이 붙고 모든 것을 태웁니다.

오 고귀한 시민이여 (즉 모든 것에 절제하는 자), 과연 많은 이들이 여자로 인해 타르타로스[26]에 있으니, 이들은 유혹에 빠졌던 것입니다.

---

24 그리스어 'πυροβόλος'(퓌로볼로스)의 음역이다.

25 집회 9.9: *propter speciem mulieris multi perierunt* et ex hoc concupiscentia quasi ignis exardescit.

26 그리스 신화에서 지하세계의 신 또는 그 공간을 가리킨다. 베드로후서 2장 4절에서 '어두운 구

B3. LAPIDES IGNIFERI

Sunt lapides igniferi in quodam monte orientis, qui graece dicuntur terobolem, masculus et femina. Isti, quando longe sunt ab invicem, ignis in eis non accenditur; cum autem casu appropinquaverit femina masculo, statim ignis accenditur in eis, ita ut ardeant omnia quae sunt circa illum montem.

B3. 부싯돌

동방의 어느 산에 부싯돌이 있는데, 그리스어로는 '테로볼렘[27]' 이라고 합니다. 숫돌과 암돌이 있습니다. 이들은 서로 멀리 있을 때, 그들 사이에 불이 타오르지 않습니다. 하지만 우연히 암돌이 숫돌에게 다가가면, 즉시 그들 사이에 불이 타올라 결국 그 산 주위에 있는 모든 것이 불타게 됩니다.

Unde et vos, homines dei, qui istam vitam geritis, separate vos longe a feminis, ne cum appropinquaveritis ad invicem accendatur in vobis ignis ille geminus, et consumat bona quae Christus contulit in vobis. Sunt enim angeli satanae qui semper impugnant iustos, non solum viros sanctos, sed etiam feminas castas; denique Samson et Ioseph ambo per mulieres temptati sunt, unus vicit, alter victus est; eva et Susanna temptatae sunt, haec vicit, illa victa est. Custodiendum est igitur cor, et divinis praeceptis omnimodis monendum; nam amor feminarum, quarum peccatum

---

덩이'라고 번역되었다. 칠십인역(LXX)에서도 여러 번 언급되었다(잠언 30장 16절, 욥기 40장 20절과 41장 24절).

27 그리스어 'πυροβόλος'(퓌로볼로스)의 음역으로 보인다. 라틴어 Y본에서는 'PIROBOLIS'로 음역되고 있다.

ab initio coepit, id est ab Adam usque nunc in filios inobedentiae debacchatur.

이런 이유로, 하나님의 사람들이여, 이러한 삶을 영위하는 당신들은 여자들로부터 자신을 멀리 떼어놓으십시오. 이는 서로 가까이 다가갈 때 저 두 불이 여러분에게서 불타오르지 않게 하고 그리스도께서 당신들에게 주신 선한 것을 사르지 않게 하기 위함입니다. 다시 말하면, 의인, 즉 거룩한 남자뿐만 아니라 순결한 여자를 언제나 공격하는 사탄에 속한 천사들이 있습니다. 더구나 삼손과 요셉 모두 여인들에게 시험을 당해, 한 사람은 이기고 다른 한 사람은 패했습니다. 하와와 수산나도 시험을 당해 후자는 이기고 전자는 패했습니다. 그러므로 마음은 지켜져야 하고 하나님의 교훈으로 모든 면에서 경계되어야 합니다. 여자를 사랑하는 것과 여자의 죄는 태초부터 시작되었습니다. 즉 아담으로부터 오늘에 이르기까지 불순종의 아들들에게서 맹위를 떨칩니다.

4. 톱상어

[Gr39] Y4 B4 C26

Y4. DE SERRA MARINA

BENE Physiologus dixit de abstinentibus in omnia, et non in fine
permanentibus. Est (inquid) animal in mari quod dicitur serra, alas
habens longas. Et si viderit naves navigantes, imitatur eas, et exaltat
alas suas, et contendit cum navibus que navigant; et cum fecerit
stadia triginta aut quadraginta, aut eo amplius, laborans in se, alas
suas colligit, et fluctus eam referunt in veterem suum locum, ubi
prius erat.

Y4. 바다 톱상어

피지올로구스는 모든 것에 절제하지만 결국 지속하지 못하는 이들에 관하여
잘 설명해 주었습니다. 바다에는 톱상어라고 불리는 긴 날개를 가진 동물이
있다고 (합니다). 항해하는 배를 보면, 배를 모방해서 자신의 날개를 들어 올
립니다. 그리고 항해하는 배들과 겨룹니다. 하지만 30이나 40스타디온[28] 혹
은 그 이상 가게 되면, 스스로 애를 씀에도 불구하고 자신의 날개를 접게 됩
니다. 그러면 파도가 톱상어를 이전에 있었던 옛 장소로 다시 데려갑니다.

---

28 고대 그리스의 거리 단위인 'στάδιον'(스타디온)의 음역이며, 약 185m 정도이다.

Mare saeculum dictum est, naves prophetas et apostolos, qui pertransierunt saeculum hoc; et virtutes adversarii, haec autem serra, que non permansit cum navibus transeuntibus, horum sunt similitudines qui ad tempus sunt abstinentes, et cursu bono currentes non permanserunt incipientes opere bono, non permanserunt in fine, propter cupiditatem et superbiam et turpis lucri gratiam, aut fornicationes aut mechias aut odio: in quibus fluctibus maris (hoc est contrarie virtutes) sunt que eos deducunt in infernum.

바다는 세상이고 배는 이 세상과 대적하는 권세들을 뚫고 나아갔던 선지자와 사도입니다. 하지만 이 톱상어는 지나가는 배들과 함께 끝까지 함께하지 못했습니다. 일시적으로는 절제하고 선한 경주를 하지만 지속하지 않았던 이들, 또한 선행을 시작했지만, 욕망과 교만 그리고 더러운 이익에 대한 사랑, 혹은 간음, 혹은 매음, 혹은 미움으로 인해 끝까지 지속하지 않았던 이들과 톱상어는 닮아있습니다. 이들을 지옥으로 이끄는 자들은 바다(즉 대적의 권세들)의 이러한 파도 가운데 있습니다.

B4. SERRA

Est belua in mari quae dicitur serra, pennas habens immanes. Haec, cum viderit in pelago navem velificantem, elevat pennas suas et contendit velificare cum nave. Ubi vero currerit contra navem stadiis triginta vel quadraginta, laborem non sustinens, deficit; et, deponens pennas, ad se attrahit eas; undae vero maris iam lassam reportant eam ad pristinum locum suum in profundum.

B4. 톱상어

바다에는 톱상어라고 하는 큰 날개를 가진 바다 괴물이 있습니다. 톱상어는 바다에서 항해 중인 배를 보면 자신의 날개를 들어 올립니다. 그리고 배와 겨룹니다. 하지만 배와 맞서며 30이나 40스타디온 가량을 질주하면, 그 노력을 유지하지 못하고 지칩니다. 그러면, 날개를 내리며 접습니다. 그뿐 아니라 바다의 파도는 이미 지쳐버린 톱상어를 원래 그가 있던 곳, 심연으로 데리고 돌아갑니다.

Mare autem saeculi huius figuram gerit; naves vero iustorum habent exemplum, qui sine ullo periculo vel naufragio fidei transierunt per medias huius mundi procellas ac tempestates, et mortiferas vicerunt undas, id est huius saeculi contrarias potestates. Serra vero, id est belua illa quae non valuit velificare cum navibus, figuram gerit eorum qui in initiis coeperunt quidem in bonis operibus manere, postea vero non permanentes in eis victi sunt cupiditate, superbia, ebrietate, luxuria, ac diversis vitiorum generibus, quae illos tamquam fluctuantes maris undae mergunt usque ad inferos: Qui vero perseveraverit usque in finem, hic salvus erit.

한편, 바다는 이 세상의 모습을 보여줍니다. 배들은 어떤 파멸 혹은 난파도 없이 이 세상 풍파와 폭풍우 한가운데를 뚫고 죽음의 파도, 즉 이 세상의 대적하는 권세를 믿음으로 이겨냈던 의로운 자들의 선례를 보여줍니다. 하지만 톱상어, 즉 그 바다 괴물은 배들과 경주할 능력이 없었습니다. 톱상어는 이러한 자들의 모습을 갖고 있습니다. 이들은 처음에 선행을 유지하기 시작했더라도 후에는 탐욕, 교만, 술 취함, 사치는 물론 다양한 종류의 죄악에 굴복하고 선행을 지속하지 못합니다. 바다의 출렁이는 파도와 같은 이러한 죄악들은 그들을 지옥에까지 잠기게 합니다. 하지만 끝까지 견디는 자는 구원받을 것입니다.

C26. DE NATURA PISCIS MAXIMl QUI DICITUR SERRA

Haec piscis longas habet valde alas. Si viderit navigantes naves in mare imitatur vellit tenere et exaltat alas et contendit navigantes. Si autem currerit stadia xxx vel xl, laborat et collegit alas suas et fluctus eum referunt in locum ubi prius fuerit. Mare mundus est. Navis sancta ecclesia in quibus sunt populi Dei. Hic autem piscis diabolus est qui transfigurat se velut in angelum lucis ut incautas animas facilius possit decipere.

C26. 톱상어라고 불리는 큰 물고기의 특성에 관하여

이 물고기는 긴 날개를 가지고 있습니다. 바다에서 항해하는 배를 보면, 배를 모방하고 붙잡고 싶어 해서 날개를 펴고 항해하며 겨룹니다. 하지만 그가 30이나 40 스타디온을 가게 되면, 애를 씀에도 자신의 날개를 접게 됩니다. 그러면 파도가 톱상어를 이전에 있던 곳으로 다시 데려갑니다. 바다는 깨끗합니다.

배는 하나님의 백성이 있는 거룩한 교회입니다. 그러나 이 물고기는 부주의한 영혼들을 더 쉽게 속이기 위해 자신을 빛의 천사로 가장하는 악마입니다.

5. 물떼새

[Gr3] Y5 B5 C3

Y5. DE CHARADRIO

EST aliud volatile genus animalis quod dicitur charadrius: in
Deuteronomio scriptum est. Totus albus est, nullam partem habens
nigram; et interiora eius apudeumata[29] curant his quorum oculi
caligant: in atriis autem regum invenitur. Et si quis est infirmus,
ab eodem charadrio cognoscitur si vivat aut moriatur; et si est
infirmitas hominis ad mortem, avertit faciem suam charadrius ab
eo, et omnes cognoscunt quia morietur; si autem infirmitas eius
est ad vitam, aspicit charadrius in faciem eius qui infirmatur, et
infirmus charadrium, et absolvit infirmitatem infirmi charadrius; et
evolans in aera solis, comburit infirmitatem infirmi, et spargit eam.

Y5. 물떼새에 관하여

동물 중에 물떼새라고 불리는 어떤 새가 있습니다. 신명기에 기록되어 있습
니다. 이 새는 온통 하얗고, 검은 것은 어떤 것도 없습니다. 그의 안에 있는
내장 배설물은 눈이 어두워진 자들을 치료합니다. 이 새는 왕들의 궁정에

---

29 그리스어본에서 '내장 배설물'을 의미하는 그리스어 'ἀφοδεύματα'(아포듀마타)의 음역이다.

서 발견됩니다. 누군가 병들었다면, 그가 살지 죽을지는 바로 그 물떼새에 의해 알 수 있습니다. 죽을 병이면 물떼새는 환자로부터 자신의 얼굴을 돌립니다. 그러면 모두 그 환자가 죽으리란 것을 알게 됩니다. 하지만 회생할 병이면 물떼새는 병약해진 환자의 얼굴을, 환자는 물떼새를 바라봅니다. 그러면 물떼새는 환자의 병을 없애줍니다. 태양이 있는 공중으로 올라가 환자의 병을 태우고 흩뿌립니다.

Et salvator noster charadrius est, et is qui infirmatur bonam personam accipit salvatoris nostri: totus enim albus est salvator, *non habens maculam aut rugam*[30]; dicit enim in evangelio ipse dominus quia: *Princeps mundi huius veniet et in me nihil inveniet*[31], etenim: *Peccatum non fecit, nec inventus est dolus in ore eius*[32]. Veniens enim de celo ad populum Iudeorum, avertit ab eo suam deitatem, dicens: *Ecce demittetur domus vestra deserta*[33]; venit ad nos gentes, tollens infirmitates nostras, et peccata nostra portans, exaltatus in ligno crucis: *Ascendens in altum, captivam duxit captivitatem, dedit dona hominibus*[34].

---

30 엡 5.27: ut exhiberet ipse sibi gloriosam ecclesiam **non habentem maculam aut rugam** aut aliquid eiusmodi sed ut sit sancta et inmaculata.

31 요 14.30: iam non multa loquar vobiscum venit enim **princeps mundi huius et in me non habet quicquam**.

32 벧전 2.22: qui **peccatum non fecit nec inventus est dolus in ore ipsius**.

33 눅 13.35: **ecce relinquitur vobis domus vestra** dico autem vobis quia non videbitis me donec veniat cum dicetis benedictus qui venit in nomine Domini.

34 시 68.18(VUL 67.19): **ascendisti in altum cepisti captivitatem accepisti dona in hominibus** etenim non credentes inhabitare Dominum Deus. 엡 4.8: propter quod dicit **ascendens in altum captivam duxit captivitatem dedit dona hominibus**.

물떼새는 우리의 구원자입니다. 병약해진 자는 우리 구원자의 훌륭한 인격을 받게 됩니다. 구원자이신 그분은 온통 하얗고 티나 주름 잡힌 것도 없습니다. 주님 그분 자신이 복음서에서 확실히 말씀하십니다. "이 세상의 임금이 오겠음이라 그러나 저는 내게서 어떤 것도 발견하지 못할 것이다." 왜냐하면, "저는 죄를 범치 아니하시고 그 입에 궤사도 없으시기" 때문입니다. 하늘로부터 유대인들에게 오신 그분은 자신의 신성을 그들에게서 돌이키셨습니다. 이르시되 "보라 너희 집이 황폐하여 버린 바 되리라"라고 했습니다. 그분이 우리 이방인들에게로 오셨고 우리의 병약함을 없애시고 우리의 죄를 담당하시고 나무 십자가에 높이 달리셨습니다. "위로 올라가실 때에 사로잡힌 자를 사로잡고 사람들에게 선물을 주셨다."

Sed dicis quia charadrius inmundus est secundum legem, et quomodo fert personam salvatoris? Et serpens inmundus est, et testatus est ipse dominus de se in evangelio, dicens: *Sicut Moyses exaltavit serpentem in herimo, ita exaltare oportet filium hominis*[35]; et serpens prudentior dictus est, similiter et de leone, et alia multa: duplicia autem sunt creatura, laudabilia et vituperabilia.

하지만 당신은 율법을 근거로 물떼새는 부정하다고, 어떻게 그 새가 그리스도의 인격을 지니냐고 합니다. 뱀도 부정하지만, 주님 자신은 자신에 대하여 복음서에서 이렇게 말씀하시며 증언하셨습니다. "모세가 광야에서 뱀을 든 것 같이, 인자도 들려야 하리니." 또한 뱀은 사자와 다른 많은 동물들처

---

35 요 3.14: et *sicut Moses exaltavit serpentem in deserto ita exaltari oportet Filium hominis*. 본문에서는 라틴어 성경의 '광야'를 의미하는 'desrto' 대신에 'herimo'라는 단어를 사용하고 있다. 이 단어는 그리스어본에서 인용하고 있는 성경 인용 구절에서 그리스어 'ἐρήμῳ'(에레모)를 음역한 것이다.

럼 다소 현명하다고 일컬어졌습니다. 피조물들은 양면성을 가지고 있으니, 칭찬받을 만한 것과 비난받을 만한 것이 있는 것입니다.

B5. CALADRIUS(Charadrius)

Est volatile quod dicitur caladrius; de hoc scriptum est in Deuteronomio: Non manducandum.[36] Physiologus dicit de hoc quia totus albus est, nullam partem habens nigram; cuius interior fimus curat caliginem oculorum. Istud in atriis regum invenitur. Si quis autem est in aegritudine constitutus, per hunc caladrium cognoscitur si vivat an moriatur: si ergo est infirmitas hominis ad mortem, mox ut viderit infirmum, avertit faciem suam caladrius ab eo, et recedit, et omnes cognoscunt quia moriturus est; si autem infirmitas eius non pertingit ad mortem, intendit faciem eius caladrius, et assumit omnes infirmitates eius intra se, et volat in aera solis, et comburit infirmitates eius, et dispergit eas, et sanatur infirmus.

B5. 물떼새

물떼새라고 불리는 새가 있습니다. 이 새에 대해 신명기에 이렇게 기록되어 있습니다. "먹지 말지니라." 피지오루구스가 이 새에 대해 이르기를 온통 하얗고, 검은 것은 어떤 것도 없다고 합니다. 이 새의 내장 배설물은 어두워진 눈을 치료합니다. 이 새는 왕들의 궁정에서 발견됩니다. 누군가 병들었다면, 물떼새는 그가 살지 죽을지 압니다. 죽을 병이면 병자를 보자마자 그로부터 자신의 얼굴을 돌리고 돌아갑니다. 그러면 모두 병자가 죽을 것이라는

---

36 신명기 14장 18-19절 참조.

것을 알게 됩니다. 하지만 죽음까지 이르는 병이 아니면 물떼새는 환자의 얼굴을 마주하고 그의 모든 병을 자신에게로 가져옵니다. 그리고 태양이 있는 공중으로 날아가 그의 병을 태워 흩뿌립니다. 그러면 병자는 치유됩니다.

Caladrius igitur personam accepit salvatoris nostri: totus est candidus dominus noster, nullam habens nigredinem; sicut ipse testatus est: *Venit ad me princeps huius et in me non invenit quicquam*[37], *qui peccatum non fecit, nec inventus est dolus in ore eius*[38]. Veniens autem de excelsis caelis suis ad infirmimi populum Iudaeorum, avertit faciem suam ab eis propter incredulitatem eorum; convertit se ad nos gentes tollens infirmitates nostras; et, peccata nostra portans, exaltatus est in ligno crucis. *Ascendens enim in altum, captivam duxit captivitatem, dedit dona hominibus.*[39] Etenim qui non crediderunt non receperunt; *quotquot autem receperunt eum dedit eis potestatem filios dei fieri, his qui credunt in nomine eius.*[40]

따라서 물떼새는 우리 구원자의 인격을 받았습니다. 우리 주님은 온통 하얗고 그 어떤 어둠도 없습니다. 그분 자신이 증언하셨습니다. "이 [세상의] 임금이 내게 오겠음이라 그러나 저는 내게서 어떤 것도 발견하지 못할 것이

---

37 요 14.30: iam non multa loquar vobiscum **venit** enim **princeps mundi huius et in me non habet quicquam**.

38 벧전 2.22: qui **peccatum non fecit nec inventus est dolus in ore ipsius**.

39 엡 4.8: propter quod dicit **ascendens in altum captivam duxit captivitatem dedit dona hominibus**.

40 요 1.12: **quotquot autem receperunt eum dedit eis potestatem filios Dei fieri his qui credunt in nomine eius**.

다." "저는 죄를 범치 아니하시고 그 입에 궤사도 없으십니다." 오히려 자신이 계시던 하늘의 가장 높은 곳에서 유대의 병약한 사람들에게 오신 그분은 그들의 불신으로 말미암아 자기 얼굴을 그들에게서 돌이키셨습니다. 그분은 우리 이방인들에게 오셨고 우리 병약함을 지고 우리의 죄를 메고 십자가에 높이 달리셨습니다. "위로 올라가실 때에 사로잡은 자를 사로잡고 사람들에게 선물을 주셨다." 믿지 않는 자들은 영접하지 않았지만, "영접하는 자 곧 그 이름을 믿는 자들에게는 하나님의 자녀가 되는 권세를 주셨습니다."

Sed forsitan dicis quia caladrius immundus est secundum legem: certum est; sed et serpens immundus est, et Iohannes testatur de eo dicens quoniam: *Sicut Moyses exaltavit serpentem in deserto, sic exaltari oportet filium hominis;*[41] et alibi prudentior dictus est omnium bestiarum. Similiter et leo et aquila immunda sunt, sed ille ferarum rex est, et iile volatilium; secundum ergo regnum Christo assimilata sunt, secundum rapacitatem vero diabolo. Et alia multa sunt in creaturis habentia duplicem intellectum; alia quidem sunt laudabilia, alia vero vituperabilia; et differentia, sive morum, sive naturae distantia.

하지만 아마 당신은 율법을 근거로 물떼새가 부정하다고 말할지도 모르겠습니다. 분명 그렇습니다. 하지만 뱀 역시 부정함에도 요한은 뱀에 대해 이렇게 말씀하며 증언합니다. "모세가 광야에서 뱀을 든 것 같이, 인자도 들려야 하리니." 다른 곳에서도 뱀은 모든 짐승 중에서 더 현명하다고 일컬어

---

41 요 3.14: et *sicut Moses exaltavit serpentem in deserto ita exaltari oportet Filium hominis*.

졌습니다. 마찬가지로 사자와 독수리도 부정합니다만 전자는 야수의 왕이고 후자는 날짐승의 왕입니다. 따라서 왕의 지위라는 점에서 그리스도와 비슷하지만, 강탈하는 점에서 악마와 비슷합니다. 이뿐만 아니라 피조물 중에는 양면적 의미를 갖는 다른 것들이 많이 있습니다. 어떤 것들은 칭찬받을 만하고, 어떤 것들은 비난받을 만한 것이 있는 것입니다. 습성의 상이함 혹은 특성의 차이들이 있습니다.

C3. DE NATURA VOLATILE QUAE DICITUR CALATRIUS

Sicut in Deuteronomio scriptum est[42]. Physiologus narrat de ipso quoniam totus albus est nullam partem habens nigram. Interiora eius foeimatam curant oculi quorum caliginant oculi etiam in atriis regum invenitur. Et si quis infirmus est ex eo calatrio cognoscitur si vivat aut moriatur. Et si est infirmitas hominis ad mortem. Avertit faciem suam calatrius et omnes cognoscunt quia morietur. Si autem infirmitas hominis est ad vitam, aspicit calatrius hunc eum et infirmus calatrium, et absorbet infirmitatem hominis et aspergit eam et salvabitur his qui infirmatur.

C3. 물떼새라고 불리는 새의 특성에 관하여

물떼새는 신명기에 그대로 기록되어 있습니다. 피지올로구스는 이 새에 대해 이르기를, 온통 하얗고, 검은 어떤 것도 없다고 합니다. 이 새의 내장 배설물은 어두워진 눈을 치료합니다. 이 새는 왕들의 궁정에서 발견됩니다. 누군가 병들었다면, 물떼새를 통해 그가 살지 죽을지 알 수 있습니다. 만일

---

42 신명기 14장 18-19절 참조.

어떤 사람의 병이 죽음까지 이르는 것이라면, 물떼새는 그의 얼굴을 돌리고, 모든 사람들이 그 사람은 죽을 것이라는 것을 알게 됩니다. 그러나 만일 어떤 사람의 병이 회생하게 될 것이라면, 물떼새는 그 사람을 바라보고 자신이 병이 들게 됩니다. 그 새는 그 사람의 병을 흡수하고는 그 병을 흩뿌리고, 병들었던 자들은 회복되게 됩니다.

Hic calatrius simul bona persona accipitur salvatoris. Totus enim albus est dominus noster non habens neque unam nigritudinem. Dixit enim quoniam *princeps huius mundi venit*[43]. Veniens enim de excelsis sanctorum caelorum a Iudeis deitatem auertit. Veniens autem ad gentes tollens a nobis infirmitates et languores portavit. Exaltatus est super lignum crucis. *Ascendens in altum captivam duxit captivitatem dedit dona hominibus*[44].
Bene ergo physiologus arguit de calatrio.

이로써 물떼새가 받은 것은 구원자의 훌륭한 인격입니다. 우리 주님은 온통 하얗고 그 어떤 어둠도 없습니다. 그래서 그분이 말씀하셨습니다. "이 세상의 임금이 오겠음이라." 거룩한 하늘의 가장 높은 곳에서 오신 그분은 유대인들에게서 그 신성을 돌리셨습니다. 그러나 그분은 이방인들에게 오셔서 우리 병약함과 허약함을 가지사 짊어지셨습니다. 그분은 십자가 나무 위에 달리셨습니다. "위로 올라가실 때에 사로잡은 자를 사로잡고 사람들에게 선물을 주셨다."

---

43 요 14.30: iam non multa loquar vobiscum venit enim princeps mundi huius et in me non habet quicquam.

44 엡 4.8: propter quod dicit *ascendens in altum captivam duxit captivitatem dedit dona hominibus*.

이와 같이 피지올로구스가 물떼새에 관하여 잘 설명해 주었습니다.

Sed dic mihi quoniam calatrius immundus est. Sed adfert eum in persona Xpisti Et serpens inmundus est. Iohannes dicit quia *sicut exaltavit Moyses serpentem in deserto ita exaltari oportet filium hominis*[45]. Prudentior est. Duplex enim creatura et laudabilis et vituperabilis.

하지만 물떼새가 왜 부정한지를 내게 말해보십시오. 그렇지만 물떼새는 자신이 그리스도의 인격 안에 있음을 제시하고 있습니다. 뱀도 부정합니다. [그러나] 요한은 말하였습니다. "모세가 광야에서 뱀을 든 것 같이, 인자도 들려야 하리니." 뱀은 다소 현명하다고 합니다. 피조물들은 칭찬받을 것과 비난받을 것 등 양면성을 가지고 있는 것입니다.

---

45 요 3.14: et *sicut Moses exaltavit serpentem in deserto ita exaltari oportet Filium hominis*.

6. 펠리칸

[Gr4] Y6 B6 C4

Y6. PELICANUS

DAVID in psalmo centesimo primo dicit: *Similis factus sum pelicano in solitudine*[46]. Phisiologus dicit de pelicano quia amator est filiorum nimis; si autem genuerit natos et parvuli increverint, incipiunt percutere parentes suos in faciem; parentes autem colaphizantes eos occident; deinde misericordia moti parentes tribus diebus flent eos, lugentes quos occiderunt; et tertia die mater eorum percutiens costam suam destillat suum sanguinem super eorum corpora mortua (id est pullorum): ipse sanguis suscitat eos de morte.

Y6. 펠리칸

다윗은 시편 101편에서 말합니다. "나는 광야의 펠리칸[47]을 닮았도다." 피지올로구스는 펠리칸에 대해 새끼들을 매우 사랑한다고 합니다. 새끼를 낳

---

46 시 102.6(VUL 101.7): **similis factus sum pelicano solitudinis** factus sum sicut nycticorax in domicilio.

47 개역개정판에는 '올빼미'라고 번역되어 있다.

고 아기새들이 크면 부모 얼굴을 쪼기 시작합니다. 그러면 부모는 그들을 때려죽입니다. 그 후 연민에 의해 동요된 부모는 자신이 죽인 새끼들을 애도하며 3일 동안 슬퍼합니다. 삼 일째 되는 날, 어미는 자기 옆구리를 쪼아서 자기 피를 그들의(어린 새끼들의) 죽은 몸 위에 떨어뜨립니다. 바로 그 피가 그들을 죽음에서 다시 깨어나게 합니다.

Sic et dominus noster increpat per Esaiam dicens: *Filios generavi et exaltavi, ipsi autem spreverunt me*[48]. Genuit nos factor omnis creature: percussimus eum. Quomodo percussimus eum? quoniam *servivimus potius creature quam creatori.*[49] Ascendens autem in altitudinem crucis, percusserunt impii latus, et aperverunt eius costam; et exiit sanguis et aqua in vitam eternam sanguis propter quod dixit: *Accipiens calicem gratias egit*[50], aqua autem propter baptismum penitentie, qui dixit: *Me derelinquerunt fontem aque vite gratis, et cetera*[51].
Bene ergo Phisiologus arguit de pelicano.

우리 주님도 이사야를 통해 말씀하시며 책망합니다. "내가 그들을 낳고 기뻐하였으나, 그들이 나를 멸시하였다." 모든 피조물의 조물주가 우리를 낳

---

[48] 사 1.2: audite caeli et auribus percipe terra quoniam Dominus locutus est **filios enutrivi et exaltavi ipsi autem spreverunt me**. 본문에서는 불가타(VUL)의 'enutrivi' 대신에 'generavi'라는 단어를 사용하고 있다. 라틴어 B본과 C본은 'genui'로 쓰여 있다.

[49] 롬 1.25: qui commutaverunt veritatem Dei in mendacio et coluerunt et **servierunt creaturae potius quam creatori** qui est benedictus in saecula amen.

[50] 마 26.27: et **accipiens calicem gratias egit** et dedit illis dicens bibite ex hoc omnes.

[51] 렘 2.13: duo enim mala fecit populus meus **me dereliquerunt fontem aquae vivae** ut foderent sibi cisternas cisternas dissipatas quae continere non valent aquas.

았습니다. 우리는 그를 찔렀습니다. 어떻게 그를 찔렀습니까? 피조물을 조물주보다 더 섬겼습니다. 게다가 그분이 십자가에 높이 달리실 때, 불경한 자들은 옆구리를 찔러, 늑골을 드러냈습니다. 뿐만 아니라 주님은 영생의 피와 물을 흘리셨습니다. 피는 "잔을 가지사 축사하셨다"라고 하신 말씀으로 인해서고, 물은 회개의 세례로 인해서인데, 주님은 이렇게 말씀하셨습니다. "값없이 [주어진] 생수의 근원 되는 나를 버렸다. 등등."

이와 같이 피지올로구스는 펠리칸에 관하여 잘 설명해 주었습니다.

B6. PELICANUS

Dicit David in Psalmo centesimo primo: *Similis factus sum pelicano solitudinis*[52]. Physiologus dicit de pelicano quoniam amator est filiorum nimis; cum autem genuerit natos et coeperint crescere, percutiunt parentes suos in faciem; parentes autem eorum repercutiunt eos et occidunt. Tertia vero die mater eorum percutiens costam suam aperit latus suum, et incumbit super pullos, et effundit sanguinem suum super corpora filiorum mortuorum; et sic sanguine suo suscitat eos a mortuis.

B6. 펠리칸

다윗은 시편 101편에서 말합니다. "나는 광야의 펠리칸을 닮았도다." 피지올로구스는 펠리칸에 대해 이르기를 펠리칸은 새끼들을 매우 사랑한다고 합니다. 하지만 펠리칸이 새끼들을 낳고 새끼들이 자라기 시작하면, 새끼들은 부

---

52 시 102.6(VUL 101.7): *similis factus sum pelicano solitudinis* factus sum sicut nycticorax in domicilio.

모의 얼굴을 쫍니다. 그러면 부모는 맞받아 쪼아 그들을 죽입니다. 하지만 삼 일째 되는 날, 새끼들의 어미는 자기 갈비뼈를 쪼아 자기 옆구리를 찢어 벌립니다. 그러고는 어린 새끼들 위로 몸을 누이고 죽은 새끼들 몸에 피를 쏟습니다. 자기 피로 그들을 죽은 이들 가운데서 이와 같이 다시 살려냅니다.

Ita et dominus noster Iesus Christus per Isaiam prophetam dicit: *Filios genui et exaltavi, ipsi autem spreverunt me*[53]. Genuit igitur auctor et conditor totius creaturae, omnipotens deus, nos; et cum non essemus, fecit ut essemus; nos vero e contrario percussimus eum in faciem, servientes in conspectu eius creaturae potius quam creatori. Idcirco ascendit dominus noster Iesus Christus in altitudinem crucis, et percusso latere eius exivit sanguis et aqua in salutem nostram et vitam aeternam. Aqua enim est baptismi gratia, sanguis vero eius calix novi et aeterni testamenti; quem accipiens in sanctis manibus suis gratias agens benedixit, et dedit nobis potum in remissionem peccatorum et vitam aeternam.

이렇듯이 우리 주 예수 그리스도도 선지자 이사야를 통해 말씀하십니다. "내가 그들을 낳고 기뻐하였으나, 그들이 나를 멸시하였다." 즉 이 모든 피조물을 지으시고 만드신 전능하신 하나님께서 우리를 낳으셨고, 우리가 아직 존재하지 않았을 때에 우리가 존재하도록 하셨음에도 우리는 반대로 그의 눈앞에서 창조주보다 피조물을 섬기며 그의 얼굴을 때렸습니다. 결국,

---

53 사 1.2: audite caeli et auribus percipe terra quoniam Dominus locutus est **filios enutrivi et exaltavi ipsi autem spreverunt me**. 본문에서는 불가타의 'enutrivi' 대신에 'genui'라는 단어를 사용하고 있다. 라틴어 Y본은 'generavi'로 쓰여 있다.

우리 주 예수 그리스도는 십자가 꼭대기에 오르시어 옆구리가 찔리시고 우리의 구원과 영생을 위해 피와 물을 흘리셨습니다. 물은 세례의 은혜이고 피는 그분의 새롭고 영원한 언약의 잔입니다. 감사하며 자신의 거룩한 손으로 이 잔을 받은 주님은 그 잔을 축복하셨고 죄 사함과 영생을 위한 음료로 우리에게 주셨습니다.

C4. DE NATURA ANIMALIUM ET NOCTRICORACOS

Bene David dicit: *Factus sum sicut pelicanus in deserto et sicut nocticoracus in domocilio*[54]. Physiologus narrat de pelicano quoniam amator est filiorum nimis. Si autem genuerit natos et creverint, percucient in faciem parentum. Parentes autem colaphizant et occidunt eos. Deinde misericordiam parentes tribus diebus lugentes filios quos occiderunt. Tertia die venit eorum pater et erumpit latus suum et sanguis eius stillat super mortua corpora pullorum et de ipso sanguine suscitat illos de mortuis.

C4. 동물들과 해오라기에 관하여[55]

다윗은 잘 말했습니다. "나는 광야의 펠리칸을 닮았고 둥지에 있는 해오라기를 닮았다." 생리학자는 펠리컨에 대해 말하기를, 펠리칸이 새끼들을 매우 사랑한다고 합니다. 그런데 새끼를 낳고 그들이 크게 되면, 부모의 얼굴을 쫍니다. 그러면 부모는 그들을 때려죽입니다. 그 후 연민에 의해 부모는

---

54 시 102.6(VUL 101.7): *similis factus sum pelicano solitudinis factus sum sicut nycticorax in domicilio.*

55 C4는 펠리칸에 관한 이야기이며, 해오라기에 관한 이야기는 C5에 등장한다.

자신이 죽인 새끼들을 애도하며 3일 동안 슬퍼합니다. 삼 일째 되는 날, 새끼들의 아비가 자기 옆구리를 자기 피를 새끼들의 죽은 몸 위에 떨어뜨립니다. 바로 그 피로 죽은 이들 가운데서 그들을 살려냅니다.

lta et Dominus noster per Esaiam dicit: *Filios genui et exaltaui ipsi autem me spreuerunt*[56]. Fabricator noster genuit nos et percussimus eum. Quomodo percussimus eum? *Servivimus creaturae plus quam creatori*[57]. Veniens autem in altitudine crucis Salvator Noster, aperiens et exterrens suum latus et stillavit sanguinem in salutem, vitam aeternam. Sanguinem propter quod dicitur. *Accipiens calicem benedixit*[58], aquam autem propter baptismum penitentiae.
Bene physiologus arguit de pellicano.

이렇듯이 우리 주도 이사야를 통해 말씀하십니다. "내가 그들을 낳고 기뻐하였으나, 그들이 나를 멸시하였다." 우리를 지으신 이가 우리를 낳았으나 우리가 그를 찔렀습니다. 어떻게 그를 찔렀습니까? 피조물을 조물주보다 더 섬겼습니다. 게다가 우리의 구원자께서 십자가에 높이 올라가실 때, 그의 옆구리를 여시고 괴로워하시며 구원과 영생을 위해 피를 흘리셨습니다. 피는 "잔을 가지사 축복하셨다"라고 하신 말씀으로 인해서고, 물은 회개의 세례로 인함입니다.
피지올로구스가 펠리칸에 관하여 잘 설명해 주었습니다.

---

56 사 1.2: audite caeli et auribus percipe terra quoniam Dominus locutus est **filios enutrivi et exaltavi ipsi autem spreverunt me**.

57 롬 1.25: qui commutaverunt veritatem Dei in mendacio et coluerunt et **servierunt creaturae potius quam creatori** qui est benedictus in saecula amen.

58 마 26.27: et **accipiens calicem gratias egit** et dedit illis dicens bibite ex hoc omnes.

7. 해오라기

[Gr5] Y7 B7 C5

Y7. NICTICORAX

ITEM in eodem psalmo centesimo primo de nicticorace dicit: *Factus sum sicut nycticorax in domicilio*[59]. Nicticorax tenebras amat magis quam lucem; hoc genus volatile est.

Dominus autem noster Ihesus Christus amavit qui in tenebris et umbra mortis erant, populum gentium et populum Iudeorum, qui tunc *filiorum adoptionem*[60] et *patrum promissionem*[61] habuerunt. De hoc et salvator dixit: *Ne timueris, pusillus grex, quoniam conplacuit patri dare vobis regnum;*[62] et propheta dicit: *Vocabo non populum meum*[63], *et non dilectam dilectam*[64]. Sed dicis

---

59 시 102.7(VUL 101.7): similis factus sum pelicano solitudinis **factus sum sicut nycticorax in domicilio**.

60 갈 4.5: ut eos qui sub lege erant redimeret ut **adoptionem filiorum** reciperemus.

61 롬 15.8: dico enim Christum Iesum ministrum fuisse circumcisionis propter veritatem Dei ad confirmandas **promissiones patrum**.

62 눅 12.32: **nolite timere pusillus grex quia conplacuit Patri vestro dare vobis regnum**.

63 롬 9.25: sicut in Osee dicit **vocabo non plebem meam** plebem meam et non misericordiam consecutam misericordiam consecutam.

64 호 2.23: et seminabo eam mihi in terram et **miserebor eius quae fuit absque**

(secundum Deuteronomium) quoniam inmunda avis est nycticorax: et apostolus ideo dixit: *Qui non cognovit peccatum pro nobis peccatum fecit*[65]; et: *Omnibus omnia factus est, ut omnis lucri faceret*[66].

Y7. 해오라기

마찬가지로 같은 시편 101편에서 해오라기에 관하여 말합니다. "나는 둥지에 있는 해오라기[67] 같이 되었도다." 해오라기는 빛보다 어둠을 사랑하는 조류입니다.

우리 주 예수 그리스도는 어둠과 사망의 그림자 가운데 있었던 이방 백성과 당시 아들의 명분과 조상들에게 주신 언약을 갖고 있었던 유대 백성을 사랑하셨습니다. 이에 대해 구원자도 말씀하셨습니다. "적은 무리여 무서워 말라 아버지께서 그 나라를 너희에게 주시기를 기뻐하신다." 선지자도 말씀하시길 "내가 내 백성 아닌 자를 부르고 기뻐하지 않는 자를 기뻐하는 자라 부르리라." 하십니다. 하지만 당신은 (신명기를 따라) 해오라기는 정결하지 않은 새라고 합니다.[68] 이 때문에 사도도 이렇게 말하였습니다. "죄를 알지도 못하신 자로 우리를 대신하여 죄를 삼으셨다." 또한 "여러 사람에게 내가 여러 모양이 된 것은 모두를 얻고자 함이라."

---

misericordia.

65 고후 5.21: eum *qui non noverat peccatum pro nobis peccatum fecit* ut nos efficeremur iustitia Dei in ipso. 본문에서는 불가타 성경의 'noverat'(알았다) 대신에 'cognovit'(알았다)라는 단어를 사용하고 있다.

66 고전 9.22: factus sum infirmis infirmus ut infirmos lucri facerem *omnibus omnia factus sum ut omnes facerem salvos*. 본문에서는 불가타 성경의 'facerem salvos'(구원하고자) 대신에 'lucri faceret'(얻고자)라는 단어를 사용하고 있다.

67 개역개정판에는 '부엉이'로 번역되어 있다.

68 신명기 14장 17절 참조.

B7. NYCTICORAX

De nycticorace in eodem psalmo David dicit: *Factus sum sicut nycticorax in domicilio*[69]. Nycticorax immunda avis est et tenebras amat magis quam lucem.

Hic figuram gerit populi Iudaeorum, qui adveniente domino et salvatore nostro ad salvandos eos repulerunt eum a se, dicentes: *Nos regem non habemus nisi Caesarem*[70]: *hunc autem quis sit, nescimus*[71]. Ideo plus dilexerunt tenebras quam lucem: tunc dominus convertit se ad nos gentes, et illuminavit nos: Sedentes in tenebris et in regione umbrae mortis; et in regione umbrae mortis lux orta est nobis. De hoc populo salvator per prophetam dicit: *Populus quem non cognovi servivit mihi*[72]; et alibi: *Vocabo non plebem meam plebem meam*[73], *et non dilectam meam dilectam.*[74] De illo autem populo Iudaeorum qui *amaverunt magis tenebras quam lucem*[75] dicit dominus in psalmo: *Filii alieni mentiti sunt*

---

69 시 102.7(VUL 101.7): similis factus sum pelicano solitudinis **factus sum sicut nycticorax in domicilio**.

70 요 19.15: illi autem clamabant tolle tolle crucifige eum dixit eis Pilatus regem vestrum crucifigam responderunt pontifices **non habemus regem nisi Caesarem**.

71 요 9.29: nos scimus quia Mosi locutus est Deus **hunc autem nescimus unde sit**.

72 시 18.43(VUL 17.45): **populus quem non cognovi servivit mihi** in auditu auris oboedivit mihi.

73 롬 9.25: sicut in Osee dicit **vocabo non plebem meam** plebem meam et non misericordiam consecutam misericordiam consecutam.

74 호 2.23: et seminabo eam mihi in terram et **miserebor eius quae fuit absque misericordia**.

75 요 3.19: hoc est autem iudicium quia lux venit in mundum et **dilexerunt homines magis tenebras quam lucem** erant enim eorum mala opera.

mihi, filii alieni inveterati sunt, et claudicaverunt a semitis suis.[76]

B7. 해오라기

같은 시편에서 다윗은 해오라기에 관하여 말합니다. "나는 둥지에 있는 해오라기 같이 되었도다." 해오라기는 부정한 새입니다. 그리고 빛보다 어둠을 사랑합니다.

이 해오라기는 유대인들의 모습을 지니고 있습니다. 이 유대인들은 우리의 주, 구원자가 그들을 구원하기 위해 오실 때 이렇게 말하며 자기 자신들로부터 그를 쫓아냈습니다. "가이사 외에는 우리에게 왕이 없나이다. 이 자가 누구인지 우리는 알지 못합니다." 이런 이유로 그들은 빛보다 어둠을 더 좋아했습니다. 그때 주님은 우리 이방 백성에게 오셨습니다. 그리고 어둠과 사망의 그림자가 드리운 곳에 앉아 있던 우리를 비춰 주셨습니다. 사망의 그림자가 있는 곳에서 우리를 위해 빛이 솟아올랐습니다. 이 이방 민족에 관하여 구원자께서 선지자를 통해 말씀합니다. "내가 알지 못하는 백성이 나를 섬기리이다." 또 다른 곳에서도 (말씀합니다.) "내가 내 백성 아닌 자를 내 백성이라 부르고 기뻐하지 않는 자를 기뻐하는 자라 부르리라." 하지만 빛보다 어둠을 더 사랑했던 유대 민족에 관하여 주님이 시편에서 말씀하십니다. "이방인의 자손들이 내게 거짓말을 했고, 이방인의 자손들이 쇠잔하여 자신의 길에서 비틀거렸도다."

C5. DE NOCTICORACE

Dixit physiologus. Volatile est. diligens noctem magis quam diem.

---

76 시 18.44(VUL 17.46): *filii alieni mentiti sunt mihi filii alieni inveterati sunt et claudicaverunt a semitis suis*.

Dominus noster Ihesus Xpistus dilexit nos qui in tenebris sedebamus et umbra mortis, populus gentium super populum Iudaeorum, quia tunc adoptionem et partum promissionem habuerunt. Propterea et salvator dicit: *Noli timere pusillus grex, hoc unum in eo conplacuit Deo*[77]. Sed dic mihi quoniam nocticorax inmundus est secundum legem. Ideo apostolus dicit de salvatore. *Non cognovit peccatum peccatum non fecit*[78], et *humiliavit se ut nos exaltaret*[79].

Bene ergo physiologus narrat de nocticoracis.

C5. 해오라기에 관하여

피지올로구스가 말했습니다. 낮보다 밤을 더 사랑하는 새가 있습니다.

우리 주 예수 그리스도께서는 어둠과 사망의 그림자 가운데 앉아 있었던 이 방 백성이었던 우리를 유대 백성보다 더 사랑하셨습니다. 이는 당시 유대인 들은 아들의 명분과 조상들에게 주신 언약을 갖고 있었기 때문입니다. 그러 므로 구원자께서 말씀하셨습니다. "적은 무리여 무서워 말라. 하나님께서 이것을 기뻐하시느니라." 하지만 율법에 따라 해오라기가 왜 부정한지를 내 게 말해보십시오. 이 때문에 사도도 구원자에 대해 말하였습니다. "죄를 알 지도 못하신 자로 우리를 대신하여 죄를 삼으셨다." 또한 "우리를 높이려고 자신을 낮추셨다."

이와 같이 피지올로구스가 해오라기에 관하여 잘 설명해 주었습니다.

---

77 눅 12.32: *nolite timere pusillus grex quia conplacuit Patri* vestro dare vobis regnum.

78 고후 5.21: eum *qui non noverat peccatum pro nobis peccatum fecit* ut nos efficeremur iustitia Dei in ipso. 본문에서는 불가타 성경의 'noverat'(알았다) 대신에 'cognovit'(알았다)라는 단어를 사용하고 있다.

79 고전 11.7: aut numquid peccatum feci me ipsum *humilians ut vos exaltemini* quoniam gratis evangelium Dei evangelizavi vobis.

8. 독수리

[Gr6] Y8 B8 C6

Y8. AQUILA

DAVID in psalmo centesimo secundo: *Renovabitur sicut aquilae iuventus tua*[80]. Phisiologus dicit de aquila quoniam cum senuerit, gravantur ale eius, et oculi eius caliginant. Quid ergo facit? querit fontem aque, et evolat in aera solis, et incendit alas suas et caliginem oculorum suorum; et discendit in fontem, et tingit se per ter, et renovabitur et novus efficitur.

Ergo et tu, si vestitum habes veterem, et caliginant oculi cordis tui, quere spiritalem fontem dominum; quid: *Me derelinquerunt fontem aque vite*[81] et cetera. Et evolans in altitudinem solis iustitie, qui est Christus Ihesus (sicut apostolus dicit), et ipse incendet vetus vestimentum tuum diabuli. Propterea et duo presbiteri illi in Danielo sic audierunt *inveterate dierum malorum*[82], et baptizare in

---

80 시 103.5(VUL 102.5): qui replet in bonis desiderium tuum **renovabitur ut aquilae iuventus tua**.

81 렘 2.13: duo enim mala fecit populus meus **me dereliquerunt fontem aquae vivae** ut foderent sibi cisternas cisternas dissipatas quae continere non valent aquas.

82 단 13.52(VUL): cum ergo divisi essent alter ab altero vocavit unum de eis et dixit ad

sempiterno fonte, expolians veterem hominem cum actibus suis, et induens novum: *Qui secundum dominum creatus est*[83], sicut apostolus dicit. Propterea et David ait: *Renovabitur sicut alique iuventus tua*[84].

Y8. 독수리

다윗은 시편 102편에서 (말합니다.) "네 청춘을 독수리 같이 새롭게 하시는도다." 피지올로구스가 독수리에 대해 이르기를 독수리는 나이가 들면, 날개가 무거워지고 눈이 어두워진다고 합니다. 그러면 독수리는 무엇을 하겠습니까? 독수리는 물이 있는 샘을 찾고 해가 떠있는 하늘로 날아오릅니다. 그리고 자신의 날개와 어두워진 눈에 불을 붙입니다. 그리고는 샘으로 내려가 자신을 세 번 물에 담급니다. 그러면 그는 회복될 것입니다. 그리고 새로워집니다.

그러므로 당신도 옛 옷을 입고 있고, 당신 마음의 눈이 어두워진다면, 영적 샘물인 주님을 찾으십시오. 주님이 말씀하셨습니다. "저들이 생수의 근원되는 나를 버렸느니라. 등등." 또한 당신이 의의 태양이 있는 높은 곳으로 날아오르면, (사도가 말씀하신 바와 같이) 의의 태양이신 예수 그리스도께서 직접 당신의 옛 옷인 악마의 옷에 불을 붙일 것입니다. 이로 인해 다니엘서에서 그 두 노인도 이렇게 "악행의 날들로 늙은 이들이여"란 말을 들었습니다. 그러니 자신의 행실과 함께 옛사람을 벗고 새사람을 입어 영원한 샘에서 세례를 받으십시오. 사도가 말씀한 바와 같이, "새 사람은 주님을 따라

---

eum *inveterate dierum malorum* nunc venerunt peccata tua quae operabaris prius.

83 엡 4.24: et induite novum hominem **qui secundum Deum creatus est** in iustitia et sanctitate veritatis.

84 시 103.5(VUL 102.5): qui replet in bonis desiderium tuum **renovabitur ut aquilae iuventus tua**.

지으심을 받은 사람입니다." 그래서 다윗은 이렇게 말했습니다. "네 청춘을 독수리 같이 새롭게 하시는도다."

B8. AQUILA

De aquila David in psalmo centesimo secundo: *Renovabitur ut aquilae iuventus tua.*[85] Physiologus dicit aquilam talem habere naturam: cum senuerit, gravantur alae eius, et obducuntur oculi eius caligine; tunc quaerit fontem aquae, et contra eum fontem evolat in altum usque ad aerem solis, et ibi incendit alas suas, et caliginem oculorum comburit de radio solis; tunc demum descendens ad fontem trina vice se mergit, et statim renovatur tota, ita ut alarum vigore et oculorum splendore multum melius renovetur.

Ergo et tu, homo, siue Iudaeus sive gentilis, qui vestimentum habes vetus, et caligantur oculi cordis tui, quaere spiritalem fontem domini, qui dixit: *Nisi quis renatus fuerit ex aqua et spiritu sancto, non potest intrare in regnum dei caelorum.*[86] Nisi ergo: Baptizatus fueris in nomine patris et filii et spiritus sancti, et sustuleris oculos cordis tui ad dominum, qui est sol iustitiae, non renovabitur ut aquilae iuventus tua.

---

85 시 103.5(VUL 102.5): qui replet in bonis desiderium tuum **renovabitur ut aquilae iuventus tua**.

86 요 3.5: respondit Iesus amen amen dico tibi **nisi quis renatus fuerit ex aqua et Spiritu non potest introire in regnum Dei**.

B8. 독수리

다윗은 시편 102편에서 독수리에 대해 (말합니다.) "네 청춘으로 독수리 같이 새롭게 하시는도다." 피지올로구스는 독수리가 이러한 특성을 갖고 있다고 합니다. 독수리는 나이가 들면, 날개가 무거워지고 눈이 어두워집니다. 그때, 샘물을 찾아다닙니다. 그리고 샘을 등진 채 해가 있는 하늘까지 높이 날아오릅니다. 거기서 자기 날개를 태우고 눈의 어두움을 햇빛으로 불사릅니다. 마침내 샘으로 내려온 독수리는 세 번 자신을 물에 담급니다. 그러면 온몸이 즉시 회복됩니다. 결국 힘찬 날개와 밝은 눈으로 훨씬 더 나은 모습으로 회복됩니다.

그러므로 사람이여, 유대인이건 이방인이건 옛 옷을 입고 있으며 마음의 눈도 어두워진 당신도 주님의 영적인 샘을 찾으십시오. 주님이 말씀하셨습니다. "물과 성령으로 거듭나지 아니하면 하늘의 하나님 나라에 들어갈 수 없느니라." 그러므로 아버지와 아들과 성령의 이름으로 세례를 받지 아니하고 마음의 눈을 의의 태양이신 주님께 두지 아니하면 당신의 청춘이 독수리처럼 회복되지는 않을 것입니다.

C6. DE NATURA VOLATILE AQUILE

David dicit *renovabitur sicut aquile iuventus tua*[87]. Physiologus dixit de aquila. Quoniam si senuerit gravantur ale eius et caliginant oculi ipsius. Quid ergo facit? Quaerit fontem aquae mundae et volat in aera solis extendit alas et descendit in fontem aquae. Baptizatur per ter et ascendit reprobans caliginem oculorum et renovatur et novus fit.

---

87 시 103.5(VUL 102.5): qui replet in bonis desiderium tuum **renovabitur ut aquilae iuventus tua**.

Sic autem et tu vetus indumentum habens et caliginant tibi oculi quaere spiritalem fontem Dei verbum, qui dixit *me derelinquerunt fontem vivam aque*[88]. Et volans in altitudinem solis iustitiae Ihesus Xpistus. Et ipse exuet te vetus indumentum diaboli et *baptizare* in sempiternum fontem. *In nomine Patris et Filii et Spiritus Sancti*[89]. Hoc ergo David dicit *renovabitur sicut aquile iuventus tua*[90].

C6. 독수리라는 새의 특성에 대하여

다윗은 말합니다. "네 청춘으로 독수리 같이 새롭게 하시는도다." 피지올로구스는 독수리에 관해 말했습니다. 독수리가 나이가 들면, 날개가 무거워지고 눈이 어두워집니다. 그러면 그는 무엇을 하겠습니까? 독수리는 물이 정결한 샘을 찾고 태양이 있는 공중으로 날아올라 가서 날개를 폅니다. 그러고는 물의 샘으로 내려갑니다. 독수리는 세 번 물에 담그고 날아올라서 눈의 어두움을 물리치고 회복되고 새롭게 됩니다.

이와 같이 옛 옷을 입고 있고 눈이 어두워진 당신도 영적인 샘인 하나님의 말씀을 찾으십시오. 주님이 말씀하셨습니다. "저들이 생수의 근원되는 나를 버렸느니라." 그리고 의의 태양이신 예수 그리스도가 계시는 높은 곳으로 날아오릅니다. 그러며 그분이 당신에게서 마귀의 낡은 옷을 벗기고 영원한 샘에서 세례를 주실 것입니다. "성부와 성자와 성령의 이름으로." 그러므로 다윗이 이렇게 말한 것입니다. "네 청춘으로 독수리 같이 새롭게 하시는도다."

---

88 렘 2.13: duo enim mala fecit populus meus *me dereliquerunt fontem aquae vivae* ut foderent sibi cisternas cisternas dissipatas quae continere non valent aquas.

89 마 28.19: euntes ergo docete omnes gentes baptizantes eos *in nomine Patris et Filii et Spiritus Sancti*.

90 시 103.5(VUL 102.5): qui replet in bonis desiderium tuum *renovabitur ut aquilae iuventus tua*.

9. 피닉스

[Gr7] Y9 B9

Y9. PHENIX

QUONIAM dixit salvator in evangelio: *Potestatem habeo ponendi animam meam, et potestatem habeo iterum sumendi eam*[91]: et Iudei irati sunt in verbo eius. Est enim volatile genus in Indie partibus quod dicitur phenix; que avis per quingentos annos intrat in ligna Libani, et implet duas alas suas aromata. Et significat sacerdoti Heliopoleos (civitas hec que Heliopolis nomen habet) in mense novorum, hoc est Adar, quod grece dicitur Farmuti vel Phamenoth.

Y9. 피닉스

구원자께서 복음서에서 말씀했습니다. "내게 내 생명을 버릴 권세도 있고 다시 얻을 권세도 있노라." 유대인들은 그분의 말씀에 분노했습니다. 인도 어느 지역에 피닉스라고 하는 조류가 있습니다. 이 새는 500년마다 레바논

---

91 요 10.17-18: propterea me Pater diligit quia ego pono **animam meam** ut iterum sumam eam nemo tollit eam a me sed ego pono eam a me ipso **potestatem habeo ponendi eam et potestatem habeo iterum sumendi eam** hoc mandatum accepi a Patre meo.

숲[92]으로 와서 향으로 자신의 두 날개를 가득 채웁니다. 이 새는 새로운 달, 유대인들에게는 아달월이고, 그리스어로는 '파르무티'[93] 혹은 '파메노트'[94]라고 하는 달에 헬리오폴레오스[95](이 도시는 헬리오폴리스란 이름을 갖고 있습니다)의 제사장에게 징조를 보여줍니다.

Sacerdos autem cum significatum ei fuerit, intrat et implet aram lignis sarmenteis; et intrans illa avis in Heliopolim onerata aromatibus, ascendit super aram, et sibi ipsa ignem incendit, et seipsam conburit. In crastinum enim sacerdos scrutatur aram, et inveniet vermem in cineribus. Secundo autem die invenit aviculam pusillam. Tertio die inveniet aquilam magnam: et evolans, salutat sacerdotem, et vadit in antiquum locum suum. Si ergo hoc volatile genus hanc talem potestatem habet seipsum sic occidere et seipsum sic suscitare, quomodo stulti homines irascuntur in verbo salvatoris: Potestatem habeo (dicentis) ponendi animam meam, et potestatem habeo iterum sumendi eam?

제사장에게 징조가 나타나면 제사장은 들어가 제단을 나뭇가지로 채우고, 새는 향을 가득 안고 헬리오폴리스로 들어가 제단 위로 날아옵니다. 그리고 스스로 자기에게 불을 붙이고 자신을 태웁니다. 다음날 제사장은 제단을 뒤지고 잿더미에서 벌레를 발견할 것입니다. 하지만 두 번째 날에는 작은 어

---

92 아가서 3장 9절 참조.
93 그리스어 'Φαρμουθί'(파르무티)의 음역이며, 이집트 달력의 8번째 달을 의미한다.
94 그리스어 'Φαμενώθ'(파메노트)의 음역이며, 이집트 달력의 7번째 달을 의미한다.
95 그리스어본에서 "Ἡλιούπολις"(헬리오폴리스)의 소유격인 "Ἡλιουπόλεως"(헬리오폴레오스)를 그대로 음역한 것이다.

린 새를 발견합니다. 셋째 날에는 커다란 독수리를 발견할 것입니다. 날아오르는 독수리는 제사장에게 인사하고 자신이 원래 있던 곳을 향해 갑니다. 그러므로 이런 종류의 새에게도 자신을 죽이고 자신을 다시 살리는 그런 능력이 있다면 어리석은 사람들은 왜 "내게 내 생명을 버릴 권세도 있고 다시 얻을 권세도 있노라."라는 말씀에 분노한단 말입니까?

Phoenix personam accipit salvatoris: etenim descendens de celestibus locis, duas alas suas boni odoris sui plenas deposuit (hoc est optimos sermones suos): ut et nos, extendentes manus operationes, remittamus ei bonum odorem spiritale in operibus bonis.
Bene ergo Phisiologus dicit de phenice.

피닉스는 구원자의 인격을 담고 있습니다. 그래서 하늘의 자리에서 내려와 자신의 두 날개로 좋은 향기를 가득 품으십니다. (이것은 바로 그분이 주신 가장 적합한 교훈입니다.) 이처럼 우리도 수고를 더해가며 선한 행실을 통해 영적인 좋은 향기를 그분께 돌려드립시다.
이와 같이 피지올로구스는 피닉스에 관하여 잘 설명해 주었습니다.

B9. PHOENIX

Est aliud volatile quod dicitur phoenix; huius figuram gerit dominus noster Iesus Christus, qui dicit in evangelio suo: *Potestatem habeo ponendi animam meam et iterum sumendi eam*[96]. Propter haec

---

96 요 10.17-18: propterea me Pater diligit quia ego pono **animam meam** ut iterum

verba irati sunt Iudaei, et volebant eum lapidare. Est ergo avis in Indiae partibus quae dicitur phoenix; de hac dicit Physiologus quia, expletis quingentis annis vitae suae, intrat in lignis Libani et replet utrasque alas diversis aromatibus; et quibusdam indiciis significatur hoc sacerdoti civitatis Heliopolis, id est mense nono, Nisan aut Adar, id est Sarmath aut Famenoth, quod est aut martio aut aprili mense; cum autem hoc significatum fuerit sacerdoti, ingreditur et implet aram de lignis sarmentorum.

B9. 피닉스

피닉스라고 하는 어떤 새가 있습니다. 우리 주 예수 그리스도는 이 새의 모습을 지니고 있습니다. 복음서에서 주님은 말씀합니다. "내게 내 생명을 버릴 권세도 있고 다시 얻을 권세도 있노라." 이 말씀 때문에 유대인들은 화가 났고 그분께 돌을 던지려고 했습니다. 그런데 피닉스라고 하는 새는 인도 어느 지역에 있습니다. 피지올로구스가 이 새에 대해 이르기를 이 새는 500년마다 레바논 나무로 와서 다양한 향으로 두 날개를 채운다고 합니다. 이 일은 어떤 징조들과 함께 헬리오폴리스 도시의 제사장에게 아홉 번째 달, 니산 혹은 아달, 즉 사르맛[97] 혹은 파메노트[98]에 드러나는데 이는 3월 혹은 4월입니다. 제사장에게 이 징후가 나타나면, 그는 제단으로 가서 땔나뭇가지로 제단을 채웁니다.

---

sumam eam nemo tollit eam a me sed ego pono eam a me ipso **potestatem habeo ponendi eam et potestatem habeo iterum sumendi eam** hoc mandatum accepi a Patre meo.

97 그리스어 'Φαρμουθί'(파르무티)의 음역으로 보인다. 라틴어 Y본에서는 'Farmuti'로 음역되어 있다.

98 그리스어 'Φαμενώθ'(파메노트)의 음역이다.

Cum autem advenerit volatile, intrat in civitatem Heliopolim, repletum omnibus aromatibus in utrisque alis suis; et statim videns factam struem sarmentorum super aram, ascendit; et circumvoluens se de aromatibus, ignem ipse sibi incendit et seipsum exurit. Alia autem die veniens sacerdos, videns exusta ligna quae composuerat super aram, scrutans invenit ibi vermiculum modicum suavissimo odore fragrantem. Secundo vero die invenit iam aviculam figuratam. Rursum tertia die veniens sacerdos, invenit eam iam statu suo integram atque perfectam avem phoenicem. Et vale dicens sacerdoti, evolat et pergit ad locum suum pristinum.

다른 한편 자신의 두 날개를 온갖 향으로 가득 채운 새가 나타나면, 그 새는 헬리오폴리스로 들어갑니다. 그리고 제단 위에 만들어 놓은 나뭇가지 더미를 보자마자 그 위에 날아옵니다. 향으로 자신을 두른 새는 직접 자신에게 불을 붙여 자신을 태웁니다. 다음날 돌아온 제사장은 자신이 제단 위에 쌓아놓았던 땔나무가 불탄 것을 보고 살펴보고 나서, 매우 향긋한 향을 풍기는 작은 벌레를 발견합니다. 두 번째 날 이미 새끼 새의 모습이 된 것을 발견합니다. 셋째 날 다시 돌아온 제사장은 이제 자신이 있는 그곳에서 그 새가 흠 없고 완전한 새 피닉스가 된 것을 발견합니다. 그 새는 제사장에게 '안녕'이라고 말하고 날아가 곧장 자신이 전에 있던 곳을 향해 날아갑니다.

Si ergo volatile hoc potestatem habet seipsum mortificare et rursum semetipsum vivificare, quemadmodum stulti homines irascuntur in verbo domini nostri Iesu Christi, qui ut verus homo et verus dei filius potestatem habuit ponendi animam suam et iterum sumendi eam. Ergo sicut iam supra diximus, personam accipit salvatoris nostri, qui de caelo descendens utrasque alas suas replevit suavissimis odoribus, id est novi ac veteris testamenti sermones, dicens: *Non veni solvere legem, sed adimplere*[99]. Et iterum: *Sic erit omnis scriba doctus in regno caelorum, qui profert de thesauro suo nova et vetera*[100].

만일 이 새에게도 자신을 죽이고 다시 살리는 능력이 있다면 어떻게 저 어리석은 사람들은 우리 주 예수 그리스도의 말씀에 분노합니까? 그분은 참 사람이자 참 하나님의 아들로서 자신의 생명을 버리고 다시 얻을 수 있는 권능이 있었던 것입니다. 즉, 이미 위에서 말씀드렸던 바와 같이 이 새는 우리 구원자의 인격을 암시합니다. 하늘에서 내려와 자신의 두 날개를 가장 향긋한 향으로 가득 채웠습니다. 이는 곧 구약과 신약의 말씀입니다. 주님은 말씀하십니다. "율법을 폐하러 온 것이 아니요 성취하러 왔느니라." 다시 말씀하십니다. "천국의 교사된 서기관마다 새것과 옛것을 그 곳간에서 내어오는 자와 같으리라."

---

99 마 5.17: nolite putare quoniam veni solvere legem aut prophetas **non veni solvere sed adimplere**.

100 마 13.52: ait illis ideo **omnis scriba doctus in regno caelorum** similis est homini patri familias **qui profert de thesauro suo nova et vetera**.

10. 후투티

Y10. EPOPE

DICIT enim lex: *Qui maledixerit patri aut matri, morte morietur*[101].
Et quomodo sunt patricide aut matricide? Est avis que dicitur
epopus: si viderit suos parentes senuisse, et eorum oculos
caliginasse, filii vellunt pinnas parentum, et elingunt oculos eorum,
et calefaciunt parentes suos sub alis suis, et nutriunt parentes suos,
vicem eis reddentes, et nutriunt sicut pullos suos, et novi fiunt
parentes ipsorum; et quodam modo dicunt parentibus suis: sicut
vos laborastis nutrientes nos, sic et nos similiter vobis facimus. Et
quomodo inrationabiles homines non amant parentes suos?
Bene ergo Phisiologus arguit de epopo.

Y10. 후투티

틀림없이 율법은 말씀합니다. "아비나 어미를 저주하는 자는 반드시 죽일찌
니라." 그렇다면 어떻게 부친 살해자와 모친 살해자가 될 수 있습니까? 후
투티라고 불리는 새가 있습니다. 자기 부모가 늙고 눈이 어두워진 것을 보

---

101 출 21.17: *qui maledixerit patri suo et matri morte moriatur*.

면 새끼들은 부모의 깃털을 뽑아주고 눈을 핥아줍니다. 또한 자신의 날개
아래 자기 부모를 따뜻하게 품어주고 마치 자신의 새끼를 부양하듯 부모에
게 보답하면서 자기 부모를 부양합니다. 자신들의 부모들에게 새로운 부모
가 되어줍니다. 그리고 그저 자기 부모에게 이렇게 이야기합니다. "당신들
이 우리를 부양하며 수고하셨던 것처럼 그렇게 우리도 당신들에게 하는 것
입니다." 어떻게 사람들이 자기 부모를 사랑하지 않는 이성도 없는 자들이
될 수 있겠습니까?

피지올로구스는 후투티에 관하여 잘 설명해 주었습니다.

B10. UPUPA

Dictum est in lege: *Honora patrem tuum et matrem tuam*[102];
et iterum: *Qui maledixerit patri et matri, morte moriatur*[103].
Physiologus dicit: est avis quae dicitur upupa; horum filii, cum
viderint parentes suos senuisse, et neque volare posse, neque videre,
prae caligine oculorum, tunc filii eorum evellunt vetustissimas
pennas parentum suorum, et diligunt oculos parentum suorum,
et fovent eos sub alas suas; donec recrescant pennae eorum et
reilluminentur oculi eorum, ita ut totum corpore renovari possint
sicut antea, et videre et volare. Et postea gratias illi filiis suis agunt,
qui tam pie exsequium sibi praebuerint; et dicunt illis filii sui: Ecce,
parentes dulcissimi, sicut vos ab infantia educastis nos, et omnem

---

102 출 20.12: ***honora patrem tuum et matrem tuam*** ut sis longevus super terram quam
Dominus Deus tuus dabit tibi.

103 출 21.17: ***qui maledixerit patri suo et matri morte moriatur.***

laborem vestrum impendistis circa nos, eadem servitia obsequiorum in senectute vestra dependimus vobis.

Si hoc aves irrationabiles invicem sibi faciunt, quomodo homines, cum sint rationabiles, parentum suorum nutrimenta vicem reddere nolunt?

B10. 후투티

율법에서 일렀습니다. "네 아비와 어미를 공경하라." 또한 "아비나 어미를 저주하는 자는 반드시 죽일찌니라." 피지올로구스가 이르기를 후투티라고 하는 새가 있습니다. 후투티의 새끼들은 자기 부모가 늙고, 날 수도 없고, 눈이 흐릿해 볼 수도 없다는 것을 알게 되면 그때 자기 부모의 매우 오래 묵은 깃털을 뽑아주고 자기 부모의 눈을 보살펴줄 뿐만 아니라 부모를 자기 날개 아래 품어줍니다. 그러는 동안에 부모의 깃털이 다시 나고 부모의 눈이 다시 밝아져서 부모는 몸이 모두 이전과 같이 새로워질 수 있을 뿐만 아니라, 볼 수 있고 날 수 있게 됩니다. 그러고 나서 이들은 자신을 위해 그토록 정성껏 장례를 치러줄 자기 새끼들에게 고마움을 표합니다. 그러면 새끼들은 이들에게 말합니다. "보소서, 가장 친애하는 부모님이여, 당신들이 우리를 어릴 때부터 키워주셨고, 우리 곁에서 온갖 수고를 다 하셨던 것처럼, 그와 동일한 친절한 섬김을 당신들의 노년에 당신들께 갚는 것입니다." 이성이 없는 새들도 스스로 서로 이렇게 행하는데 왜 사람들은 이성이 있음에도 불구하고 자기 부모의 부양을 되갚으려 하지 않는 것입니까?

C7. DE NATURA VOLATILE QUE DICITUR YPPOPUS

Bene scriptum est *qui maledixerit patri aut matri morte moriatur*[104].
Et quomodo sunt patricide aut matricide aliqui, qui dicitur latine
yppopus, huius filii si viderent parentes suos senescentes evellent
pennas veteres parentum et lingunt oculos eorum et calefaciunt
parentes suos et novi fiunt. Quomodo inrationabiles homines non
amant parentes suos?

Bene physiologus arguit de yppopo.

C7. 후투티라고 불리는 새의 특성에 관하여

"아비나 어미를 저주하는 자는 반드시 죽일찌니라."는 말씀이 잘 기록되어
있습니다. 그렇다면 어떻게 부친 살해자와 모친 살해자가 될 수 있습니까?
라틴어로 '이포푸스'(후투티)라고 불리는 어떤 (새)가 있습니다. 이 새의 새끼
들은 자신의 부모들이 늙어가는 것을 보면, 부모의 낡은 깃털을 뽑아주고
눈을 핥아주고 자신의 부모를 따뜻하게 품어주며 새로운 부모가 되어줍니
다. 어떻게 사람들이 자기 부모를 사랑하지 않는 이성도 없는 자들이 될 수
있겠습니까?

피지올로구스가 후투티에 관하여 잘 설명해 주었습니다.

---

104 출 21.17: 상동.

11. 들나귀

[Gr9] Y11

Y11. DE ONAGER

IN Iob dicitur: *Quis est qui dimittit onagrum liberum*[105]. Phisiologus dicit de onagro quoniam est gregis primus in eis; et si generaverit greges masculos, pater eorum confringit necessaria eorum, ut non faciant semen.

Patriarche semen carnale querebant creare; apostoli autem spiritale filios carnales obtinuerunt, ut semen caeleste possiderent, sicut dicit: *Laetare sterilis quae non paris, et cetera*[106]. Vetus testamentum semen annuntiat, novum autem abstinentiam predicat.

Y11. 들나귀

욥기에서 말씀합니다. "누가 들나귀를 놓아 자유하게 하였느냐." 피지올로 구스가 이 들나귀에 대해 말하기를, 이 들나귀가 무리 중 우두머리가 되어 수컷 무리를 낳으면 이들의 아비는 이들이 정자를 만들지 않도록 이들의 생

---

105 욥 39.5: *quis dimisit onagrum liberum* et vincula eius quis solvit.

106 사 54.1: *lauda sterilis quae non paris* decanta laudem et hinni quae non pariebas quoniam multi filii desertae magis quam eius quae habebat virum dicit Dominus.

식기를 잘라버립니다.

족장들은 육신의 씨를 만들기 위해 간구했지만, 사도들은 하늘의 자손을 영적으로 얻었습니다. 곧 하늘의 씨를 얻은 소유하게 된 것입니다. 이렇게 말씀하신 바와 같습니다. "잉태하지 못하며 생산치 못한 너는 기뻐할지어다. 등등." 구약은 씨를 알려주지만, 신약은 금욕을 가르칩니다.

12. 독사

[Gr10] Y12 C8

Y12. VIPERA

IOHANNES dicit ad Phariseos: *Generatio viperarum.* Phisiologus dicit de vipera quoniam faciem habet hominis masculus, femina autem mulieris usque ad umbilicum, ab umbilico autem usque ad caudam corcodrilli habet figuram; porro femina non habet secretum locum, id est menbrum pariendi sinum, sed ut foramen acus habet.

Y12. 독사

요한이 바리새인들에게 말했습니다. "독사 새끼라[107]." 피지올로구스가 독사에 대해 이르기를 수컷은 남자의 모습을 하고 있으나 암컷은 배꼽까지는 여자의 모습을, 배꼽에서 꼬리까지는 악어의 모습을 하고 있다고 합니다. 한편 암컷은 비밀스러운 곳, 즉 새끼를 기르기 위한 움푹 들어간 중심 기관[108]이 없고 바늘구멍 같은 것만 갖고 있습니다.

Si autem masculus habeat cum femina, effundet semen in os

---

107 마태복음 3장 7절 참조.
108 '자궁'을 의미한다.

femine, et si biberit semen eius, precidet femina necessaria masculi (hoc est virilia), et moritur masculus; cum autem creverint filii eius in utero matris sue, non habens illa sinum unde pariatur, tunc filii adaperiunt latus matris suae, et exeunt occidentes matrem.

수컷이 암컷과 교미한다면, 암컷의 입에 정액을 분비합니다. 암컷이 정액을 삼키면, 암컷은 수컷에게 가장 중요한 부분, 즉 생식기를 잘라버리고, 수컷은 죽습니다. 하지만 새끼들이 자기 어미의 뱃속에서 자라면, 어미는 새끼를 기를 움푹 들어간 중심 기관이 없기에 새끼들은 자기 어미의 옆구리를 뚫고 어미를 죽이며 밖으로 나옵니다.

Assimilavit ergo salvator noster Phariseos vipere: sicut hec generatio occidit patrem et matrem, sic et hic populus, qui sine deo est, patrem suum Ihesum Christum et matrem terrestrem Hierusalem. Et quomodo fugiunt ab ira ventura?[109]: pater autem noster Ihesus Christus et mater ecclesia vivunt in eternum, ipsi autem in peccato viventes mortui sunt.

그래서 우리 구원자도 바리새인들을 독사에 빗댔습니다. 독사 새끼가 부모를 죽이는 것과 같이 하나님이 없는 이 백성은 자기의 아버지이신 예수 그리스도와 이 땅의 어머니인 예루살렘을 죽입니다. 이러니 그들이 어찌 다가올 진노로부터 도망치겠습니까? 우리 아버지이신 예수 그리스도와 어머니이신 교회는 영원히 살지만, 죄 가운데 살았던 이 자들은 죽었습니다.

---

109 눅 3.7: dicebat ergo ad turbas quae exiebant ut baptizarentur ab ipso genimina viperarum quis ostendit *vobis fugere a ventura ira*.

C8. DE NATURA VIPERAE

Bene dixit Iohannes ad Pharisaeos, *generatio viperarum quis vobis dixit fugere a ventura ira?*[110] Physiologus monet de vipera. Quoniam faciem habet viri femina mulieris usque ad umbilicum, et usque ad caudam crocodilli habet figuram. Vadum feminae non habet in sexu sed ut foramen acus habet. Et si masculus fiat cum femina effundit semen in os femine, et si bibit semen femina praecidit necessaria masculi et moritur masculus statim. Cum creverint autem filii comedent ventrem matris et sic exient patrueli et matrueli[111].

C8. 독사의 특성에 관하여

그런데 요한이 독사의 자식인 바리새인들에게 잘 말했습니다. "누가 너희에게 이르러 임박한 진노를 피하라고 하더냐?" 피지올로구스는 독사에 대해 알려줍니다. 수컷에 비해서 암컷은 배꼽까지는 여자의 모습을 하고 있고, 꼬리까지는 악어 모양을 하고 있습니다. 교미할 때 암컷의 생식기는 없고 바늘구멍 같은 것만 갖고 있습니다. 그리고 수컷이 암컷과 교미한다면, 암컷의 입에 정액을 분비합니다. 암컷이 정액을 삼키면, 암컷은 수컷의 가장 중요한 부분을 잘라버리고, 수컷은 즉시 죽습니다. 그리고 그 새끼들이 자라면 자기 어미의 배부분을 먹어 치워버리고, 부친 살해자이며 모친 살해자가 되어 밖으로 나옵니다.

---

110 마 3.7: videns autem multos Pharisaeorum et Sadducaeorum venientes ad baptismum suum dixit eis **progenies viperarum quis demonstravit vobis fugere a futura ira**.

111 그리스어본의 "πατραλοῖαι ... μητραλοῖαι"(파트라로이아이 … 메트라로이아이)의 음역이다.

Bene ergo similavit Iohannes viperae pharisaeos. Quoniam sicut occidit vipera patrem aut matrem. Sic Pharisei occiderunt intellegissimos parentes prophetas et salvatorem nostrum Ihesum Xpistum. Et ecclesiam. Quomodo ergo fugiant futuram iram[112], et quidem pater et mater vivent in saecula. Ipsi autem mortui sunt.

그러므로 요한은 바리새인들을 독사와 잘 빗댔습니다. 이는 마치 독사가 아버지나 어머니를 죽인 것과 같기 때문입니다. 그렇게 바리새인들은 가장 지혜로운 부모인 선지자와 우리 구주 예수 그리스도와 교회를 죽였습니다. 그러면 그들이 다가올 진노로부터 도망치겠습니까? 그리고 참으로 아버지와 어머니는 영원히 살 것입니다. 그러나 그들은 죽었습니다.

---

112 눅 3.7: dicebat ergo ad turbas quae exiebant ut baptizarentur ab ipso genimina viperarum quis ostendit *vobis fugere a ventura ira.*

13. 뱀

Y13. SERPENS

SALVATOR dicit: *Estote prudentes sicut serpentes, et mites sicut columbe*[113]. Serpens tres naturas habet: prima eius natura hec est: cum senuerit, caligant ei oculi; et si voluerit novus fieri, abstinet et ieiunat quadraginta diebus, donec pellis eius relaxetur a carne sua; et si relaxata fuerit ieiunis pellis eius, vadens querit fissuram angustam in petra, et intrat in fissuram, et contribulat se, et cogit, et deponit pellem veterem, et novus fit.

Y13. 뱀

구원자께서 말씀하십니다. "뱀같이 지혜롭고, 비둘기같이 온유하라." 뱀에게는 세 가지 특성이 있습니다. 첫째 특성은 이러합니다. 나이가 들면 눈이 어두워집니다. 하지만 젊어지기를 원하면 자기 몸에서 껍질이 느슨해질 때까지 40일 동안 절제하고 금식합니다. 껍질이 느슨해지면 바위에 난 비좁

---

113 마 10.16: ecce ego mitto vos sicut oves in medio luporum **estote ergo prudentes sicut serpentes et simplices sicut columbae**. 본문에서는 라틴어 불가타의 'simplices'(순박한) 대신에 'mites'(온유한)라는 단어를 사용하고 있다.

은 틈을 찾아 나서고 그 틈으로 들어가 자기 몸을 밀어 넣고 조여서 옛 껍질을 벗어버리고 젊어집니다.

Et nos, per multam abstinentiam et tribulationem, pro Christo deponemus veterem hominem et indumentum eius. Sed et tu, quere spiritalem petram Christum, et angustam fissuram: *Angusta enim est porta, et cum tribulatione via, que ducit ad vitam, et pauci sunt qui introeunt per eam*[114].

우리도 많은 절제와 고난을 통해 그리스도를 위해 옛 사람과 옛 사람의 옷을 벗을 것입니다. 오로지, 당신도 영적 바위이신 그리스도와 비좁은 틈을 찾으십시오. "생명으로 인도하는 문은 좁고 시련이 있는 길이 함께할 뿐만 아니라 그 문으로 들어가는 이는 적기 때문입니다."

Secunda eius natura est: cum venerit aquam bibere ad flumen, non adfert se cum venenum quod gestat in capite, sed in fovea sua illud deponit. Debemus ergo et nos, cum in collectam veneremus, aquam vivam et sempiternam haurire; cum audimus divinum sermonem et celestem in ecclesia, non nobis cum venenum inducamus (hoc est terrestres malas que concupiscentias). Multi enim insipientes non venerunt in illam spiritalem cenam; alii quinque iuga bovum ementes, alii agrum querentes, alii uxorem ducentes. Sicut in

---

114 마 7.14: quam **angusta porta et arta via quae ducit ad vitam et pauci sunt qui inveniunt eam**. 본문에서는 불가타의 'arta'(협착한) 대신에 'cum tribulatio'(시련이 있는)이라는 단어와 불가타의 'inveniunt'(찾는) 대신에 'introeunt'(들어가는)이라는 단어를 사용하고 있다.

evangelio dicit: *Reddite ergo omnibus debita, cui timorem timorem, cui honorem honorem, cui tributum tributum, et cetera*[115].

두 번째 특성입니다. 뱀은 강으로 물을 마시러 갈 때, 머리에 지니고 다니는 독을 가져가지 않고 자신의 굴에 내려놓고 갑니다. 그러므로 우리도 모임에 갈 때에는 영원한 생수를 길러야 합니다[116]. 우리가 교회에서 신성하고 하늘에 속한 말씀을 들을 때 우리는 독을 함께 지니고 가지 않아야 합니다. (이것은 땅에 속한 악한 욕망입니다.) 많은 어리석은 자들이 저 영적 만찬에 오지 않았습니다. 어떤 이들은 소 열 마리를 사느라, 어떤 이들은 땅을 마련하느라, 어떤 이들은 결혼하느라 그랬습니다. 복음의 글에서 이렇게 말씀합니다. "모든 자에게 줄 것을 주되 공세를 받을 자에게 공세를 바치고 두려워할 자를 두려워하며 존경할 자를 존경하라. 등등."

Tertia eius natura est: si viderit hominem nudum, timet eum; si autem viderit eum vestitum, insilit in eum. Sic et nos spiritaliter intelligimus, quoniam cum primus homo pater noster Adam nudus fuisset in paradyso, non prevaluit serpens insilire in eum; sed quando tunica indutus est (hoc est mortalitatem carnalis corporis peccati), tunc exilivit in eum.

세 번째 특성은 이러합니다. 뱀은 사람을 보면 그를 두려워합니다. 하지만 옷을 입은 사람을 보면 그에게 달려듭니다. 우리도 영적으로 이렇게 알고

---

115 롬 13.7: **reddite omnibus debita cui tributum tributum** cui vectigal vectigal **cui timorem timorem cui honorem honorem**. 본문에서는 불가타와 구문 배열의 순서가 다르고, 'cui vectigal vectigal'(국세 받을 자에게 국세를)라는 구문은 생략되어 있다.

116 요한복음 4장 15절 참조.

있다시피, 첫 번째 사람 우리 아버지 아담이 낙원에서 벌거벗었을 때는 뱀이 그에게 달려들 정도로 강하지 않았습니다. 하지만 겉옷(즉 죄지은 육적 몸의 사멸성)을 입었을 때는 그에게 덤벼들었습니다.

Si ergo et tu habes vestem mortalem, hoc est veterem hominem, et vis audire *inveterate dierum malorum*[117], exiliet in te serpens; si autem expolies te indumento *principum et potestatem seculi huius rectorum et spiritus nequitiae in celestibus* (sicut apostolus dixit)[118], tunc non potest insilire in te serpens.
Bene ergo dixit Physiologus de serpente.

따라서 당신도 죽음의 옷, 즉 옛 사람을 입고 있고, "악행의 세월로 늙은 이여"라는 말을 듣고 싶다면, 뱀이 당신에게 덤벼들 것입니다. 하지만 (사도가 말한 것처럼) 만일 정사와 권세와 그리고 이 세상 주관자들과 하늘에 있는 악의 영의 옷을 벗어 던진다면, 그때는 뱀이 당신에게 달려들 수 없습니다.
이와 같이 피지올로구스는 뱀에 관하여 잘 설명해 주었습니다.

[Quarta quoque natura serpentis: quando venerit homo et voluerit eum occidere, totum corpus tradit ad penam, caput autem suum custodit. Debemus et nos in tempore temptationis totum corpus

---

117 단 13.52(VUL): cum ergo divisi essent alter ab altero vocavit unum de eis et dixit ad eum **inveterate dierum malorum** nunc venerunt peccata tua quae operabaris prius.

118 엡 6.12: quia non est nobis conluctatio adversus carnem et sanguinem sed **adversus principes et potestates adversus mundi rectores** tenebrarum harum contra **spiritalia nequitiae in caelestibus.**

tradere, caput autem custodire, id est Christum non negantes; sicut fecerunt sancti martyres: *Omnis enim caput Christus est*[119].]

또한 뱀의 네 번째 특성은 이러합니다. 사람이 와서 뱀을 죽이려 할 때, 이 고통에 온 몸을 내주지만 자신의 머리만은 보호합니다. 우리도 시험의 때에 온 몸을 내주어야 하지만 머리는 보호해야 합니다. 이는 거룩한 순교자들이 그랬던 것처럼 그리스도를 부인하지 않는 것입니다. "모든 이의 머리는 그리스도입니다."

C9. DE NATURA SERPENTIS SECUNDA

Dominus dicit in evangelio. *Ergo estote prudentes sicut serpentes et simplices sicut columbae*[120]. Bene physiologus narrat de eo. Quoniam quattuor naturas habet serpens. Haec natura serpentis est. Cum senuerit caliginant oculi eius et si voluerit novus fieri abstinet se et ieiunat quadraginta dies et noctes, donec pellis eius relaxet. quaerit petram aut fissuram angustam. Et inde se coegit transire, et tribulat corpus et deponit senectutem et novus iterum fiet. Sic et homo si hoc prudentissimum suscipiat serpentem, qui voluerit veterem senectutem saeculi deponere per angustam et tribulatam portam festinet primo corpus ieiunia adfligere. *Angusta* enim *via* et

---

119 고전 11.3: volo autem vos scire quod **omnis viri caput Christus** est caput autem mulieris vir caput vero Christi Deus.

120 마 10.16: ecce ego mitto vos sicut oves in medio luporum **estote ergo prudentes sicut serpentes et simplices sicut columbae**.

tribulata *que ducit ad vitam eternam*[121].

C9. 뱀의 두 번째 특성[122]에 관하여

주님은 복음서에서 말씀하십니다. "그러므로 너희는 뱀처럼 지혜롭고 비둘기처럼 순결하라." 피지올로구스는 뱀에 관하여 잘 설명하고 있습니다. 뱀은 네 가지 특성을 갖고 있기 때문이다. 이것이 뱀의 특성입니다. 뱀이 나이가 들면 눈이 어두워지고, 그가 젊게 되고자 하면 사십 주야를 절제하고 금식하며, 껍질이 헐거워질 편안해질 때까지 합니다. 그러고는 바위나 좁은 틈을 찾습니다. 그리고 그곳으로 자신을 밀어 넣고, 몸을 조여서, 노년을 벗어 던져버리고 다시 젊어집니다. 이처럼 사람이 세상의 낡은 노년을 벗어 던지고자 하는 이 뱀이 가장 지혜롭다고 여긴다면, 좁고 시련이 많은 문을 통하여, 먼저 금식으로 몸을 수척해지도록 서두르십시오. "영생으로 인도하는 길은 좁고 시련이 많은 길이기 때문입니다."

C10. DE TERTIAU NATURA SERPENTIS

Cum venerit bibere aquam de fonte non adferet venenum sed in fovea sua haec aut in cubili suo deponit eum. Debemus et nos qui festinamus super aquam sempiternam plenam divinarum et caelestium sermonum in ecclesia non habere nobiscum malitiae venenum, id est pollutas concupiscentias sed perfectissimi praecedere.

---

121 마 7.14: quam *angusta porta et arta via quae ducit ad vitam et pauci sunt qui inveniunt eam*.

122 그리스어본과 Y본에서는 첫번째 특성에 해당한다.

C10. 뱀의 세 번째 특성[123]에 관하여

뱀이 물을 마시러 갈 때, 독을 가져가지 않고, 자기 굴이나 둥지에 두고 갑니다. 우리도 우리와 함께 악의의 독, 즉 악한 욕망을 가져가지 말고, 풍부하고 영원한 물인 교회 안에 있는 신성한 천상의 말씀을 가지고 가장 완전한 자가 되어 나아가기를 더욱 서둘러야 합니다.

C11. DE QUARTA NATURA SERPENTIS

Quando venerit homo et voluerit occidere eum totum corpus tradit caput autem custodit. Debemus et nos in tempore temptationis totum corpus tradere caput autem custodire, id est Xpistum non negantes sicut fecerunt sancti martyres *omnis enim caput Xpistus est*[124].

C11. 뱀의 네 번째 특성에 관하여

사람이 와서 뱀을 죽이려고 하면 온 몸은 넘겨주고 머리는 지킵니다. 우리도 유혹의 때에 온 몸은 넘겨주고 머리만은 지켜야 합니다. 즉 거룩한 순교자들이 그랬던 것처럼, 그리스도를 부인하지 않는 것입니다. "모든 이의 머리는 그리스도입니다."

---

123 그리스어본과 Y본에서는 두 번째 특성에 해당한다.

124 고전 11.3: volo autem vos scire quod **omnis viri caput Christus** est caput autem mulieris vir caput vero Christi Deus.

14. 개미

[Gr12] Y14 B11 C12 C13 C14

Y14. DE FORMICA

SALOMON in proverbiis dixit: *Vade ad formicam, o piger, et imitare vias eius*[125]. De formica dixit Phisiologus tres naturas habere. Prima eius natura est: cum ordinate ambulaverint, una queque granum baiulat in ore suo; he quae vacue sunt, nihil habentes formice, non dicunt habentibus: *date nobis granum vestrum;* sed vadunt per vestigia priorum, et veniunt in locum ubi et ille frumentum invenerunt; et tollentes et ipse, deportant in cubile suum. Et hec quidem dicta sunt de inprudentibus et inrationabilibus. Ve autem virginibus illis que petierunt a prudentibus, dicentes: *Date nobis oleum de vasis vestris, quoniam extinguntur lampades nostre*[126]; cum essent rationabiles et habentes intellectum, hec autem audierunt: *ab eis non possumus, ne forte non sufficiat, et*

---

125 잠 6.6: **vade ad formicam o piger et considera vias eius** et disce sapientiam. 본문에서는 'considera'(궁구하라) 대신에 'imitare'(본받으라)라는 단어를 사용하고 있다.

126 마 25.8: fatuae autem sapientibus dixerunt **date nobis de oleo vestro quia lampades nostrae extinguntur.**

nobis et vobis[127].

Y14. 개미에 관하여

솔로몬은 잠언에서 이렇게 말했습니다. "게으른 자여, 개미에게로 가서 그 하는 것을 본받으라." 피지올로구스는 개미에게 세 가지 특성이 있다고 했습니다. 첫째 특성은 이러합니다. 개미들이 줄지어 기어갈 때 각자가 자기 입으로 낱알을 나릅니다. 입이 빈 이들, 아무것도 없는 개미들은 낱알을 가진 개미들에게 "너희의 낱알을 우리에게 달라."고 하지 않습니다. 오히려 앞서간 이들의 길을 따라가 그들이 곡식을 발견했었던 장소까지 이릅니다. 그러면 스스로 낱알을 들어 올려 자신의 집으로 운반합니다. 사실 이러한 것들은 현명하지 않고 이성 없는 개미들에 관한 이야기였습니다. 하지만 "우리의 등불이 꺼지고 있으니 너희 병에 있는 기름을 우리에게 좀 나눠 달라."고 현명한 처녀들에게 요구했던 저 처녀들에게는 화가 있기를 바랍니다. 이들은 이성이 있을 뿐만 아니라 지성이 있음에도 불구하고 저 현명한 처녀들로부터 이러한 말을 들었습니다. "우리는 병에 있는 기름을 나눠 줄 수 없습니다. 행여 우리와 너희에게도 넉넉하지 않게 되지 않도록 하기 위함이라."

Secunda eius natura est: quando recondit grana in cubili suo, dividit ea in duo, ne forte hiemps conprehendat ea, et infundente pluvia germinent grana, et fame pereat. Et tu, verba veteris testamenti divide ab spiritali verbo carnalia, ne quando germinat littera, te

---

127 마 25.9: responderunt prudentes dicentes **ne forte non sufficiat nobis et vobis** ite potius ad vendentes et emite vobis.

occidat. Paulus autem apostolus dicit quoniam: *Lex spiritalis est*[128]; et iterum dicit: *Littera occidit, spiritus autem vivificat*[129]; et iterum: *Que sunt vivificantia, haec enim sunt duo testamenta*[130]. Iudei autem solam litteram aspicientes, fame necati sunt; et prophetarum homicide, sed et Dei, facti sunt, radentes virgas ut pariant oues, et carnales circumcisiones, et sabbatismos, et scenophagias. Haec autem omnia spiritalia sunt et intellegibilia.

두 번째 특성은 이러합니다. 개미가 집에 낟알을 저장할 때, 둘로 쪼갭니다. 겨울이 낟알을 품고 있다가 비가 쏟아질 때, 낟알이 싹이 트지 못하게 해서 곪어 죽지 않기 위함입니다. 당신도 영적인 말씀으로 구약의 육적인 말씀을 분별하십시오. 문자가 싹이 날 때 당신을 죽이지 않도록 하기 위함입니다. 사도 바울은 이렇게 말씀합니다. "율법은 영적인 것입니다." 이렇게도 말씀합니다. "문자는 죽이는 것이요 영은 살리는 것입니다." 또다시 살리는 것은 이것이니 "두 언약입니다." 하지만 유대인들은 오로지 문자만을 바라보다가 굶주림으로 멸망했습니다. 양을 낳기 위해 나뭇가지의 껍질을 벗기는 자들이며[131], 육적 할례자이며, 안식일과 장막절을 준수하는 자들은 선지자들과 하나님을 죽인 자들이 되었습니다. 그러나 이 모든 것은 영적이며 또한 가지적(可知的)인 것입니다.

---

128 롬 7.14: scimus enim quod **lex spiritalis est** ego autem carnalis sum venundatus sub peccato.

129 고후 3.6: qui et idoneos nos fecit ministros novi testamenti non litterae sed Spiritus **littera enim occidit Spiritus autem vivificat.**

130 갈 4.24: quae sunt per allegoriam dicta haec enim sunt **duo testamenta** unum quidem a monte Sina in servitutem generans quae est Agar.

131 창세기 30장 37절 참조.

Tertia eius natura est: vadit in agrum tempore messis, et ascendit in spicam, et deponit granum. Priusquam autem ascendit spicam, odorat deorsum spice, et ab odore cognoscit si triticum est aut ordeum; et si est ordeum, statim refugit ad tritici spicam. Hordeum autem esca est pecorum; et in Iob dicit: *Pro tritico procedat mihi hordeum*[132]. Et propheta: *Fugi de Babilonia, fugi de terra Chaldeorum*[133], hoc est, fugi aliena doctrina aliene glorie, que ordei sunt escae, occidentes animas (hec et inimica veritatis dicta sunt, et sunt).

Bene de formica dictum est.

세 번째 특성은 이러합니다. 개미는 추수 때에 밭으로 나가 곡식 이삭으로 올라가 낟알을 떼어냅니다. 하지만 이삭으로 올라가기 전, 이삭 아래에서 냄새를 맡고, 그 냄새로 밀인지 보리인지 압니다. 보리이면 즉시 밀 이삭을 향해 달려갑니다. 보리는 가축의 양식입니다. 욥기에서 이렇게 말씀합니다. "밀 대신에 내게 보리가 자라나리라." 선지자도 (이렇게 말씀했습니다.) "바빌로니아 가운데서 도망하라 갈대아인들의 땅에서 도망하라." 즉, 이방의 영광에 관한 이방의 가르침을 피했습니다. 이것들은 영혼을 죽이는 보리 양식입니다. (이러한 것들은 진리의 적이라고도 하는데 과연 그렇습니다.)

개미에 관하여 잘 설명이 되었습니다.

---

132 욥 31.40: *pro frumento oriatur mihi tribulus et pro hordeo spina finita* sunt verba Iob. 개역개정판은 "밀 대신에 가시나무가 나고 보리 대신에 독보리가 나는 것이 마땅하니라 하고 욥의 말이 그치니라"이다. 본문의 번역은 그리스어본의 'ἀντὶ πυροῦ ἄρα ἐξέλθοι μοι κριθή'(밀 대신에 내게 보리가 자라나리라)의 번역이다.

133 렘 50.8: *recedite de medio Babylonis et de terra Chaldeorum egredimini* et estote quasi hedi ante greges. 본문은 불가타의 본문의 인용은 아니다. 불가타본의 번역은 다음과 같다: '너희는 바빌로니아 가운데서 물러나라 갈대아인의 땅에서 나오라'.

B11. FORMICA

De formica Salomon dicit: *Vade ad formicam, o piger, meditare eam*[134]; quae cum sit viribus infirmior, multum per aestatem frumentum sibi reponit. Physiologus dicit tres naturas habere formicam. Prima eius natura est: cum exierint de spelunca sua, ambulant ordinatim, et quaerunt grana cuiuslibet seminis; cum autem invenerint, ore suo apprehendunt singula grana, portantes in spelunca sua. Aliae vero formicae non habentes grana in ore suo, sed sic vacuae obviantes, eis quae vehunt cibaria in ore suo non dicunt eis: *Date nobis de annona vestra*; sed vadunt quaerentes per vestigia illarum, et sumunt sicut et illae, et afferunt in habitaculis suis.

B11. 개미

솔로몬은 개미에 대해 이렇게 말합니다. "게으른 자여, 개미에게로 가서 개미를 살펴보라." 개미는 다소 힘이 약하지만, 여름 동안 자신을 위해 많은 곡식을 저장합니다. 피지올로구스는 개미에게 세 가지 특성이 있다고 합니다. 첫째 특성은 이러합니다. 굴에서 밖으로 나오면 줄지어 기어가고 아무 종자의 낱알이든 찾아다닙니다. 그러다가 낱알을 발견하기만 하면, 자기 입으로 각자 하나하나 낱알을 물고 굴로 나릅니다. 하지만 자기 입에 낱알이 없는, 입이 빈 다른 개미들이 자기 입으로 먹을 것을 운반하는 개미들을 만날 때 "너희들의 식량을 우리에게 좀 나눠 달라."고 하지 않습니다. 오히려 저들의 길을 따라 낱알을 찾아 나아갑니다. 또한 저들과 마찬가지로 낱

---

134 잠 6.6: *vade ad formicam o piger et considera vias eius* et disce sapientiam. 본문에서는 불가타의 'considera'(궁구하라) 대신에 'meditare'(궁구하라)라는 단어를 사용하고 있다.

알을 들고 자기 둥지로 가져갑니다.

Et haec quidem dicta sunt de irrationalibus animalibus atque
infirmis reptilibus, quod tam prudenter agunt ut nulla illarum stulta
remanet, sed omnes argutae et sapientes inveniuntur: quanto magis
illae quinque virgines rationabiles, quae per negligentiam suam
factae sunt stultae, debuerunt imitari illas quinque sapientes, et
sumere sibi oleum in vasis suis, unde et illae sumpserunt, et non
per desidiam ac per stultitiam suam peterent ab illis sapientibus,
dicentes: *Date nobis de oleo vestro*[135].

이성이 없을 뿐만 아니라 연약하고 기어다니는 동물을 두고 이렇게 이야기
한 것은 이들에겐 어떤 미련함도 남아 있지 않고 오히려 모두 재치 있고 지
혜로운 듯 이처럼 신중하게 행동하기 때문입니다. 자신의 태만으로 미련한
자가 되었던 이성이 있는 다섯 처녀는 얼마나 더더욱 저 지혜로운 다섯 처
녀를 본받아야 했고 지혜로운 다섯 처녀도 기름을 구해왔던 그곳에서 자신
의 병에 기름을 구해와야만 했었습니까! 그러면, 나태하고 미련하게 "너희
기름을 우리에게 좀 나눠 달라."고 하면서 저 지혜로운 처녀들에게 간청하
지는 않았을 것입니다.

O tam fatua stultitia! Nam si ex se intelligere non potuerunt, et sibi
peterent, unde et illae petierunt, vel formicarum solertiam imitari
debuissent. Sed dum de alienis vasis oleum sperant, superveniente

---

135 마 25.8: fatuae autem sapientibus dixerunt **date nobis de oleo vestro** quia
lampades nostrae extinguntur.

sponso remanserunt foris stultae cum lampadibus extinctis.

이 얼마나 어리석은 미련함인가요! 스스로 알 수 없었다면, 지혜로운 다섯 처녀가 찾아왔던 곳에서 찾아와야 했거나 개미의 솜씨를 본받아야만 했을 겁니다. 하지만 다른 이들의 병에 있던 기름만 바라는 동안, 어리석은 여인들은 신랑이 왔을 때에 꺼진 등불과 함께 밖에 머물러 있었던 것입니다.

Secunda natura est: quando recondit grana in spelunca sua, dividit illa per medium, ne hieme madefacta semina illata infundat. Et tu, homo dei, scripturam veteris testamenti divide in duas partes, id est secundum historiam et secundum spiritalem intellectum; divide veritatem a figura, separa spiritalia a corporalibus, transcende a littera occidente ad spiritum vivificantem, ne littera germinante in die hiemis, id est in die iudicii, fame pereas. Dicit enim apostolus: *Lex spiritalis est, non corporalis*[136]; *littera enim occidit, spiritus autem vivificat*[137]; et alibi: *Haec autem in figura contingebant illis, scripta sunt autem propter nos, in quos fines saeculorum devenerunt*[138].

---

136 롬 7.14: scimus enim quod **lex spiritalis est** ego autem carnalis sum venundatus sub peccato.

137 고후 3.6: qui et idoneos nos fecit ministros novi testamenti non litterae sed Spiritus **littera enim occidit Spiritus autem vivificat.**

138 고전 10.11: **haec autem omnia in figura contingebant illis scripta sunt autem ad correptionem nostram in quos fines saeculorum devenerunt.** 본문에서는 'ad correptionem nostram'(우리의 책망을 위해) 대신에 'propter nos'(우리를 위해)라는 문구를 사용하고 있다.

두 번째 특성은 이러합니다. 자기의 굴에 낟알을 저장하고 낟알을 반으로 쪼개는데, 이는 날라온 곡물을 습기찬 겨울이 적시지 않게 하기 위함입니다. 하나님의 사람인 당신도 구약의 말씀을 두 부분으로, 즉 이야기에 따른 것과 영적 의미에 따른 것을 분별하십시오. 표상에서 진리를 분별하십시오. 육적인 것에서 영적인 것을 분리하십시오. 죽이는 문자에서 살리는 영으로 옮겨가십시오. 이는 겨울날 즉 심판의 날, 문자가 싹이 날 때 굶주림으로 인해 죽지 않기 위함입니다. 사도는 분명히 말합니다. "율법은 영적이며 육적이지 않습니다. 문자는 죽이는 것이요 영은 살리는 것입니다." 다른 곳에서도 말합니다. "이러한 일들은 그들에게 본보기로 일어나곤 했었고, 또한 말세와 마주한 우리를 위해 기록되었습니다."라고 합니다.

Iudaei enim litteram sequentes spiritalem intellectum contempnentes, facti sunt prophetarum interemptores et sui domini interfectores. Et ideo nunc usque fame pereunt, quia inanibus paleis vacantes triticum perdiderint. Tu vero, homo dei, rade virgas et tolle corticem earum, sicut fecit Iacob; et mitte in aquas ut pareant oves tuae mundos et spiritales fructus, non carnales ac vitiosos faciant fetus. Haec autem omnia spiritalibus sunt credentibus intelligibilia, nisi autem credentibus non intelligibilia.

그렇지만 영적인 이해를 무시하며 문자를 쫓은 유대인들은 선지자의 살해자가 되었을 뿐만 아니라 자신의 주님을 죽인 자가 되었습니다. 이로 인해 이들은 현재 계속 굶주림으로 죽고 있습니다. 무익한 지푸라기에 전념하다 곡식을 잃었기 때문입니다. 하지만, 하나님의 사람이여, 당신은 야곱이 그랬던 것처럼 가지를 긁어 그 껍질을 벗기십시오. 당신의 양들이 깨끗하고 영적인 새끼들을 낳고 육적이고 흠있는 태아를 배지 않도록 물가로 보내십시오.[139] 이 모든 것이 영적이고 믿는 자들에게는 가지적(可知的)인 것이지만 믿지 않는 자들에게는 불가지적(不可知的)인 것입니다.

Tertia natura est: tempore messis inter segetes ex odore intelligit an hordeum sit spica illa, an triticum. Si autem fuerit hordeum, transit ad aliam spicam et odoratur; et cum senserit quia spica tritici est, ascendit sursum in spicam et, tollens inde granum, deponit et portat eum in habitaculum suum. Hordeum enim brutorum animalium cib us est; denique Hiob dicit: *Pro tritico providi mihi hordeum*[140]. Fuge tu, homo dei, hordeum, hoc est doctrinam haereticorum: hordeacii enim sunt, et pro scopulis abiciendae quae dirumpunt; et interficiunt animas hominum haereses; fuge igitur Sabellium, Marcionem, Manichaeum, cave Novatianum, Montanum, Valentinum, Basilidem, Macedonium, cave Donatianum et Photinum, et omnes qui ex arriana stirpe, tamquam ex utero draconis serpentini fetus, prodeunt: horum hominum dogmata falsa atque inimica sunt veritati.

세 번째 특성은 이러합니다. 추수 때에 그 이삭이 보리인지 밀인지는 수확물에서 나는 냄새로 압니다. 보리라면 다른 이삭으로 가서 냄새를 맡습니다. 밀 이삭이라는 것을 알아채면 이삭 위로 올라가 거기서 낟알을 들어내

---

139 창세기 30장 37절 참조.

140 욥 31.40: *pro frumento oriatur mihi tribulus* et pro hordeo spina finita sunt verba Iob. Y본의 "Pro tritico procedat mihi hordeum"와 한 단어만 다르고, 그 의미는 같다.

떼어내고 자신의 둥지로 나릅니다. 사실 보리는 짐승의 먹이 입니다. 더욱이 욥이 말씀합니다, "밀 대신 내게 보리가 주어졌다." 하나님의 사람이여, 당신은 보리를 피하십시오. 이 보리는 이단들의 가르침입니다. 파괴하는 이단은 참으로 보리와 같고 바위에 내던져야 합니다. 이단은 사람들의 영혼을 죽입니다. 그러므로 사벨리우스, 마르키온, 마니를 피하고 노바티아누스, 몬타누스, 발렌티누스, 바실리데스, 마케도니우스를 경계하십시오. 도나티아누스와 포티누스를 경계하십시오. 아리우스의 가지에서 난 모든 이들은 마치 용의 배속에서 난 뱀의 새끼들과 같이 나타납니다. 이러한 사람들의 교리는 거짓일 뿐만 아니라 진리에 적대적입니다.

C12. DE NATURA FORMICAE

Quando recondit triticum in terra dividit grana eius in duas partes, ne forte hiems conprehendit eam et infundens pluvia et germinent grana et fame pereant. Et tu verba veteris testamenti ad spiritalem intellectum ne quando littera occidit. Paulus dixit quoniam *lex spiritalis est*[141]. Solum enim carnaliter adtendentes Iudaei fame necati sunt et homicide facti sunt prophetarum.

C12. 개미의 특성에 관하여

개미는 밀을 땅에 저장할 때, 낱알을 둘로 쪼갭니다. 겨울이 낱알을 품고 있다가 비가 쏟아져 낱알이 싹이 트지 못하게 해서 굶어 죽지 않기 위함입니다. 당신도 구약의 말씀을 영적인 총명함으로 [분별하십시오.] 문자가 죽

---

141 롬 7.14: scimus enim quod **lex spiritalis est** ego autem carnalis sum venundatus sub peccato.

이지 못하도록 하기 위함입니다. 바울은 말했습니다. "율법은 영적인 것입니다." 오직 육적으로만 주의를 기울였던 유대인들은 굶주림으로 죽임을 당하고 선지자들을 살해한 자들이 되었습니다.

C13. DE NATURA FORMICES SECUNDA

Sepius in agro vadit ascendit in spica in tempore messis et deponit grana eius. Priusquam ascendat odorat deorsum spicam et ab odore magna seit si triticum est aut ordeum. Si ordeum est dimittit eum et vadit super triticum. Est ergo ordeum pecorum esca, et accepit triticum quia reponitur in horreum. Ordeum enim similabitur alienae doctrinaei. triticum aequitati fidei spiritus.

C13. 개미의 두 번째 특성에 관하여

개미는 종종 추수 때에 밭으로 나가 곡식 이삭으로 올라가 낱알을 떼어냅니다. 하지만 이삭으로 올라가기 전, 이삭 아래에서 냄새를 맡고, 그 냄새로 밀인지 보리인지 구별합니다. 보리이면 내버려 두고 즉시 밀을 향해 달려갑니다. 보리는 가축의 사료입니다. 그리고 개미는 밀을 가져가서 창고에 저장합니다. 보리는 이방의 가르침에 비유됩니다. 밀은 공평한 믿음의 영에 비유됩니다.

C14. DE FORMICA EXIGUA

Est enim formica quae maiora audet viribus. Neque servitio ad operandum cogitur. sed spontaneae proposito prospicientiae futura alimentorum subsidia sibi praestruit cuius ut imiteris industriam scriptura te commonet dicens. *Confer te ad formicam o piger et considera vias eius et esto illa sapientior*[142]. Illa enim nullam culturam possidet. Neque eum qui se cogat habens. Neque sub domino agens quemadmodum preparat escam quae de tuis laboribus sibi messem recondit. Et cum tu plerumque egeas, illa non indiget. Nulla sunt ei clausa horrea. Nulla inpenetrabilis custodia. Nulli inviolabiles acervi. Spectat custos furtaque prohibere non audebat. Aspicit sua damna possessor nec vindicat. Nigro convictatur agmine praeda per campos feruent semitae comitatu viantium, et quae conpraehendi angusto ore non possunt humeris grandia frumenta truduntur. Expectat Dominus messis et erubescit tam parca pie industriae negare conpendia.

C14. 작은 개미에 대하여

감히 더 큰 힘을 가지려는 개미가 있습니다. 강제적으로 일이 수행되는 것이 아니라, 목적을 가지고 자발적인 선견지명으로 자신을 위해 양식을 위한 미래의 대비책을 준비합니다. 성경에서는 당신이 개미의 근면을 본받을 것을 권고하며 말씀합니다. "게으른 자여, 개미에게로 가서 개미를 살펴보고 보다 지혜롭게 되어라." 왜냐하면 개미는 어떤 경작 방식도 가지고 있지 않습니다. 자기 자신을 강요하는 어떤 이도 없습니다. 개미는 주인 밑에서 일하는 것도 아니며, 양식을 준비하는 대로 그 수고의 수확물을 자신을 위해

---

142 잠 6.6: *vade ad formicam o piger et considera vias eius et disce sapientiam*. 본문에서는 불가타의 'vade'(가라) 대신에 'confer'(가라)라는 단어를 사용하고 있다. Y본과 C본과는 다르게 불가타와 같이 'considera'(궁구하라)를 사용하고 있다.

쌓아 두는 것입니다. 그리고 당신이 일반적으로 부족하다고 여길 때, 개미는 아쉬워하지 않습니다. 개미에게 문이 닫힌 창고는 없습니다. 뚫을 수 없는 경계는 없습니다. 깨뜨릴 수 없는 덩어리도 없습니다. 경비병은 이를 지켜보면서도 감히 도둑질을 막지 못합니다. 주인은 자신의 손실을 보고서도 소유를 주장하지 못합니다. 검은 무리에 의해 전리품들이 약탈되었고, 대로는 들판을 가로지르며 나아가고 있는 행렬로 득실거립니다. 좁은 입으로 가져갈 수 없는 큰 알갱이는 어깨에 얹습니다. 주님은 추수를 기다리시며 그러한 검소하고 경건한 근면의 이익을 부인하는 것은 수치스럽게 여기십니다.

15. 세이렌과 히포켄타우로스

[Gr13] Y15 B12 C15

Y15. SYRENA ET ONOCENTAURUS

SIGNIFICAVERAT ante Esaias propheta dicens: *Syrene et onocentauri et demonia et herinacii venient in Babilonia et saltabunt*[143]. Unius cuiusque naturam Phisiologus disseruit, dicens de sirenis, quoniam animalia mortifera sunt in mari, clamitantia vocibus aliis; etenim dimidiam partem usque ad umbilicum hominis habent figuram, dimidio autem volatilis. Similiter et onocentauri, a pectore et sursum hominis habet figuram, deorsum autem asini. *Sic et vir duplex corde, indispositus in omnibus viis suis.*[144]

---

143 불가타에는 오노켄타우루스와 악령과 고슴도치가 등장하지 않는다. 사 13.21-22(VUL): sed requiescent ibi bestiae et replebuntur domus eorum draconibus et habitabunt ibi strutiones et pilosi **saltabunt** ibi et respondebunt ibi ululae in aedibus eius et **sirenae** in delubris voluptatis. 본문의 내용은 칠십인역을 반영한 것이다. 사 13.21-22(LXX): καὶ ἀναπαύσονται ἐκεῖ θηρία καὶ ἐμπλησθήσονται αἱ οἰκίαι ἤχου καὶ ἀναπαύσονται ἐκεῖ **σειρῆνες** καὶ **δαιμόνια** ἐκεῖ ὀρχήσονται καὶ **ὀνοκένταυροι** ἐκεῖ κατοικήσουσιν καὶ νοσσοποιήσουσιν **ἐχῖνοι** ἐν τοῖς οἴκοις αὐτῶν ταχὺ ἔρχεται καὶ οὐ χρονιεῖ. 다만 칠십인역에서 언급되는 내용 순서는 세이렌, 악령, 오노켄타우루스, 고슴도치 이다.

144 약 1.8: *vir duplex animo inconstans in omnibus viis suis.*

Y15. 세이렌과 오노켄타우루스

이전에 선지자 이사야는 이렇게 말하며 알려주었습니다. "세이렌, 오노켄타우루스, 악령과 고슴도치가 바빌로니아로 와서 춤추리라[145]." 피지올로구스는 각각의 특성에 관해 논하면서, 세이렌에 관해서는 바다에서 죽음을 초래하고 이상한 목소리로 고함을 지르는 동물이라고 합니다. 특히 배꼽에 이르기까지 절반은 사람의 모습을 하고 있지만 다른 절반은 새의 모습을 하고 있습니다. 오노켄타우루스도 유사하게 가슴부터 위로는 사람의 모습을 하고 있지만 그 아래로는 당나귀의 모습을 하고 있습니다. "두 마음을 품고 자신의 모든 길에 정함이 없는 자"가 이와 같습니다.

Ita sunt malorum negotiatorum, et actus anime; in ecclesia quidem colliguntur, absconse autem peccant: *Habentes quidem (et apostolus dixit) speciem pietatis, virtutem autem eius denegantes*[146]. Et in ecclesia anime quorumdam sicut oues sunt; cum autem dimissi fuerint a collecta, fiunt tamquam pecora: *Et assimilabuntur iumentis insensatis*[147]. Hi tales siue syrene siue onocentauri figuram ostendunt adversariorum.

악한 장사꾼들의 영혼의 활동도 그러합니다. 이들은 사실 교회에 모이지만 은밀하게 죄를 짓습니다. (사도도 말씀했던 바) "경건의 모양은 있으나 경건의

---

145 개역개정판은 다음과 같다: "타조가 거기에 깃들이며 들양이 거기에서 뛸 것이요".

146 딤후 3.5: *habentes speciem quidem pietatis virtutem autem eius abnegantes* et hos devita. 본문에서는 'abnegantes'(부인하는) 대신에 'denegantes'(부인하는)라는 단어를 사용하고 있다.

147 시 49.20(VUL 48.21): *homo in honore cum esset non intellexit conparatus est iumentis insipientibus et similis factus est illis*.

능력은 부인하는 자들이니" 교회에서 어떤 이들의 영혼은 마치 양과 같습니다. 하지만 모임에서 흩어지면 짐승처럼 됩니다. "이들은 또한 우둔한 가축과 같이될 것이다." 세이렌 혹은 오노켄타우루스와 같은 이러한 자들은 대적자들의 모습을 보여줍니다.

B12. SIRENAE ET ONOCENTAURI

Isaias propheta dicit: *Sirena et daemonia saltabunt in Babylonia, et herinacii et onocentauri habitabunt in domibus eorum.*[148] Vnius cuiusque natura Physiologus disseruit: sirenae (inquit) animalia sunt mortifera; quae a capite usque ad umbilicum figuram hominis habent, extrema vero pars usque ad pedes volatilis habent figuram; et musicum quoddam ac dulcissimum melodiae carmen canunt, ita ut per suavitatem uocis auditus hominum a longe navigantium mulceant et ad se trahant, ac nimia suavitate modulationis prolixae aures ac sensus eorum delinientes in somnum vertunt. Tunc deinde, cum viderint eos gravissimo somno sopitos, invadunt eos et dilaniant carnes eorum, ac sic persuasionis vocis ignaros et insipientes homines decipiunt et mortificant sibi.

B12. 세이렌과 오노켄타우루스

선지자 이사야는 말합니다. "세이렌과 악령이 바벨론에서 춤출 것이고 고슴도치와 오노켄타우루스가 그들의 둥지에 거할 것이다." 피지올로구스는 이

---

148 Y본에서와 같이 본문의 내용은 칠십인역을 반영한 것이다. 언급되는 내용 순서는 Y본이 순서를 달리하지만, B본은 칠십인역과 일치한다.

들 각각의 특성에 대해 논했습니다. 세이렌은 치명적인 동물이라고 (말합니다). 머리에서 배꼽까지는 사람의 모습을 하고 있지만 발까지 이르는 끝부분은 새의 모습을 하고 있습니다. 또한 시적이고 선율이 매우 감미로운 곡조를 노래해서 달콤한 목소리로 먼 곳에서 항해하는 사람들의 청각을 호리고 자신에게로 유인합니다. 오래도록 이어지는 선율의 넘쳐나는 감미로움으로 그들의 귀와 감각을 유혹하며 잠들게 합니다. 바로 그때 세이렌이 가장 무거운 잠으로 최면에 들어간 자들을 보면 그들에게 다가가 그들의 몸을 찢습니다. 목소리에 기만당한 것을 모르는 어리석은 사람들을 이렇게 속이고 죽입니다.

Sic igitur et illi decipiuntur qui deliciis huius saeculi et pompis et theatralibus voluptatibus delectantur, tragediis ac diversis musicis melodiis dissoluti, et velut gravati somno sopiti efficiuntur adversariorum praeda. Onocentaurum duabus naturis constare Physiologus asserit, id est: superior pars homini similis est, inferioris vero partis membra sunt naturae valde agrestis. Huic assimilantur vecordes atque bilingues homines informes; dicente apostolo: *Habentes autem promissionem pietatis, virtutem autem eius abnegantes.*[149] Propheta David dicit: *Homo cum in honore esset, non intellexit: comparatus est iumentis insipientibus, et similis factus est illis.*[150]

---

149 딤후 3.5: habentes speciem quidem pietatis virtutem autem eius abnegantes et hos devita. 본문에서는 'speciem pietatis'(경건의 모양) 대신에 'promissionem pietatis'(경건의 서약)이라는 표현을 사용하고 있다.

150 시 49.20(VUL 48.21): *homo in honore cum esset non intellexit conparatus est iumentis insipientibus et similis factus est illis*.

따라서 이처럼 세상의 향락과 허세와 거짓 쾌락을 즐기는 자들도 이와 같이 속게 됩니다. 또한 비극과 다양한 음악의 선율로 인해 해이해진 자들, 그리고 잠으로 인해 괴로움을 당했던 자들처럼 최면에 걸린 자들은 적들의 먹이가 됩니다. 피지올로구스는 오노켄타우루스에게 두 가지 모습이 있다고 확언합니다. 즉 윗부분은 사람과 유사하지만, 아랫부분의 사지는 확실히 짐승의 모습입니다. 우둔하고 표리부동한 못난 사람들이 이와 닮았습니다. 사도께서 이르기를 "경건의 서약은 했으나 경건의 능력은 부인하는 자들"이라고 했습니다. 선지자 다윗은 말씀합니다. "존귀에 처하나 깨닫지 못하는 사람은 우둔한 가축과 같고 그와 유사하도다."

C15. DE NATURA SERENAE ET HONOCENTAURI

Esaias propheta sic dixit. *quoniam serenae et honotaurus et iricii ibi saltabunt*[151]. Physiologus sic dixit quia serenas dicit esse mortiferas et in mare clamitant vocibus diversis ut navigantes dum audierint seducantur. A capite usque ad umbilicum hominis figuram habet et deorsum usque ad caudam volatile est. Similiter et honotaurus pars eius corporis est hominis. Altera autem pars asini similitudinem habet. His ergo conparantur *viri duplici corde*[152] *qui habent figuram pietatis*[153] *personam accipientes*, et habent

---

151 사 13.21-22: sed requiescent ibi bestiae et replebuntur domus eorum draconibus et habitabunt ibi strutiones et pilosi *saltabunt ibi* et respondebunt ibi ululae in aedibus eius et *sirenae* in delubris voluptatis. 본문의 내용은 칠십인역을 반영한 것이다. 칠십인역과 달리 '악령'은 언급되고 있지 않다.

152 약 1.8: *vir duplex animo* inconstans in omnibus viis suis.

153 딤후 3.5: *habentes speciem quidem pietatis virtutem* autem eius abnegantes et hos devita. 본문에서는 'speciem pietatis'(경건의 모양) 대신에 'figuram pietatis'(경건의

adversariorum et hereticorum. Nam per suavissima eloquia sua sicut serenae seducunt corda innocentium.

C15. 세이렌과 오노켄타우루스의 특성에 대하여

이사야 선지자는 이렇게 말했습니다. "세이렌과 오노타우루스[154]와 고슴도치가 그곳에서 춤을 출 것이기 때문이다." 생리학자가 그렇게 말한 이유는 그것들이 치명적이며 바다에서 다양한 목소리로 울부짖어 선원들이 그 소리를 들으면 유혹을 받는다고 말했기 때문입니다. 머리에서 배꼽까지는 사람의 모습을 하고 있고, 꼬리까지는 새의 모습을 하고 있습니다. 마찬가지로 오노타우루스도 한 부분은 사람의 몸입니다. 그러나 다른 부분은 당나귀와 비슷합니다. 그러므로 이 동물들과 "경건의 모양을 가지고" 있으나 "두 마음을 품고 있는" 외모를 가진 자들이 비슷합니다. 이러한 자들은 대적자들과 이단자들에 해당됩니다. 왜냐하면 그들은 가장 감미로운 말로 마치 평온한 것처럼 순진한 사람들의 마음을 유혹하기 때문입니다.

모양)이라는 표현을 사용하고 있다.

154 오노켄타우루스의 다른 이름.

16. 고슴도치

[Gr14] Y16 B13 C16

Y16. HERINACIUS

HIRINACIUS autem species [non[155]] habet sicut pile, totus autem spinis plenus est. Phisiologus dixit de eo quoniam ascendit in botrum vitis, et deicit acinas in terram (hoc est uvas); et devolvens se super eas, et adherens fructus vitis eius spinis, affert filiis suis, et remittit racemum botrui vacuum.

Y16. 고슴도치

고슴도치는 공의 모양을 하고 있으며 온통 가시로 가득합니다. 피지올로구스는 고슴도치가 포도나무의 포도송이로 올라가 장과(漿果)(즉 포도알)를 땅으로 던진다고 합니다. 고슴도치는 자신을 그 위로 굴리고 포도알을 자신의 가시에 붙여 자기 새끼들에게 가져가고 포도알이 없는 포도나무 가지는 내버립니다.

---

155 그리스본의 내용을 참고할 때, 'non'의 삽입은 오류로 보이며, 번역에는 반영하지 않았다. 그 리스어본은 다음과 같다: "Οἱ ἐχῖνοι μορφὴν σφαίρας ἔχουσι καὶ ὁμοίωμα συός, καὶ ὁλόκεντροί εἰσιν."(고슴도치는 공의 모양을 하고 있으며 돼지를 닮았는데, 온통 가시로 덮여 있습니다.).

Et tu, christiane, abstinens operari in omnibus, astitisti enim spiritale vine, propter quod afferis in spiritali torculari, et reconderis in atriis Dei regis, in sancto tribunali Christi, et vitam eternam capies; quomodo dimisisti illum spiritum nequissimum ascendere in locum tuum, et talem tuam abstinentiam dispersit. Et aculeis mortis te fefellit intantum, ut spoliam tuam adversariis virtutibus divideret. Iuste ergo Phisiologus statuit naturas animalium spiritalibus rebus.

그리스도인이여, 당신도 모든 일을 함에 있어 절제하며 영적인 포도원을 돌보았습니다. 이로 인해 당신은 영적인 포도즙 틀 안에 담기고 왕이신 하나님의 뜰, 그리스도의 거룩한 법정에 저장되고 영생을 얻게 될 것입니다. 어째서 그대는 가장 악한 영이 당신의 자리에 올라와서 당신의 그러한 자제력을 흩어지게 하였습니까? 그동안에 그 악한 영은 사망의 가시로 당신을 속여서, 힘센 적들 사이에서 당신의 전리품을 나눠 가졌습니다. 피지올로구스는 동물들의 특성을 영적인 문제들과 함께 적절하게 살펴보았습니다.

B13. HERINACIUS

Physiologus dicit quoniam herinacius figuram habet porcelli lactentis. Hic de foris totus est spinosus; sed tempore autem vindemiarum ingreditur in vineam, et ubi viderit uvam bonam, ascendit super vitem et exacinat uvam illam, ita ut cadant omnes acini in terram; deinde descendit et volutat se super illos, ita ut omnes acini figantur in spinis eius; et sic portat escam filiis suis.

B13. 고슴도치

피지올로구스는 고슴도치가 젖먹이 새끼 돼지의 모습을 하고 있다고 합니다. 고슴도치는 온통 가시로 가득한 채로 바깥에 있지만 포도 수확기에는 포도원으로 갑니다. 거기서 좋은 포도송이가 보이면 포도나무 위로 올라가 그 포도송이를 따고 모든 포도알이 땅에 떨어지도록 합니다. 그러면 내려와 자기 몸을 포도알 위로 굴리고 모든 포도알이 자신의 가시에 꽂히도록 만듭니다. 이렇게 고슴도치는 자기 새끼들에게 먹이를 운반합니다.

Tu vero, homo dei, custodi diligenter vineam tuam et omnes fructus eius spiritales, ne te occupet istius saeculi sollicitudo et temporalium bonorum voluptas; et tunc spinosus diabolus dispergens omnes fructus tuos spiritales, figat illos in spinis suis et faciat te escam bestiis, et fiat anima tua nuda, vacua, et inanis, sicut pampinus sine fructu; et post haec gratis clamabis dicens: *Vineam meam non custodivi*[156], sicut in Canticis Canticorum scriptura testatur. Congrue igitur Physiologus naturas animalium contulit et contexuit intelligentiae spiritalium scripturarum.

하지만, 하나님의 사람이여, 당신은 부지런하게 당신의 포도원과 포도원의 모든 영적 열매를 지키십시오. 이 세상의 염려와 일시적인 재물을 향한 욕망이 당신을 차지하지 않도록 하기 위함입니다. 그렇게 되면 가시 돋친 마귀는 당신의 모든 영적 열매를 흩은 후 자신의 가시에 꽂고 당신을 짐승들

---

156 아 1.6(VUL 1.5): nolite me considerare quod fusca sim quia decoloravit me sol filii matris meae pugnaverunt contra me posuerunt me custodem in vineis *vineam meam non custodivi*.

의 먹이로 삼을 수 있습니다. 당신의 영혼은 열매 없는 포도덩굴처럼 벌거 벗고 공허하고 텅 빌 수 있습니다. 이러한 일 후에는 아가서에서 진술한 바와 같이 이렇게 말하며 헛되이 외칠 것입니다. "나의 포도원은 내가 지키지 못하였구나." 따라서 피지올로구스는 동물의 특성을 영적인 말씀의 지혜와 적절하게 엮어 비교했습니다.

C16. DE NATURA YRICII

Ericius quidem figuram habet totam spineam et totus de spinis plenus est. Physiologus dicit de eo tempore vindimiae ascendit in vitem super botrum, et deicit grana eius in terra, et descendens volutat se super grana, et adherent in spinis eius, et adferet filiis suis, et dimittit racemum botri vacuum.

Et tu Xpistiani si fueris Dei vitis conserua ergo te ne ascendat ad te yricius. Hoc est diabolus. Ne quando corrumpat viam tuam bonam et dispergat filiis suis, id est idolis et adversariis potestatibus et dimittat racemum tuum vacuum. Quia si botrum tuum custodieris, poteris adduci ad Spiritale torculare ut reponaris in cellarium, hoc est in atria regis Xpisti, quae possunt vinum bonum in laetitia cordis hominis prestare.

C16. 고슴도치의 특성에 대하여

고슴도치는 실제로 온통 가시 돋친 모양을 하고 있으며 가시로 가득합니다. 피지올로구스는 포도 수확기에 포도나무의 포도송이 위로 올라가 포도알을 땅에 떨어뜨립니다. 그리고 내려가서는 자신을 포도알 위로 굴리고 포도알은 그의 가시에 달라붙습니다. 그러고는 자기 새끼들에게 가져가고 포도알이 없는 포도송이는 내버립니다.

그러므로 그대, 그리스도인이여, 당신이 하나님의 포도나무라면 고슴도치가 당신에게 다가오지 않도록 조심하십시오. 그는 악마입니다. 그가 당신의 선한 길을 더럽히고, 그의 자녀들 곧 우상과 적대적인 권세들을 퍼뜨리고, 당신의 포도송이를 빈 채로 내버리지 않도록 하십시오. 당신이 당신의 포도송이를 잘 보살핀다면, 당신은 영적 포도즙 틀로 이끌려지게 되고, 사람의 마음을 즐겁게 하는 좋은 포도주를 만들어 낼 수 있는 저장고, 즉 왕이신 그리스도의 뜰에 저장되게 됩니다.

17. 따오기

[Gr40] Y17 B14

Y17. IBIS

EST animal quod dicitur hibicis; inmundum quidem est, secundum legem, pre omnibus volatilibus. Natare nescit, sed secundum litorem fluminum vel stagnorum depascit: non potest natare in altitudinem, sed ubi immundi pisciculi demorantur; inveniturque foris ab altissimis locis.

Y17. IBIS

따오기라고 불리는 동물이 있습니다. 율법에 의하면 모든 새들보다 부정합니다[157]. 수영할 줄 모르지만 강이나 호숫가에서 먹이를 먹습니다. 깊은 곳에서 수영할 수 없고 오로지 부정한 작은 물고기가 머무는 곳에서만 할 수 있습니다. 매우 깊은 곳에서 멀리 떨어진 곳에서 발견됩니다.

Disce nunc spiritaliter natare, ut venias in intellegibile et spiritalem altum flumen, et ad *altitudinem sapientie virtutis dei*.[158] Si vis

---

157 레위기 11장 17절 참조.

158 롬 11.33: *o altitudo divitiarum sapientiae et scientiae Dei* quam inconprehensibilia

ascendere in altitudinem, et mysteria domini Ihesu Christi discere, disce spiritaliter natare. Nisi enim duas manus extenderis et feceris typum crucis, non poteris pertransire mare; et nisi tu volueris pertransire seculum ad Deum per typum crucis, omnia scandala non vitabis: nescient enim natare neque orare scientes, foris depascuntur ab ecclesia. Foris autem a fide sunt fornicationes, moechiae, detractationes, cupiditates. Radix enim omnium malorum est cupiditas: etenim typus crucis super omnem creaturam est. Et sol, nisi extenderit radios suos, non poterit fulgere. Et luna, si non extenderit sua dua cornua, non lucebit. Nam et volatilia celi, nisi extenderint alas suas, non poterint volare.

이제는 영적으로 수영하는 법을 배우십시오. 이는 가지적(可知的)이고 영적인 깊은 강물로 가기 위함이고 하나님의 지혜의 더 깊은 곳으로 가기 위함입니다. 깊은 곳으로 들어가고 주 예수 그리스도의 신비를 배우고 싶다면 영적으로 수영하는 것을 배우십시오. 두 손이 뻗어지지 않으면, 십자가 형상이 만들어지지 않으면 바다를 가로지를 수 없습니다. 또한 십자가 형상을 통해 세상을 가로질러 하나님께로 가고 싶어 하지 않으면 모든 유혹을 피하지 못할 것입니다. 그들은 수영하는 것도 기도하는 것도 모르고 교회에서 멀리 떨어진 곳에서 먹습니다. 믿음에서 멀리 떨어진 곳에는 음란, 간음, 비방, 탐욕이 있습니다. 모든 악의 근원은 탐욕입니다. 그러므로 십자가 형상은 모든 피조물 위에 있습니다. 태양도 자신의 광선을 펼치지 않으면 빛날 수 없습니다. 달도 자신의 두 뿔을 펼치지 않으면 반짝이지 않을 것입니다. 물론 하늘의 새도, 자신의 날개를 펼치지 않으면 날 수 없을 것입니다.

---

sunt iudicia eius et investigabiles viae eius.

Navis quoque, nisi extensum fuerit velum eius cum velificat, ventis flantibus non movetur ad navigandum. Sicut et Moyses, extendens manus suas, interfecit Amalech; Danihel, cum oraret, leones evasit; Ionas in ventre coeti similiter orando servatur; Thecla in ignem missa est, et in foveis bestiarum, et typus eam salvavit crucis. Et Susanna a presbiteris liberatur, Iudit sic occidit Olofernem dextera forti, Hester Aman, et tres pueri in camino ignis: tali custoditi sunt signo, et alia multi sancti peiora omnium passi sunt genera tormentorum.

Bene ergo Phisiologus de hibice dixit.

배도 역시 돛을 올릴 때 배의 돛이 펼쳐지지 않으면, 바람이 분다 해도 항해를 위해 움직이지 않을 것입니다. 마찬가지로 모세도 자신의 손을 펼쳐 아말렉을 물리쳤습니다. 다니엘은 기도했기에 사자를 피했습니다. 마찬가지로 요나는 고래의 배속에서 기도함으로써 살아남았습니다. 테클라는 불 속에, 야수의 굴에 던져졌습니다. 하지만 십자가의 형상이 테클라를 구했습니다. 수산나도 노인들에게서 구출됩니다. 유딧은 이렇게 홀로페르네스를 강한 오른손으로 죽였습니다. 에스더는 하만을 죽였습니다. 세 소년도 화덕에서 그러한 표적을 통해 보호받았습니다. 수많은 성인들이 온갖 고문 중에서 더 끔찍한 종류의 다른 것들을 겪었습니다.

이와 같이 피지올로구스는 따오기에 관하여 잘 설명해 주었습니다.

B14. IBIS

Est volatile quod dicitur ibis; hoc secundum legem immundum est prae omnibus volatilibus, quoniam morticinis cadaveribus semper vescitur et iuxta littora maris, vel fluminum, vel stagnorum, die noctuque ambulat, quaerens aut mortuos pisciculos aut aliquod cadaver, quod ab aqua iam putridum vel marcidum eiectum fuerit foras. Nam in aquam ingredi timet, quia natare nescit; nec dat operam ut discat, dum mortuis cadaveribus delectatur. Ideo non potest in altitudinem aquae ingredi, ubi mundi pisciculi demorantur, ut inde sibi capiat cibum; sed semper foris oberrans circuit, refugiens puriores et altissimas aquas, unde possit mundus vivere.

B14. 따오기

따오기라고 불리는 새가 있습니다. 율법에 따르면 이 새는 모든 새들보다 부정합니다. 항상 죽은 동물의 고기를 먹고 바다나 강, 혹은 호숫가에서 죽은 작은 물고기나 다른 시체를 찾아 주야로 거닐기 때문입니다. 이것은 이미 썩었거나 말라죽은 것이 물 밖으로 내던져진 것입니다. 한편, 따오기는 물에 들어가는 것을 두려워하는데 수영할 줄을 모르기 때문입니다. 죽은 동물의 고기를 즐기는 한 배우려고 노력하지도 않습니다. 그래서 먹이를 잡기 위해 정결한 물고기들이 머무는 깊은 물로 들어갈 수 없습니다. 오로지 항상 밖에서 방황하면서 겉돕니다. 깨끗하게 살 수 있는 더 맑고 깊은 물을 피합니다.

Tu igitur, christiane homo, qui ex aqua et spiritu sancto iam renatus es, ingredere ad intelligibiles et spiritales aquas, id est in altitudinem ministrorum Christi; et inde sume tibi spiritales et mundissimos cibos, quos enumerat apostolus, dicens: *Fructus*

autem spiritus est caritas, gaudium, pax, patientia, longanimitas,
bonitas, benignitas, mansuetudo, fides, modestia, continentia,
castitas[159].

따라서, 물과 성령으로 거듭난 그리스도인이여, 당신은 가지적(可知的)이고 영적인 물, 즉 그리스도의 종들의 심오함으로 들어가십시오. 그리고 거기에서 당신을 위해 영적이고 매우 정결한 음식을 취하십시오. 사도는 그 음식들을 말씀하며 열거했습니다. "성령의 열매는 사랑과 희락과 화평과 인내와 오래 참음과 자비와 양선과 온유와 온순과 충성과 온유와 절제와 정결입니다."

Quod si nolueris in altioribus aquis ingredi, et de ipsis spiritales escas tibi capere et sumere; sed circumiens de foris et oberrans mortuis et fetidissimis cadaveribus saginaris. De quibus dicit apostolus: *Manifesta autem sunt opera carnis, quae sunt immunditia, adulteria, fornicatio, impudicitia, luxuria, idolatria, ebrietas, avaritia, cupiditas*[160]: haec sunt carnales et mortiferae escae, quibus infelices animae nutriuntur ad poenam.

---

159 갈 5.22-23: *fructus autem Spiritus est caritas gaudium pax longanimitas bonitas benignitas fides modestia continentia* adversus huiusmodi non est lex. 본문에서는 불가타와 달리, 'patientia'(인내)와 'mansuetudo'(온순)과 'castitas'(정결) 등이 추가로 기술되어 있다.

160 갈 5.19-21: *manifesta autem sunt opera carnis quae sunt fornicatio inmunditia luxuria idolorum servitus veneficia inimicitiae contentiones aemulationes irae rixae dissensiones sectae invidiae homicidia ebrietates comesationes* et his similia quae praedico vobis sicut praedixi quoniam qui talia agunt regnum Dei non consequentur. 갈라디아서와 본문의 내용과 순서가 일치하지는 않는다.

하지만 더 깊은 물로 들어가는 것과 바로 그 깊은 물에서 영적인 양식을 차지하고 취하는 것을 원치 않는다면, 오로지 바깥에서 겉돌고 방황하면서 매우 악취가 나는 시체의 고기로 포식할 것입니다. 이러한 자들에 대해 사도가 말씀하셨습니다. "육체의 일은 현저하니 곧 더러운 것과 간음과 음행과 음탕과 호색과 우상숭배와 술 취함과 탐심과 탐욕입니다." 이러한 것들은 육적이고 죽음을 부르는 양식입니다. 불행한 영혼들이 이러한 양식으로 고통스럽게 양육됩니다.

Disce igitur natare super: *Hoc mare magnum et spatiosum manibus; sunt illic reptilia quorum non est numerous.*[161] Nec aliter ea superabis, nisi per signum crucis; et cum oras, extende manus tuas ad caelos, quia virtus crucis semper defendit orantes et dicentes: *Signatum est super nos lumen vultus tui, domine*[162]. Nam et sol ipse, nisi extenderit radios suos, non lucet; luna si non exierit cornua sua, non lucet; volucres nisi expanderint alas suas, volare non possunt; naves nisi levaverint vela sua, vento flante non movebuntur.

그러므로 무엇보다 수영하는 법을 배우십시오. "저기 크고 넓은 바다가 있고 그 속에 생물이 있고 그 수는 무수합니다." 십자가의 증표를 통하지 않고 다른 방법으로 당신이 그 바다를 건너진 못할 것입니다. 기도할 때에는 당신의 두 손을 하늘로 뻗으십시오. 십자가의 능력이 항상 기도하는 자들

---

161 시 104.25(VUL 103.25): *hoc mare magnum et spatiosum manibus illic reptilia quorum non est numerus* animalia pusilla cum magnis.

162 시 4.6(VUL 4.7): *signatum est super nos lumen vultus tui Domine* dedisti laetitiam in corde meo.

을 보호하기 때문입니다. 이르시되, "당신 얼굴의 빛이 우리에게 새겨졌나이다, 주여." 물론, 태양 그 자체도 자신의 햇살을 펼치지 않으면 반짝이지 않습니다. 달은 자신의 뿔을 뻗지 않으면 반짝이지 않습니다. 새들은 자신의 날개를 펴지 않으면 날 수 없습니다. 배는 배의 돛을 올리지 않으면 바람이 분다 해도 움직이지 않을 것입니다.

Denique dum Moyses elevaret manus suas, superabat Israel, cum remitteret manus suas convalescabat Amalech. Sic igitur omnes sancti in hoc figurantur; tamquam aves pertranseuntes, perveniunt ad regna caelorum, velut quietissimum portum; nescientes autem spiritaliter natare, sed terrenis ac mortalibus operibus vacantes, exclusi sunt a regno caelorum, mortui cum mortuis pereunt; sicut dicit dominus in evangelio suo: *Dimitte mortuos sepelire mortuos suos.*[163] Convenienter igitur Physiologus dicit.

더구나 모세가 자신의 손을 들고 있는 동안 이스라엘이 우세했지만, 모세가 자신의 손을 내려놓으면 아말렉이 강해졌습니다. 그래서 모든 성인들은 이러한 모습으로 나타납니다. 가로질러 날아가는 새들처럼 그들은 매우 고요한 항구와 같은 하늘나라에 도달하게 됩니다. 영적으로 수영할 줄 모르고 오로지 이 땅의 덧없는 일들에 전념하는 자들은 하늘나라에서 배제되었습니다. 죽은 자들과 함께 죽어 멸망합니다. 주님께서 자신의 복음서에서 이렇게 말씀하십니다. "죽은 자들로 저희 죽은 자를 장사하게 하라." 따라서 피지올로구스는 타당하게 이야기했습니다.

---

163 마 8.22: Iesus autem ait illi sequere me et ***dimitte mortuos sepelire mortuos suos***.

18. 여우

[Gr15] Y18 B15 C17

Y18. VULPIS

VULPIS dolosum animal est omnimodo, et dolos parat. Si esurierit
et non invenerit quod manducet, requirit ubi est terre et palearum,
et proicit se supina, sursum respiciens, et adducit flatos suos infra
se: exspanditur omnino. Et putant volatilia quoniam mortua est;
descendunt super eam ut manducent eam, et rapit ea, et extenderat,
et mala morte volatilia ipsa moriuntur.

Y18. 여우

여우는 모든 면에서 간교한 동물이고 간계를 꾸밉니다. 허기지고 먹을 것을
찾지 못하면 흙과 볏짚이 있는 곳을 찾아서 위를 바라본 채 드러눕습니다.
숨을 들이쉬어 심하게 부풀립니다. 새들은 여우가 죽었다고 생각하고는 여
우를 먹기 위해 그 위로 내려앉습니다. 여우가 몸을 뻗어서 새들을 낚아챕
니다. 이 새들은 불운한 죽임을 당합니다.

Et diabulus omnino mortuus est, et actus operi eius: qui vult
communicare carnium eius, morietur; etenim carnes eius sunt

fornicationes, cupiditates, voluptates, adversantes seculi. Ex hoc et Herodes similatus est vulpi; et scriba, audiens autem salvatorem: Vulpes (inquid) *foveas habent*[164]. Et in canticis canticorum: *Capite nobis vulpes pusillas, exterminantes vineas.*[165] Et David in psalmo LXII: *Partes vulpium erunt.*[166]

Bene ergo Phisyologus dicit de vulpe.

마귀는 전적으로 죽었습니다. 그 행위의 결과도 그렇습니다. 그의 육신에 참여하고자 하는 자는 죽을 것입니다. 사실 마귀의 육신은 음란과 탐욕, 쾌락, 이 세상의 대적자들입니다. 이 때문에 헤롯은 여우에 비유되었고, 한 서기관은 구원자께 들었습니다. "여우도 굴이 있다." 아가서에서 (말합니다.) "우리를 위하여 포도원을 허는 작은 여우를 잡으라." 다윗도 시편 62편에서 말합니다. "여우의 밥이 될 것이다."

피지올로구스는 여우에 관하여 잘 설명해 주었습니다.

B15. VULPIS

Vulpis est animal dolosum et nimis fraudulentum et argumentosum. Cum esurierit et non invenerit quod manducet, requirit locum ubi est rubra terra, et voluit se super eam, ita ut quasi cruenta appareat

---

164 마 8.20: et dicit ei Iesus **vulpes foveas habent** et volucres caeli tabernacula Filius autem hominis non habet ubi caput reclinet.

165 아 2.15: **capite nobis vulpes vulpes parvulas quae demoliuntur vineas** nam vinea nostra floruit. 본문에서는 불가타의 'parvulas'(작은) 대신에 'pusillas'(작은), 'demoliuntur'(허는) 대신에 'exterminantes'(허는) 용어를 사용하고 있다.

166 시 63.10(VUL 62.11): tradentur in manus gladii **partes vulpium erunt**.

tota; et proicit se in terram, et volvit se super eam tamquam mortua; et, attrahens intra se flatus suos, ita se inflat ut penitus non respiret. aves vero videntes eam sic inflatam et quasi cruentam iacentem, et linguam eius aperto ore foris eiectam, putant eam esse mortuam; et descendunt et sedent super eam: illa vero rapit eas et devorat.

B15. 여우

여우는 간교하고 매우 교활하며 부지런하기까지 합니다. 여우는 허기지고 먹을 것을 찾지 못하면 붉은 진흙이 있는 곳을 찾고 그 위에 뒹굽니다. 그러면 온몸이 피투성이처럼 보입니다. 그러고 나서 땅 위로 죽은 듯이 쓰러져 드러눕습니다. 숨을 들이쉬어 완전히 숨을 참아 부풀립니다. 새들은 여우가 그렇게 부풀고 피투성이처럼 누워있을 뿐만 아니라 입을 벌린 채 밖으로 늘어진 혀를 보면 여우가 죽었다고 생각합니다. 그러면 여우 위로 내려와 앉습니다. 마침내 여우는 새들을 낚아채고 삼킵니다.

Vulpis igitur figuram habet diaboli: omnibus enim secundum carnem viventibus fingit se esse mortuum; cum intra guttur suum peccatores habeat, spiritalibus tamen et perfectis in fide, vere mortuus est et ad nihilum redactus est. Qui autem volunt exercere opera eius, ipsi desiderant saginari carnibus eius (id est diaboli), quae sunt: Adulteria, fornicationes, idolatria, veneficia, homicidia, furta, falsa testimonia, et caetera his similia; dicente apostolo: Scientes hoc quia, *si secundum carnem vixeritis, moriemini; si autem spiritu opera carnis mortificaveritis, vivetis.*[167] Qui ergo

---

167 롬 8.13: *si enim secundum carnem vixeritis moriemini si autem Spiritu facta*

carnaliter vivunt, diabolicis operibus occupati, ab eo tenentur obnoxii, et, pares eius effetti, simul cum illo peribunt; dicente David: *Intrabunt in inferiora terrae, tradentur in manus gladii, partes vulpium erunt.*[168] Denique et Herodes assimilatus est vulpi dolosae, dicente domino: *Ite, dicite vulpi illi;*[169] et alibi scriba audiens a salvatore: *Vulpes foveas habent*[170]. Et in Canticis Canticorum: *Capite nobis vulpes pusillas, exterminantes vineas*[171]. Bene itaque Physiologus asseruit de vulpe.

그러므로 여우는 마귀의 형상을 갖고 있습니다. 육신을 따라 사는 모든 자에게 죽은 체하고 있기 때문입니다. 마귀가 자기 목구멍에 죄인들을 잡고 있겠지만, 믿음 안에서 영적으로 완전한 자들에게는 여우는 정말 죽은 자요, 아무것도 아닙니다. 그럼에도 여우의 행실을 하고 싶어 하는 자들은 스스로 여우(즉 마귀)의 육신으로 배를 채우길 원합니다. 이 육신은 간음, 음란, 우상숭배, 주술, 살인, 도둑질, 거짓 증언, 기타 등등 이와 유사한 것들입니다. 사도가 이르기를 "우리가 알거니와, 너희가 육신대로 살면 죽을 것이로되 영으로써 육신의 행실을 죽이면 살리라."라고 했습니다. 따라서

---

carnis mortificatis vivetis.

168 시 63.9-10(VUL 62.10-11)‎: ipsi vero in vanum quaesierunt animam meam ***introibunt in inferiora terrae tradentur in manus gladii partes vulpium erunt***.

169 눅 13.32‎: et ait illis ***ite dicite vulpi illi*** ecce eicio daemonia et sanitates perficio hodie et cras et tertia consummor.

170 마 8.20‎: et dicit ei Iesus ***vulpes foveas habent*** et volucres caeli tabernacula Filius autem hominis non habet ubi caput reclinet.

171 아 2.15‎: ***capite nobis vulpes vulpes parvulas quae demoliuntur vineas*** nam vinea nostra floruit. 본문은 Y본의 인용구절과 일치한다. 본문에서는 불가타의 'parvulas'(작은) 대신에 'pusillas'(작은), 'demoliuntur'(허는) 대신에 'exterminantes'(허는) 용어를 사용하고 있다.

마귀의 행실에 붙잡혀 육적으로 사는 자들은 마귀에게 매여 사로잡히고 마귀의 자식들과 같아서 마귀와 함께 곧 멸망할 것입니다. 다윗이 이르기를 "저희는 땅 깊은 곳에 들어가며 칼의 세력에 붙인 바 되어 여우의 밥이 될 것이다."라고 했습니다. 요컨대 헤롯은 간교한 여우에 비유되었습니다. 주께서 말씀하셨습니다. "가서 저 여우에게 말하라." 다른 곳에서도 한 서기관이 구원자께 들었습니다. "여우도 굴이 있다." 아가서에 (말합니다.) "우리를 위해 포도원을 허는 작은 여우를 잡으라."

이렇게 피지올로구스는 여우에 관하여 잘 설명해 주었습니다.

C17. DE NATURA VULPIS

Dolosum est animal huius modo. Si autem esurierit et non inveniat quod manducet, quaerit scissurame terrae, et proiecit se supinam sursum adtendentem, et adducit flatum suum intra se omni modo, et putant volatilia eam esse mortuam, et descendent ut devorent eum. Illa vero subito exsurgit et rapit et comedit.

Huic similabitur diabolus dolosus est in omni opera sua. Qui ergo voluerit accipere de carnibus eius id est de actibus eius statim moritur. Nam et Salvator de Herode filio Herodis diaboli sic ait et *dic vulpi illi*[172], et in Canticis Canticorum. *Capite nobis vulpes exterminantes vineam*[173] de qua vinea David dixit.

---

172 눅 13.32: et ait illis ***ite dicite vulpi illi*** ecce eicio daemonia et sanitates perficio hodie et cras et tertia consummor.

173 아 2.15: ***capite nobis vulpes vulpes parvulas quae demoliuntur vineas*** nam vinea nostra floruit. 본문은 Y본과 B본과 마찬가지로, 불가타의 'demoliuntur'(허는) 대신에 'exterminantes'(허는) 용어를 사용하고 있다. 하지만 불가타의 'parvulas'(작은), Y본과 B본

C17. 여우의 특성에 대하여

이런 면에서 여우는 교활한 동물입니다. 여우는 허기지고 먹을 것을 찾지 못하면 땅에 갈라진 틈을 찾아 등을 대고 몸을 던져 위를 바라봅니다. 그리고는 온갖 방법으로 숨을 들이쉽니다. 새들은 그가 죽은 줄로 생각하고 먹으려고 내려와 앉습니다. 그러면 여우는 갑자기 일어나서 새들을 낚아채고 먹습니다.

이와 같이 마귀는 모든 일에 교활합니다. 그러므로 누구든지 그의 육신, 곧 그의 행위를 얻고자 하는 자는 즉시 죽을 것입니다. 또한 구원자께서 헤로데의 아들 헤롯에 대해서 이렇게 말하십니다. "저 여우에게 말하라." 그리고 아가서에서 (말합니다.) "우리를 위해 포도원을 허는 여우를 잡으라." 이 포도원에 대해 다윗도 말했습니다.

의 'pusillas'(작은)에 해당되는 단어는 없다.

19. 페리덱시온 나무

[Gr34] Y19 B32 C24

Y19. ARBOR PERIDEXION

EST arbor que dicitur peridexion, invenitur in India. Fructus autem arboris illius dulcis est totus valde, et suavis. Columbe autem delectantur in fructu arboris illius: habitant autem in ea pascentes fructu eius. Inimicus est autem dracho columbis, timet autem arborem illam et umbram eius, in qua columbe demorantur: et non potest draco adpropiare columbis neque umbre eius. Si enim umbra arboris venerit ad occidentem, fugit draco ad orientem; Si iterum venerit umbra eius ad orientem, fugit ad occidentem. Si autem fiet ut columba inveniatur foris arborem aut umbram eius, et invenerit eam draco, occidit eam.

Y19. 페리덱시온[174] 나무

페리덱시온이라 불리는 나무가 있습니다. 인도에서 발견됩니다. 그 나무 열매는 매우 달콤하고 감미롭습니다. 비둘기들은 그 나무 열매를 즐기고 그 열매를 먹으며 그 나무에서 거합니다. 한편 용은 비둘기들에게 적대적이지

---

174 그리스어본의 'περιδέξιον'(페리덱시온)의 음역이다.

만, 비둘기들이 머무는 그 나무와 나무 그늘을 두려워합니다. 용은 비둘기들에게도 나무 그늘에도 가까이 다가갈 수 없습니다. 나무 그늘이 서쪽으로 기울면 용은 동쪽으로 달아납니다. 나무 그늘이 다시 동쪽으로 기울면 용은 서쪽으로 달아납니다. 하지만 비둘기가 나무 밖 혹은 나무 그늘 밖에 있고 용이 그 비둘기를 발견하게 되면, 비둘기를 죽입니다.

Arborem patrem omnium dicit, umbram autem in filium Christum; sicut dixit Gabrihel ad Mariam: *Ne timeas, Maria, spiritus sanctus superveniet in te, et virtus altissimi obumbrabit tibi*[175]. Fructum autem celestem sapientiam dixit, columbam autem in spiritum sanctum dixit ; vide ergo, o homo, ne postquam acceperis spiritum sanctum (hoc est spiritalem columbam intellegibilem, de celo descendentem et manentem super te), ne fias foris a deitate, alienus a patre et filio et spiritu sancto, et draco te interimat (hoc est diabulus). Non potest enim draco adpropiare ad arborem, neque ad umbram, neque ad fructum arboris : et tu, si habeas spiritum sanctum, non potest tibi draco adpropinquare (hoc est diabulus). Bene ergo de arbore et fructu et umbra eius diximus.

나무는 만물의 아버지요, 또한 아들 되신 그리스도는 그늘이라고 합니다. 가브리엘이 마리아에게 말씀한 바와 같습니다. "두려워 말라, 마리아야, 성령이 네게 임하시리니 지극히 높으신 이의 능력이 너를 덮으시리라." 그 열매는 하늘의 지혜요, 비둘기는 성령이라고 했습니다. 그러므로 당신이

---

175 눅 1.35: et respondens angelus dixit ei **Spiritus Sanctus superveniet in te et virtus Altissimi obumbrabit tibi** ideoque et quod nascetur sanctum vocabitur Filius Dei.

진정 성령(이는 가지적(可知的)인 영적인 비둘기입니다. 하늘에서 내려와 당신 위에 머무는 것입니다.)을 받은 후에는 거룩하신 하나님 바깥에 있지 않도록, 성부, 성자, 성령과 무관한 다른 것이 되지 않도록, 그리고 용(즉 마귀입니다.)이 당신을 죽이지 않도록 주의하십시오. 용은 나무에게도, 그늘에게도, 나무 열매에게도 가까이 갈 수 없습니다. 당신도 성령을 갖고 있다면 용(즉 마귀)은 당신에게 가까이 갈 수 없습니다.

이와 같이 나무와 열매, 나무 그늘에 관하여 우리는 잘 설명해 주었습니다.

B32. ARBOR PEREDIXION

Item aliud dictum est de ipsis columbis: arbor quaedam est in partibus Indiae, quae graece peredixion, latine vero circa dexteram; cuius fructus dulcis est nimis, et valde suavis. Columbae autem satis delectantur in istius arboris gratia, quoniam de fructu eius reficiuntur, et sub umbra eius requiescunt, et ramis eius proteguntur. Est autem draco crudelis inimicus columbarum; et quantum columbae timent draconem et fugiunt ab eo, tantum ille draco evitat et pertimescit illam arborem, ita ut nec umbrae illius appropinquare ausus sit. Sed dum insidiatur columbis ille draco, ut rapiat aliquam earum, de longe considerat illam arborem ; si umbra illius arboris fuerit in parte dextera, se facit ille in parte sinistra ; si autem fuerit umbra eius in parte sinistra, ille fugiens in parte dextera se facit.

B32. 페리덱시온 나무

비둘기에 대해서는 다른 곳에서 설명하였습니다[176]. 인도 지역에 어떤 나무가 있습니다. 그리스어로 '페리덱시온'[177]이라 하고 라틴어로는 '키르카 덱스테람'[178]이라고 합니다. 이 나무의 열매는 매우 달고 아주 감미롭습니다. 비둘기들은 이 나무의 은총 안에서 매우 즐거워하고 있습니다. 비둘기들이 이 나무 열매로 활기를 얻고 이 나무 그늘 아래에서 쉬고 이 나무의 잎으로 자신을 숨기기 때문입니다. 한편 비둘기들의 잔인한 적은 용입니다. 비둘기들이 용을 무서워하고 용으로부터 달아나면 달아날수록, 그 용은 그 나무를 더 피하고 두려워합니다. 그래서 감히 그 나무 그늘로 가까이 가지 않습니다. 그 용이 비둘기들 중 누구라도 잡기 위해 비둘기들을 노리는 동안 멀리서 그 나무를 살펴봅니다. 그 나무의 그늘이 오른편에 있으면 자신을 왼편에 두고, 그 나무의 그늘이 왼편에 있으면 도망가서 자신을 오른편에 둡니다.

Columbae autem scientes inimicum suum draconem timere illam arborem, et umbram illius et omnino nec leviter appropiare illi posse, ideo ad illam arborem confugiunt et ibi se commendant, ut salvae esse possint ab insidiis adversarii earum. Dum ergo in illa arbore fuerint et in ipsa se continuerint, nullo modo potest eas capere draco; si autem invenerit aliquam ex eis, vel leviter segregatam ab arbore, vel extra umbram eius, statim eam rapit et

---

176 B31에서 기술되었다.

177 그리스어본의 'περιδέξιον'(페리덱시온)의 음역이다.

178 '키르카 텍스트람'(circa dexteram)은 '오른쪽 주변'이라는 의미이며, 그리스어 'περιδέξιον'의 문자적 의미를 직역한 것이다.

devorat. Et haec quidem refert Physiologus de columbis.

한편 자신의 적, 용이 그 나무와 나무의 그림자를 두려워하고 그 나무에 쉽게 다가갈 수 없다는 것을 알고 있는 비둘기들은 그런 이유 때문에 그 나무로 피신하고 자신을 맡깁니다. 이는 대적들의 간계로부터 무사할 수 있도록 하기 위합니다. 따라서 그 나무 안에 있고 바로 그 나무에 머물러 있는 한, 용은 어떤 방법으로도 그들을 잡을 수 없습니다. 하지만 용은 비둘기들 중 누군가가 경솔하게 나무에서 떨어져 있거나 나무 그늘 밖에 있는 것을 발견하면 즉시 그 비둘기를 낚아채고 삼켜버립니다. 피지올로구스는 비둘기들에 대해 이러한 것들도 이야기합니다.

Nos ergo, christiani, scientes arborem (quae est peredixion), circa quam omnia dextera sunt, nihilque in illa sinistrum; dextera autem eius est unigenitus filius Dei, sicut ipse dominus ait: *De fructu enim arbor cognoscitur*[179]. Umbra vero arboris spiritus sanctus est, sicut dicit Gabriel Sanctae Mariae : *Spiritus sanctus superveniet in te, et virtus altissimi obumbrabit tibi*[180]. Columbae autem sunt omnes fideles, sicut ait dominus in evangelio : *Estote ergo simplices sicut columbae, et astuti sicut serpentes*[181]. Estote simplices, ne cuiquam

---

179 눅 6.45: unaquaeque enim **arbor de fructu suo cognoscitur** neque enim de spinis colligunt ficus neque de rubo vindemiant uvam.

180 눅 1.35: et respondens angelus dixit ei **Spiritus Sanctus superveniet in te et virtus Altissimi obumbrabit tibi** ideoque et quod nascetur sanctum vocabitur Filius Dei.

181 마 10.16: ecce ego mitto vos sicut oves in medio luporum **estote ergo prudentes sicut serpentes et simplices sicut columbae**. 이 구절의 개역개정본은 다음과 같다: "보라 내가 너희를 보냄이 양을 이리 가운데로 보냄과 같도다 그러므로 너희는 뱀 같이 지혜롭고 비둘기 같이 순결하라." 본문의 내용은 성경과 순서를 달리하고 있으며, 'prudentes'(지혜로운) 대신에 'astuti'(영리한)라는 용어를 사용하고 있다.

machinemini dolos ; et astuti, ne alienis insidiis supplantemini.

따라서 (이 페리덱시온) 나무를 알고 있는 우리 그리스도인들은 그 나무 주변
엔 모든 상서로운 것만 있고 그 나무 안에 불운한 것은 그 어떤 것도 없습니
다. 그 나무의 우편에 하나님의 독생자가 있습니다. 주님께서 스스로 말씀
하신 바와 같습니다. "나무는 그 열매로 아나니." 나무의 그늘은 성령입니
다. 가브리엘이 성녀 마리아에게 말씀하신 바와 같습니다. "성령이 네게 임
하시리니 지극히 높으신 이의 능력이 너를 덮으시리라." 비둘기들은 모든
신자들입니다. 주님께서 복음서에서 말씀하신 바와 같습니다. "그러므로
너희는 비둘기 같이 순결하고 뱀 같이 영리하라." 누구에게든 간계를 꾸미
지 않도록 순결해지십시오. 또한 다른 이들의 음모에 걸려 넘어지지 않도록
영리해지십시오.

Attende ergo tibi semper, homo dei, et permane in fide catholica,
et ibi te contine, ibi commora, ibi habita, ibi persevera in una fide
patris et filii et spiritus sancti, et in una catholica ecclesia ; sicut
dicit psalmista : *Ecce quam bonum et quam iocundum habitare
fratres in unum*[182] ; et alibi : *Qui habitare facit unanimes in domo*[183].
Cave ergo quantum potes ne extra hanc domum foris invenieris

---

182 시 133.1(VUL 132:1): canticum graduum David ***ecce quam bonum et quam
iucundum habitare fratres in unum***.

183 시 68.6(VUL 67:7): ***Deus inhabitare facit unius moris in domo*** qui educit vinctos in
fortitudine similiter eos qui exasperant qui habitant in sepulchris. 본문은 불가타의
"Deus inhabitare facit unius moris in domo"(하나님께서 한 방식으로 한 집에 살게 하십
니다)라는 구문과 내용상 비슷하다. 하지만 본문은 불가타의 'unius moris'(한 방식으로) 대신
에 'unanimes'(한 마음으로)라는 용어를 사용하고 있다. 개역개정판은 다음과 같다: "하나님
이 고독한 자들은 가족과 함께 살게 하시며".

et comprehendat te ille draco serpens antiquus, et devoret te, sicut Iudam qui, mox ut exivit foris a domino et fratribus suis apostolis, statim a diabolo devoratus est et periit.

그러므로 항상 주의하십시오. 하나님의 사람이여, 가톨릭 신앙을 고수하십시오. 거기에 머무르십시오. 거기에 남아계십시오. 거기에 거주하십시오. 성부와 성자와 성령과 유일한 가톨릭 교회에 대한 유일한 믿음을 끝까지 지키십시오. 시편 기자는 이렇게 말씀합니다. "보라, 형제가 한 곳에 거함이 어찌 그리 좋고 정다운가." 다른 곳에서도 "그분은 사람들이 한 마음으로 한 집에 살게 하십니다." 그러므로 할 수 있는 한 경계하십시오. 이 집 밖에서 옛 뱀인 그 용이 유다에게 했듯이 당신을 발견하고 덮치고 집어삼키지 않도록 말입니다. 유다는 주님과 자신의 형제인 사도들 밖으로 나가자마자 즉시 마귀에게 삼켜졌고 죽었습니다.

C24. DE ARBORE QUI DICITUR PEREDEXION

Haec arbor in India est fructus dulcissimus est et suavis valde. Columbae autem delectantur nimium fructum illius et habitant in ramis eius. Inimicus est draco columbae et timet draco adpropinquare ad arborem. Si enim umbra arboris ad orientem declinaverit fugit draco ad occidentem. Si enim ad occidentem venerit umbra fugit draco ad orientem. Et si occasu aperuerit columba occidit eam draco. Arborem istum salvatorem ponimus, qui est lignum vite omnibus credentibus eum. In umbra eius omne meritum. Et clamat apostolus dicens. *Mihi autem absit gloriari nisi in cruce Domini per quem mihi mundus crucifixus est et ego in mundo*[184].

C24. 페리덱시온이라고 불리는 나무에 관하여

인도에서 이 나무의 열매는 매우 달고 맛이 좋습니다. 그리고 비둘기들은 그 풍성한 열매를 기뻐하고 그 가지에 깃들입니다. 용은 비둘기의 적이며 용이 나무에 접근하는 것을 두려워합니다. 나무 그림자가 동쪽으로 향하면 용은 서쪽으로 도망합니다. 그림자가 서쪽으로 오면 용은 동쪽으로 도망갑니다. 그리고 해질녘에 비둘기가 열리면 용은 그것을 죽입니다. 우리는 이 나무를 구원자로 두었습니다. 이 나무는 그를 믿는 모든 사람을 위한 포도나무입니다. 그의 그림자에는 모든 공덕이 있습니다. 그리고 사도는 이렇게 외칩니다. 그러나 내게 자랑할 것이 주의 십자가 외에는 멀으니 그리스도로 말미암아 세상이 나를 대하여 십자가에 못 박히고 내가 세상 안에서 그러하니라.

---

184 갈 6.14: *mihi autem absit gloriari nisi in cruce Domini* nostri Iesu Christi *per quem mihi mundus crucifixus est et ego mundo*. 본문에서는 불가타의 'nostri Iesu Christi' (예수 그리스도 우리)라는 표현이 생략되어 있으며, 'mindo'(세상에) 대신에 'in mundo'(세상에)라는 용어를 사용하고 있다.

20. 코끼리

[Gr43] Y20 B33 C27 C28

Y20. ELEPHAS[185]

EST animal qui dicitur elephans. In eo non est concupiscentiae
coitus. Aliud autem est tragelaphus[186]. Si autem voluerit filios
facere, vadit in orientem prope paradysum; est autem ibi arbor que
dicitur mandracora; et vadit ibi cum femina sua, que prior accipit
de arbore, et tradit viro suo, et seducit eum, donec manducet. Et
cum manducaverit masculus, statim femina in utero concipiet. Et
si tempus advenerit ut pariat, exit in stagnum aque; et ipsa aqua
venit usque ad ubera eius (hoc est femine), et demittit partum suum
(hoc est filium); dimittit eum in aquis et natat pullus quia natus est;
et venit in femora eius, et de ubera matris sue nutrietur. Elephans
autem custodit eam parientem, propter serpentem, quia inimicus
est serpens elephanto. Si autem invenerit serpentem, occidit eum et
conculcat, donec moriatur.

---

185 그리스어본에서 '코끼리'를 의미하는 'ἐλέφας'(엘레파스)의 음역이다.

186 그리스어본의 'γεργελέφας'(게르겔레파스)의 음역어로 보인다: "῎Εστι ζῷον ἐν τῷ ὄρει
   λεγόμενον ἐλέφας, [καὶ ἄλλο γεργελέφας]."(산에는 '엘레파스'(코끼리)라고 불리는 동물이
   있는데, [다르게는 '게르겔레파스'라고도 합니다.]).

Y20. 코끼리

코끼리라고 불리는 동물이 있습니다. 코끼리는 교미에 대한 욕구가 없습니다. 다르게는 '트라겔라푸스'라고도 합니다. (코끼리는) 새끼를 낳고 싶으면 낙원에 가까운 동방으로 갑니다. 거기에는 맨드레이크라고 하는 나무가 있습니다. 자신의 암컷과 함께 거기로 갑니다. 암컷이 먼저 나무에서 맨드레이크를 구해오고 자신의 수컷에게 건넵니다. 그리고 수컷이 먹을 때까지 유혹합니다. 수컷이 먹으면 암컷은 즉시 잉태하게 됩니다. 해산할 시기가 오면 물웅덩이로 갑니다. 바로 그 물은 그의 (즉 암컷의) 젖까지 이르고 암컷은 자신의 새끼(즉 자식)를 낳습니다. 물에다 새끼를 낳고 태어난 새끼는 수영을 합니다. 새끼는 어미 허벅지 사이로 들어가 어미의 젖을 먹습니다. 코끼리는 뱀 때문에 산모 코끼리를 지킵니다. 뱀은 코끼리의 적인 까닭입니다. 코끼리가 뱀을 발견하면, 죽을 때까지 발로 차고 짓밟아버립니다.

Hec est natura eius: si autem ceciderit, non potest surgere. Quomodo cadit, cum in arborem se reclinat? Non enim habet coniuncturas geniculorum ut obdormiat, si vellit; venator autem, qui eum vellit venari, incidit arborem, modico minus, ubi reclinare consuescit; ut dum venerit et sese reclinaverit elephans, cadat arbor et animal cum eadem ipsa, et simul cadent. Clamat autem elephans: statim inde exit magnus elephans, et non potest eum levare; iterum clamant ambo, et veniunt alii duodecim elephanti, et non possunt nec ipsi levare eum qui cecidit; deinde clamitant iterum omnes, et statim venit pusillus elephans, et mittit os suum promuscidem subtus illum magnum, et elevat illum. Habet autem pusillus elephans naturaliter, ut, ubi incensum fuerit de capillis eius vel de ossibus, neque draco neque aliquid malum ibi accidit.

코끼리의 특성은 이렇습니다. 쓰러지면 일어설 수 없습니다. (코끼리가) 나무에 기댈 때 어떤 상황에서 쓰러질까요? 사실 코끼리는 자고 싶을 때 잠을 잘 수 있게 해주는 무릎 관절을 갖고 있지 않습니다. 코끼리를 사냥하고 싶어 하는 사냥꾼은 코끼리가 익숙하게 기대는 나무를 아주 조금 자릅니다. 코끼리가 와서 자기 몸을 기대기만 하면 나무가 쓰러지고 바로 그 나무와 함께 동물도 동시에 쓰러집니다. 그러면, 코끼리는 울부짖습니다. 즉시 거기에 큰 코끼리가 나타납니다. 하지만 (쓰러진 코끼리를) 일으킬 수 없습니다. 다시 둘 다 울부짖습니다. 다른 열두 마리의 코끼리가 옵니다. 하지만 쓰러졌던 코끼리를 그들 스스로 일으킬 수 없습니다. 그러면 다시 모두 울부짖습니다. 즉시 작은 코끼리가 옵니다. 큰 코끼리 아래에 자신의 주둥이와 코를 넣고 일으켜 세웁니다. 작은 코끼리는 이러한 특성이 있습니다. 그의 털이나 뼈가 불탄 자리엔 용과 더불어 그 어떤 악한 것도 들이닥치지 않습니다.

Magnus ergo elephans et mulier eius personam accipiunt Ade et Eve. Cum autem essent in virtute (hoc est placentes domino), ante suam prevaricationem, non sciebant coitum, neque intellectum mixtionis sue carnis habuerunt; quando autem mulier manducavit de ligno (hoc est intellegibilem mandracoram), deinde dedit viro suo, pregnans malorum facta est; propter quod exierunt de paradyso.

큰 코끼리와 그 짝은 아담과 하와의 모습을 가지고 있습니다. 반역 이전에 능력 안에 있을 때에(즉, 주님을 기쁘시게 하며), 그들은 육체관계를 몰랐고 몸을 섞는 것에 대한 의식도 갖고 있지 않았습니다. 여자가 나무에서 (무언가를) 먹고(이것은 가지적(可知的)인 맨드레이크입니다.) 그런 후 자신의 남편에게 주었을 때 악을 잉태한 자가 되었습니다. 이 일 때문에 그들은 낙원 밖으로 나왔습니다.

Quamdiu autem fuerunt in paradyso, non eam cognovit Adam: hoc manifestum est, quia ita scriptum est: Et postquam eiecti sunt Adam et eva de paradyso, tunc cognovit Adam mulierem suam, et concipiens peperit Cain super vituperabiles aquas: sicut David dixit: *salva me, quoniam introierim aquae usque ad animam meam*[187]. Statim draco subvertit eos, et alienos eos fecit a virtute (hoc est non placendo deo). Et clamant vociferantes ad dominum, et venit magnus elephans (hoc est lex), et non eum levavit: quomodo nec sacerdos eum qui incidit in latrones.

그들이 낙원에 있는 동안, 아담은 하와를 알지 못했습니다. 이것은 명백합니다. 그렇게 쓰여 있습니다. 아담과 하와가 낙원에서 추방된 후, 그때 아담은 자기 아내를 알게 되었습니다. 임신한 하와는 악한 물에서 가인을 낳았습니다[188]. 다윗이 이렇게 말한 바와 같습니다. "나를 구원하소서 물들이 내 영혼까지 흘러 들어왔나이다." 곧바로 용은 그들을 멸했고 (하나님을 기쁘시게 하지 않은 것으로 말미암아) 그들을 능력과는 관계없는 자들로 만들었습니

---

187 시 69.1(VUL 68.2): *salvum me fac Deus quoniam intraverunt aquae usque ad animam meam.*

188 '악한 물에서 가인을 나았다'는 말은 코끼리가 뱀 때문에 물웅덩이의 물에서 새끼는 낳는 것과 같이, 아담과 하와도 마귀(뱀)로 인해 낙원에서 쫓겨나 낙원 밖 세상에서 가인을 낳았다는 의미이다.

다. 그들은 통곡을 하며 주님께 소리칩니다. 그러자 큰 코끼리가(즉 율법이) 옵니다. 그 코끼리는 그를 일으켜 세우지 못했습니다. 강도 당한 자를 성직자들이 일으켜 세우지 않은 것과 같습니다.

Neque duodecim elephanti elevaverunt eum (hoc est prophetarum chorus), quomodo nec levites, qui a latronibus erat vulneratus; sed sanctus intellegibilis elephans (hoc est dominus Ihesus Christus): et cum omnium maior sit, omnium pusillus factus est: *Humiliavit enim se, factus obediens usque ad mortem*[189], ut hominem elevaret, intellegibilis Samaritanus, qui inposuit nos super iumentum suum (hoc est super suum corpus): Ipse (enim) tulit infirmitates nostras, et inbecillitates nostras baiolavit. Interpretatur autem hic Samaritanus hebreice custos; de quo dicit David in psalmo CXIIII: *Custodiens parvulos dominus*[190]. Ubi enim dominus meus presens est, neque draco neque mali aliquid appropiare poterit.

Bene ergo Phisiologus de elephanto dixit.

열두 마리의 코끼리들(즉 선지자들의 무리)도 그를 일으켜 세우지 못했습니다. 레위인들이 강도들에게 상처 입은 자를 일으켜 세워주지 않은 것과 같습니다. 하지만 거룩하고 가지적(可知的)인 코끼리(즉, 주 예수 그리스도)는 일으켜 세워주셨습니다. 모든 이보다 위대하심에도 불구하고 모든 이보다 작은 자가 되셨습니다. "자기를 낮추시고 죽기까지 복종하셨으니," 이는 사람을 일

---

189 빌 2.8: *humiliavit semet ipsum factus oboediens usque ad mortem* mortem autem crucis.

190 시 116.6(VUL 114.6): *custodiens parvulos Dominus* humiliatus sum et liberavit me.

으켜 세워주기 위함이었습니다. 가지적(可知的)인 사마리아인이신 그분은 우리를 자신의 수레(즉 자신의 몸)에 태워주셨습니다. 그분 자신이 우리의 질고를 지고 우리의 약함을 짊어지셨기 때문입니다. 이 사마리아인은 히브리어로 수호자를 뜻합니다. 이에 대해 다윗은 시편 114편에서 말씀합니다. "주님은 어리석은 자를 보존하시나니." 내 주님이 계신 곳은 용도 그 어떤 악도 가까이 다가올 수 없기 때문입니다.

이와 같이 피지올로구스는 코끼리에 관하여 잘 설명해 주었습니다.

B33. ELEPHAS

Est animal quod dicitur elephas. Physiologus dicit de eo quoniam intellectum in se habet magnum, sed concupiscentiam fetus minime in se habet. Tempore enim suo cum voluerit filios procreare, vadit ad orientem cum femina sua usque in proximum paradisi; et ibi est arbor quae dicitur mandragora; prior ergo femina gustat de fructu illius arboris, et sic illa seducit masculum ut ille persuasus manducet.

B33. 코끼리

코끼리라고 불리는 동물이 있습니다. 피지올로구스는 코끼리에 대해 이르기를 그 자신이 큰 지능을 갖고 있지만 새끼에 대한 욕구는 아주 조금 갖고 있다고 합니다. 새끼를 낳고 싶으면 때에 맞춰 자신의 암컷과 함께 낙원에 가까운 동방으로 갑니다. 거기에는 맨드레이크라고 하는 나무가 있습니다. 암컷이 먼저 그 나무의 열매를 맛봅니다. 그렇게 암컷은 수컷을 유혹합니다. 설득당한 그가 먹도록하기 위함입니다.

Et postquam vero manducaverint ambo, tunc conveniunt sibi invicem, et statim femina in utero concipit; cum autem venerit tempus illius ut pariat, vadit ubi est stagnum; et ingreditur in aquam usque ad ubera sua, et ibi parit super aquam propter draconem, quia insidiatur illi, et si extra aquam peperit, rapit draco pecus illud et devorat. Ideo in aquam altam ingreditur, ut ibi pariat; masculus autem suus non recedit ab ea, sed custodit eam parientem, propter serpentem qui inimicus est elephantis.

둘이 먹고 나면, 서로 교미를 하고 암컷은 즉시 잉태합니다. 해산을 위한 때가 오면 물웅덩이가 있는 곳으로 갑니다. 그리고 그를 노리는 용 때문에, 젖까지 차는 물속으로 들어가서 물 한가운데서 새끼를 낳습니다. 물 밖에서 낳으면 용이 짐승을 낚아채고 삼켜버리기 때문입니다. 이로 인해 깊은 물로 들어갑니다. 거기에서 해산을 하기 위함입니다. 수컷은 암컷을 떠나지 않습니다. 코끼리의 적인 뱀으로 인해 산모인 암컷을 오롯이 보호합니다.

Isti ergo duo elephantes masculus et femina figuram habent Adae et mulieris eius Evae, qui erant in paradiso Dei ante praevaricationem gloria circumdati, nescientes ullum malum, non concupiscentiae desiderium, non commixtionis coitum; cum autem de interdicta arbore gustavit mulier illa, seduxit virum suum, et ipse manducavit; tunc deinde expulsi foras paradisum in hunc mundum iactati sunt, tamquam in stagnum aquarum multarum.

이렇기 때문에 이들 수컷, 암컷, 두 코끼리는 아담과 그의 처 하와의 모습을 갖고 있습니다. 이들은 반역 이전엔 하나님의 낙원에서 영광에 둘러싸여 있었습니다. 어떤 악도, 욕정의 욕구도, 육체관계도 몰랐습니다. 하지만 저 여인이 금지된 나무를 맛보고 자기 남편을 유혹해, 바로 그 남편도 먹은 이래로 그때부터 그들은 낙원 밖으로 쫓겨나 이 세상으로, 마치 물이 많은 물웅덩이와 같은 곳으로 내던짐을 당했습니다.

Cuius hic mundus figuram habet propter multas eius fluctuationes et communicationes, et innumerabiles eius voluptates et passiones; de quibus David dicit: *salvum me fac, domine, quoniam intraverunt aquae usque ad animam meam*[191]; et alibi: *Exspectans exspectavi dominum, et respexit me, et exaudivit praeces meas, et eduxit me de lacu miseriae et de luto faecis.*[192]

이 세상은 많은 출렁임과 왕래, 그리고 수많은 쾌락과 고난 때문에 물웅덩이의 모습을 갖고 있습니다. 이러한 것들에 대해 다윗이 말씀합니다. "나를 구원하소서 물들이 내 영혼까지 흘러 들어왔나이다." 다른 곳에서도 (말씀합니다.) "내가 주를 기다리고 기다렸더니 나를 굽어보시고 나의 부르짖음을 들으셨도다. 나를 기가 막힐 웅덩이와 수렁에서 끌어 올리셨도다."

Tunc cognovit Adam uxorem suam, et generavit Cain in luto faecis;

---

191 시 69.1(VUL 68.2): *salvum me fac Deus quoniam intraverunt aquae usque ad animam meam.*

192 시 40.1-2(VUL 39.2-3): *expectans expectavi Dominum et intendit mihi et exaudivit preces meas et eduxit me de lacu miseriae et de luto fecis* et statuit super petram pedes meos et direxit gressus meos. 본문에서는 불가타의 'intendit'(귀를 기울이시고) 대신에 'respexit'(굽어보시고)라는 용어를 사용하고 있다.

ideoque descendens quasi pius et misericors de sinu patris dominus noster Iesus Christus, filius dei vivi, assumens carnem nostram, eduxit nos de lacu miseriae et de luto faecis, et statuit super petram pedes nostros, et immisit in os nostrum canticum novum, hymnum deo nostro id est cum docuit nos orare tunc immisit in os nostrum canticum novum, dicens: *Sic orabitis: Pater noster qui es in caelis, sanctificetur nomen tuum, et reliqua*[193].

그때 아담은 자신의 아내와 동침했고 수렁에서 가인을 낳았습니다. 이런 까닭에 아버지의 품에서 경건하고 자비로운 이로 내려오신 우리 주 예수 그리스도 살아계신 하나님의 아들은 우리 육신을 취하시고 우리를 기가 막힐 웅덩이와 수렁에서 끌어내셨고 우리의 발을 반석 위에 세워주셨습니다. 또한 우리 입에 우리 하나님을 위한 새 노래와 찬송을 넣어 주셨습니다. 즉 우리에게 기도를 가르쳐 주실 때, 우리 입에 새 노래를 넣어주시며 말씀하셨습니다. "너희는 이렇게 기도하라. 하늘에 계신 우리 아버지여, 이름이 거룩히 여김을 받으시오며, 이하 생략."

Hunc hymnum docuit nos referre deo magister noster ipse, qui statuit super petram pedes nostros, et immisit in os nostrum canticum novum hymnum deo nostro. Hoc autem ipso apostolo orante pro nobis et dicente: *Dominus autem pacis sanctificet vos ad perfectum, ut integer spiritus vester et anima et corpus sine querela*

---

193 마 6.9: *sic ergo vos orabitis Pater noster qui in caelis es sanctificetur nomen tuum.*

in adventu domini nostri Iesu Christi servetur[194].

우리의 스승이신 그분 자신은 우리가 이 찬송을 하나님께 드리도록 가르쳐 주셨습니다. 그분은 우리의 발을 반석 위에 세워주셨고 우리 입에 우리 하나님을 위한 새 노래와 찬송을 넣어 주셨습니다. 그리고 사도께서 직접 우리를 위하여 이렇게 기도하며 말씀하십니다. "평강의 주께서 친히 너희로 온전히 거룩하게 하시고 또 너희 온 영과 혼과 몸이 우리 주 예수 그리스도 강림하실 때에 흠없게 보전되기를 원하노라."

Nam et ossa et pellis de elephante in quocumque loco vel domo fuerint incensa, statim odor eorum expellit inde et fugat serpentes; vel si qua fuerint noxia venenosa reptilia, non ibi accedunt. Sic itaque opera vel mandata dei, qui habet intra se, purificant cor eius, et nulla potest ibi adversarii cogitatio introire; sed quaecumque ibi fuerit noxia turpis, statim omnis exit et evanescit, ita ut nec aliquando ibidem compareat noxius spiritus et adversa cogitatio, aut aliqua eius maleficia.

한편 코끼리의 뼈와 가죽은 어느 곳 혹은 어느 집에서나 불타면 그 향이 뱀들을 그곳에서부터 즉시 쫓아내고 도망하게 합니다. 또는 해롭고 유독한 어떤 파충류가 있더라도 그들은 거기에 접근하지 않습니다. 그래서 이렇게 하나님의 일 혹은 계명은 자기 안에 이러한 것들을 가지고 있는 자의 마음을

---

194 살전 5.23: *ipse autem Deus pacis sanctificet vos per omnia et integer spiritus vester et anima et corpus sine querella in adventu Domini nostri Iesu Christi servetur.* 본문의 'per omnia'(온전히) 대신에 'ad perfectum'(온전히)라는 용어를 사용하고 있다.

깨끗하게 합니다. 또한 대적의 그 어떤 생각도 들어올 수 없습니다. 그 어떤 더럽고 해로운 것이 거기에 있더라도 즉시 떠나고 없어집니다. 그래서 마침내 유해한 영과 반대되는 생각, 혹은 대적의 어떤 악행도 그곳에 나타나지 않게 됩니다.

C27. DE ELIFANTO ET MANDRACORA

Non est coitus concupiscentiae quando. Voluerint facere iunctionem ambulant super flumen paradysi et inveniunt mandracoram qui et cum femina discurrit. Accipiens vero femina mandracoram praestat masculo et ludit cum eo donec manducet. Et cum manducauerit masculus conuenit cum femina et concipiet. Cum ergo tempus venerit ut generet intrat in stagnum aquae et fiet aqua ad mamillas eius et dimittit natum, ut navigando super aquas proximum habeat natum matris suae. Serpens autem inimicus est aelifanto quia pedibus suis interficiet eum.

C27. 코끼리와 맨드레이크에 관하여

코끼리는 교미에 대한 욕구가 없습니다. 그들이 교미를 하고자 할 때에 낙원의 강을 건너다가 암컷이 가지고 있던 맨드레이크를 발견합니다. 암컷이 맨드레이크를 가지고서 수컷에게 건네고 그가 그것을 먹을 때까지 유혹합니다. 그리고 수컷이 먹고 나면 암컷과 교미하고 암컷은 임신을 합니다. 그래서 해산할 날이 되면 물웅덩이에 갑니다. 물이 암컷의 젖까지 이르고 암컷은 새끼를 낳습니다. 이는 물 위로 나아가서는 그 어미 가까이에서 새끼를 낳으려는 것입니다. 그러나 뱀은 코끼리의 적이기 때문에, 코끼리는 뱀을 발로 짓밟아 죽입니다.

C28. NATURA AUTEM ELIFANTI TALIS EST

Si ceciderit iam non poterit exsurgere. Nam si voluerit dormire
ad arborem inclinatus dormit. Venatores autem quando eum
adprehendere voluerint incidunt arborem minus modicum, et dum
venerit inclinare et dormire simul cum arbore cadit. Cum autem
ceperit clamare fortiter cum grande gemitu, et cum audierit alius
elifans venit adivuare eum et non poterit erigere eum. Vociferant
ambo. Et venient alii et non possunt erigere. Deinde simul clamant.
Postea venit minor elifans et supponit promuscidem suum sub
tuseum et erigit eum. Nam si ignem de ossibus eius incensum
posuerit. Neque draco, neque demon ibi prevaluit. Elifanti itaque
masculi et femine figuram Adam et Eve intellegimus. Quia dum in
paradyso essent nesciebant coitum concupiscentiae. Cum autem
manducauerunt de interdicta arbore iecti sunt de paradyso et
prevaricantes mortui sunt. Venit lex Moysen non eleuauit eum.
Deinde duodecim prophetae venientes nec ipsi eleuauerunt eum.
Novissime venit Ihesus humiliauit se usque ad mortem et suscitauit
adam qui ceciderat.

C28. 코끼리의 특성은 이러하다

코끼리는 쓰러지면 더 이상 일어날 수 없습니다. 자고 싶으면 나무에 기대
어 잠을 잡니다. 그러나 사냥꾼들이 그를 잡으려고 했을 때, 그들은 나무를

아주 조금 자릅니다. 그리고 코끼리가 와서 기대어 잠을 자면 나무와 함께 넘어집니다. 그러면 코끼리는 큰 소리를 내며 울부짖기 시작합니다. 그 소리가 들리면 또 다른 코끼리가 그를 돕기 위해 오지만 그를 일으킬 수는 없습니다. 다시 둘 다 울부짖습니다. 그리고 다른 코끼리들이 오지만 일으킬 수는 없습니다. 그런 다음 그들은 함께 울부짖습니다. 그 후에 작은 코끼리가 와서 그의 주둥이를 코끼리 몸통 아래에 놓고 들어 올립니다. 만일 코끼리의 뼈에 불을 질러 태우면, 용도 귀신도 그곳에 얼씬거리지 못합니다. 그래서 우리는 코끼리의 수컷과 암컷을 아담과 하와의 모습으로 이해합니다. 왜냐하면 그들은 낙원에 있는 동안에는 성교의 욕구를 알지 못했기 때문입니다. 그러나 그들은 금지된 나무의 열매를 먹은 후 낙원에서 쫓겨나 죄인으로 죽었습니다. 율법이 모세에게 이르렀을 때, 율법이 모세를 자유롭게 하지 못했습니다. 그 후에 열두 선지자가 왔으나 사람을 구하지 못했습니다. 예수님은 맨 나중에 오셔서 죽기까지 낮추시고 타락한 아담을 살리셨습니다.

21. 노루

[Gr41] Y21 B20

Y21. DORCHON

EST animal in monte qui dicitur dorchon grece, caprea latine. Amat satis excelsos montes, escam autem invenit in humilia montium. Et videt de longe omnes qui veniunt ad eam, et cognoscit si cum dolo veniant, vel cum amicitia.

Y21. 노루

그리스어로 '도르콘'(노루)[195]이라 하고 라틴어로 '카프레아'(노루)라고 하는 동물이 산에 있습니다. 노루는 상당히 높은 산을 좋아하지만 산기슭에서 먹이를 찾습니다. 멀리서 자신에게 다가오는 모든 사람을 보고서 그들이 간계를 지니고 오는지, 아니면 호의를 가지고 오는지를 압니다.

Habet autem caprea sapientiam dei: prophetas amat, hoc est montes excelsos, in quibus oculos suos levavit propheta: *Levavi (inquid) oculos meos in montes, unde veniet auxilium mihi*[196]. Et Salomon

---

195 그리스어본에서 '노루'를 의미하는 'δόρκων'(도르콘)의 음역이다.

196 시 121.1(VUL 120:1): canticum graduum *levavi oculos meos in montes unde veniet*

in canticis canticorum dixit de dorchon (hoc est de caprea): *Ecce fratruelis meus saliens super montes, transiliens supra colles*[197].

노루는 하나님의 지혜를 갖고 있습니다. 노루는 선지자들을 사랑합니다. 즉 높은 산을 사랑합니다. 그곳에서 선지자는 자신의 눈을 들어올렸습니다. "내가 산을 향하여 눈을 들리라 나의 도움이 어디서 올꼬." 솔로몬은 아가에서 노루(즉 카프레아)에 대해 말씀했습니다. "보라 내 친척이 산에서 뛰고 언덕을 넘어오는구나."

Hoc autem dorchon salit super prophetas, transiliens super colles (hoc est apostolos). Acute autem visionis est dorchon, significans quoniam salvator videt omnia que aguntur; deus autem vocatur propter quod omnia videt, et de longe, ad eum venientes cum dolo; cognovit autem venientem Iudam osculo eum tradentem; et iterum scriptum est: *Cognovit dominus qui sunt eius*[198]; et Iohannes dixit: *Ecce agnus dei, ecce qui aufert peccata mundi*[199].

---

auxilium mihi.

197 아 2.8: vox dilecti mei **ecce iste venit saliens in montibus transiliens colles.** 본문은 불가타의 'in montibus'(산에서) 대신에 'super montes'(산에서), 'colles'(언덕을) 대신에 'super colles'(언덕을)라는 표현을 사용하고 있다. 이러한 표현은 피지올로구스의 그리스어본과 칠십인역의 표현을 반영하여, 그리스어 전치사 'π'에 대한 번역으로 라틴어 전치사 'super'를 사용하고 있는 것으로 보인다. 피지올로구스의 그리스어본과 칠십인역은 다음과 같다: ἰδοὺ ὁ ἀδελφιδός μου ἅλλεται **ἐπὶ τῶν ὀρέων**, πηδῶν **ἐπὶ τῶν βουνῶν**", "φωνὴ ἀδελφιδοῦ μου ἰδοὺ οὗτος ἥκει πηδῶν **ἐπὶ τὰ ὄρη** διαλλόμενος **ἐπὶ τοὺς βουνούς.**

198 딤후 2.19: sed firmum fundamentum Dei stetit habens signaculum hoc **cognovit Dominus qui sunt eius** et discedat ab iniquitate omnis qui nominat nomen Domini.

199 요 1.29: altera die videt Iohannes Iesum venientem ad se et ait **ecce agnus Dei qui tollit peccatum mundi.** 본문은 불가타의 'tollit'(지고가는) 대신에 'aufert'(지고가는)라는 단어를 사용하고 있다.

노루는 언덕(즉 사도들)을 넘어가고 선지자들 위로 뛰어넘습니다. 노루가 시야가 밝은 것은 구원자께서 모든 행실을 보신다는 것을 의미합니다. 구원자는 모든 것을 보시기 때문에 하나님이라고 불리며, 멀리서 간계를 가지고 그에게 다가오는 자들도 보고 계십니다. 실제로 그는 입맞춤으로 그를 넘겨주는 유다가 오는 것을 알았습니다. 재차 기록되기를 "주께서 자기 백성을 아신다." 요한도 말씀했습니다. "보라 세상 죄를 지고 가는 하나님의 어린양이로다."

B20. CAPREA

Est animal quod graece dicitur dorcon, latine vero caprea. De hac Physiologus dicit quia amat altos montes, pascitur autem in convallibus montium. Est autem satis perspicuum animal et nimis de longe praevidens; ita ut si viderit subito homines in alia regione ambulantes, statim cognoscat an venatores sunt, an viatores.

B20. 노루

그리스어로 '도르콘'(노루)이라 하고 라틴어로 '카프레아'(노루)라고 하는 동물이 있습니다. 이에 대해 피지올로구스가 이르기를 높은 산을 사랑하며, 산골짜기에서 먹고 삽니다. 노루는 매우 통찰력이 있어서 굉장히 멀리서도 볼 수 있습니다. 그래서 다른 지역에서 걷고 있는 사람들을 갑자기 보게되면, 그들이 사냥꾼인지 여행자인지 즉시 압니다.

Sic et dominus noster Iesus Christus amat excelsos montes, hoc est prophetas et apostolos et patriarchas; sicut in Canticis Canticorum dicit: *Ecce fratruelis meus sicut caprea venit, saliens super montes, transiliens super colles*.[200] Et sicut caprea in convallibus pascitur, sic et dominus noster Iesus Christus in ecclesia pascitur, quoniam bona opera christianorum et elemosinae fidelium escae sunt Christi qui dixit: *Esurivi, et dedistis mihi manducare; sitivi, et dedistis mihi potum*[201] *, et reliqua quae sequuntur.*

이와 같이 우리 주 예수 그리스도도 높은 산, 즉 선지자와 사도 그리고 선조들을 사랑합니다. 아가서에서 이렇게 말씀합니다. "보라 내 친척이 노루처럼 산에서 뛰고 언덕을 넘어 노는 구나." 노루가 골짜기에서 먹고 살듯이, 우리 주 예수 그리스도는 교회에서 먹고 사십니다. 그리스도인들의 선행과 신자들의 자선은 그리스도의 양식인 까닭입니다. 그가 말씀하셨습니다. "내가 주릴 때에 너희가 먹을 것을 주었고 목마를 때에 마실 것을 주었다. 이하 생략."

Convallia vero montium, quae sunt per universum mundum, ecclesiae per diversa loca intelliguntur; sicut dicit in Canticis Canticorum: *Convertere fratruelis meus, et similis esto capreae hinnuloque cervorum super montes convallium*[202]. Quoniam

---

200 아 2.8: vox dilecti mei *ecce iste venit saliens in montibus transiliens colles*. 본문은 불가타와 달리 내용상 'sicut caprea'(노루처럼)라는 표현을 추가하고 있으며, Y본과 마찬가지로 그리스어본과 칠십인역의 표현을 반영하여 불가타의 'in montibus'(산에서) 대신에 'super montes'(산에서), 'colles'(언덕을) 대신에 'super colles'(언덕을)라는 표현을 사용하고 있다.

201 마 25.35: *esurivi enim et dedistis mihi manducare sitivi et dedistis mihi bibere* hospes eram et collexistis me. 본문에서는 불가타의 'bibere'(마시게) 대신에 'potum'(마실 것을)라는 용어를 사용하고 있다.

202 아 2.9: *similis est dilectus meus capreae hinuloque cervorum* en ipse stat post

autem acutissimam habet aciem oculorum caprea, et procul omnia prospicit et a longe cognoscit, significat salvatorem nostrum, dicente scriptura quoniam: *Deus scientiarum dominus est*[203]. Et in psalmo CXXXVII quoniam: *Excelsus dominus et humilia respicit, et alta a longe cognoscit*[204]. Et omnia quae sunt divina maiestate creavit et condidit et regit et videt et prospicit, et antequam in cordibus nostris cogitatu aliquid oriatur, deus illico longe ante praevidet et cognoscit.

온 세상에 있는 산골짜기는 다양한 곳에 있는 교회들로 이해됩니다. 아가서에서 이렇게 말씀합니다. "내 사촌아 돌아서서 산골짜기에 있는 노루와도 같고 어린 사슴과도 같이 되어라." 한편, 노루가 매우 예리한 시력을 가지고, 먼 곳에서 모든 것을 내다볼 뿐만 아니라 멀리서 알아본다는 것은 우리의 구원자를 뜻합니다. 성경에서 이르기를 "하나님은 지식의 주"라고 하신 까닭입니다. 또한 시편 137편에서도 "높이 계시는 주께서 낮은 자를 굽어 살피시고 멀리서도 교만한 자를 아시나이다."라고 하신 까닭입니다. 만물을 신적 장엄함으로 창조하셨고 설정하시고 다스리시고 살피시고 굽어보십니다. 또한 우리 마음에 계획이 드러나고 이루어져 어떤 일이 일어나기 전에 하나님은 즉시 멀리서 앞서 미리 보시고 아십니다.

Denique sicut et caprea a longe cognoscit venantium dolos, ita et

---

parietem nostrum despiciens per fenestras prospiciens per cancellos.

203 삼상 2.3: nolite multiplicare loqui sublimia gloriantes recedant vetera de ore vestro quoniam **Deus scientiarum Dominus** est et ipsi praeparantur cogitationes.

204 시 138.6(VUL 137.6): quoniam **excelsus Dominus et humilia respicit et alta a longe cognoscit.**

dominus noster Iesus Christus praevidet et praescivit dolus diaboli et insidias proditoris sui Iudae; et dixit enim Iudae: *Osculo filium tradis hominis*[205].

Bene ergo de dorcon exposuit Physiologus.

마지막으로 노루가 멀리서 사냥꾼들의 간계를 알듯이 그렇게 우리 주 예수 그리스도도 마귀의 간계와 자신을 배신한 유다의 음모를 미리 보시고 미리 아셨습니다. 그래서 유다에게 말씀하셨습니다. "입맞춤으로 인자를 넘기느냐."

이와 같이 피지올로구스는 노루에 관하여 잘 설명해 주었습니다.

---

205 눅 22.48: Iesus autem dixit ei Iuda *osculo Filium hominis tradis*.

22. 마노석

[Gr44] Y22 C29-1

Y22. ACHATIS LAPIS

EST lapis qui vocatur achates[206]: artifices autem margaritas
inquirentes per hunc lapidem achaten inveniunt; alligant autem
achaten lapidem funiculo firmissimo urinatores, et summittunt
in mare; et veniens achates lapis usque ad margaritam, stat et
non movetur; statim urinatores assequentes funiculum inveniunt
margaritam.

Y22. 마노석

마노라고 불리는 돌이 있습니다. 진주를 찾는 기술자들은 이 마노석을 통해
진주를 발견합니다. 잠수부들은 매우 튼튼한 밧줄로 마노석을 묶고 바다로
던집니다. 마노석이 진주에 있는 곳까지 다다르면 멈춰서고 움직이지 않습
니다. 잠수부들은 즉시 밧줄을 따라가 진주를 발견합니다.

---

206 그리스어본의 'ἀχάτης'(아카테스)의 음역이다.

C29-1. DE LAPIDE ACATO

Quando artifices quaerunt margaritam per acatum inveniunt eam. In grossiorem resticulam dimittunt eum in mare. Venit ergo acathes super margaretam et non movetur. Statim ergo urinatores secuntur restem et inveniunt margaretam.

C29-1. 마노석에 대하여

기술자들이 진주를 찾을 때, 그들은 마노석을 통해 진주를 발견합니다. 그들은 마노석을 두꺼운 밧줄에 [묶어] 바다에 던집니다. 마노석이 진주에 다다르면 움직이지 않습니다. 그러면 즉시 잠수부들이 밧줄을 따라가서 진주를 발견합니다.

23. 진주

[Gr44] Y23 C29-2

Y23. SOSTOROS[207] LAPIS ET MARGARITA

Quomodo autem nascitur margarita pronuntiabo: est lapis in mari qui vocatur sostoros; et venit a mari matutino ante lucanum; et aperit conchas (id est os suum), et degluttit celestem rorem, et radium solis et lune et que sursum sunt siderum; et sic nascitur margarita de superioribus astris.

Sic autem hic nunc achates lapis, ut Iohannes ipse enim ostendit nobis, intelligibilem margaritam Ihesum Christum dominum nostrum, dicens: *Ecce agnus dei, ecce qui aufert peccata mundi*[208].

Mare autem de saeculo dixit, urinatores autem, qui sursum ferunt margaritam chorum sanctorum doctorum; peccatores autem deorsum ferunt eam, propter suam malitiam, quantum adversus ipsos est; medio autem conche vel duarum alarum (hoc est invenitur

---

207 그리스어본에서 굴을 의미하는 'στρεο'(오스트레오스)의 음역의 오류로 보인다: "ἔστι κόγχος ἐν τῇ θαλάσσῃ, λεγόμενος **ὄστρεος**"(바다에는 굴이라고 불리는 조개가 있는데).

208 요 1.29: altera die videt Iohannes Iesum venientem ad se et ait *ecce agnus Dei qui tollit peccatum mundi.* 본문은 불가타의 'tollit'(지고가는) 대신에 'aufert'(지고가는)라는 단어를 사용하고 있다.

intelligibiliter), et dominus meus salvator (hoc est in medio veteris novi que testamenti) a superioribus habens escam.

Y23. 소스토로스석과 진주

진주(珍珠)가 어떻게 태어나는지 이야기하겠습니다. 바다에는 소스토로스라고 불리는 돌이 있습니다. 소스토로스는 동트기 전 이른 아침에 바다에서 올라옵니다. 그리고는 콩코스[209](즉 자신의 입)를 열어 하늘의 이슬과 해와 달, 위에 있는 별들의 빛을 삼킵니다. 이처럼 진주는 저 위에 있는 천체로부터 태어납니다.

한편, 마노석이 그러하듯, 요한 자신도 가지적(可知的)인 진주이신 우리 주 예수 그리스도를 우리에게 보여주시며 말씀하십니다. "보라, 세상 죄를 지고 가는 하나님의 어린 양이로다." 이 말은 세상은 바다이며, 진주를 위로 가져오는 잠수부들은 거룩한 교사들의 무리라는 것입니다. 하지만 죄인들은 자신의 악함으로 인해 진주를 아래로 가져갑니다. 거룩한 교사들의 행동과는 정반대입니다. 콩코스 혹은 두 껍질 한 가운데서(즉 구약과 신약의 한 가운데서) 더 높은 곳으로부터의 양식을 드시는 우리의 구원자가 계십니다. (즉 가지적(可知的)으로 드러납니다.)

Dixit autem dominus meus quia: *Regnum meum non est de hoc mundo*[210], sed a sempiterno patre et sanctarum eius virtutum.

Bene ergo Phisiologus dixit de achate et margarita.

---

209 '콩코스'(Conchos)는 그리스어본에서 조개를 의미하는 'κγχο'(콩코스)의 음역이다: "ἔστι **κόγχος** ἐν τῇ θαλάσσῃ, λεγόμενος ὄστρεος"(바다에는 굴이라고 불리는 조개가 있는데).

210 요 18.36: respondit Iesus **regnum meum non est de mundo** hoc si ex hoc mundo esset regnum meum ministri mei decertarent ut non traderer Iudaeis nunc autem meum regnum non est hinc.

한편 우리 주님은 말씀하셨습니다. "내 나라는 이 세상에 속한 것이 아니라." 오직 영원하신 아버지와 그의 거룩하신 권능으로 말미암은 것입니다. 이와 같이 피지올로구스는 마노석과 진주에 관하여 지혜롭게 설명해 주었습니다.

C29-2. DE LAPIDE ACATO

Conchos vocatur pisces qui in mari est aperit os suum et suscipiet auram et radios solis simul et lunae, et sic concipiet margaretam. Acates ergo qui invenit margaretam, accipitur Iohannes ostendit preciosam margaretam Dominum Ihesum Xpistum de quo dixit. *Ecce agnus Dei. ecce qui tollit peccata mundi*[211]. Haec est vera margareta. Quem tu homo si volueris habere *vende bona tua et da pauperibus* et invenies eam.

C29-2. 마노석에 대하여

콩코스[212]라는 물고기는 바다에 입을 벌리고 바람과 해와 달의 빛을 받습니다. 그리고는 진주를 잉태할 것입니다. 그러므로 진주를 발견한 마노석, 이를 받아들인 요한은 자신이 말한 귀중한 진주를 주 예수 그리스도에게 보여 주었습니다. "보라 어린 양이로다. 보라 세상 죄를 지고 가는 자로다." 이것은 참진주입니다. 당신이 이 진주를 갖고 싶다면, 당신의 물건을 팔아 가난한 사람들에게 나누어 주십시오. 그러면 얻게 될 것입니다.

---

211 요 1.29: altera die videt Iohannes Iesum venientem ad se et ait ***ecce agnus Dei qui tollit peccatum mundi.***

212 '콩코스'(Conchos)는 그리스어본에서 '조개'를 의미하는 'κόγχος'(콩코스)의 음역이다.

24. 금강석 1

[Gr 42] Y24

Y24. ADAMANTINUS LAPIS

Est altera natura adamantini lapidis: neque ferrum timet, nec odorem fumi recipit; si autem inventus fuerit in domo, neque demonium ibi appropiat, neque aliquid mali; in domibus regum invenitur. Qui autem tenuerit eum, vincit omnem hominem et bestiam. Lapis adamantinus est dominus meus: si habueris eum, nihil tibi mali occurrit.

Y24. 금강석

금강석의 다른 특성이 있습니다. 철을 두려워하지도 않고 연기의 냄새를 받아들이지도 않습니다. (금강석이) 집에 있으면 귀신도 다른 어떤 악도 접근하지 않게 될 것입니다. 금강석은 왕궁에 있습니다. 누구든지 금강석을 지니면 모든 사람과 짐승을 이깁니다. 금강석은 우리 주님입니다. 그분을 가지면 어떤 악도 당신에게 다가가지 않습니다.

25. 들나귀와 원숭이

[Gr45] Y25 B21

Y25. ONAGER ET SIMIUS

EST alia natura onagri (dixit sapiens) quoniam in regalibus domibus invenitur: in quinta et vigesima Famenoth mensis cognoscunt ab onagro quoniam equitas dierum fit: si autem clamaverit duodecies, cognoscit rex et palatium quoniam equitas diei fiet (ysemaria dixit grece). Et simius, si septies mingat, ysemeria fit.

Onager est diabulus, quoniam nox (hoc est populus ex gentibus) aequalis factus est diei: credentium prophetarum, clamavit onager (diabulus). Et simius, hoc ipsam diabuli personam accepit: habuit autem initium, finem autem non habet (hoc est caudam); in principio autem fuit unus ex archangelis, finis autem eius nec invenitur. Beneque simius, non habens caudam, sine specie enim est; et turpe infimio, non habentem caudam; sicut et diabulus, non habet finem bonum.

Bene ergo Phisiologus dixit.

Y25. 들나귀와 원숭이

(지혜자가 이르기를) 들나귀의 다른 특성은 왕궁에 있다는 것입니다. 파메노트[213] 월 25일에 (사람들은) 들나귀로부터 주야 평분시(춘분)이 되는 것을 압니다. 들나귀가 크게 12번 울면 왕과 왕궁은 춘분(그리스어로는 '이세마리아'[214]라고 합니다)이 되었음을 압니다. 또한 원숭이가 7번 오줌을 싸면 이세마리아가 됩니다.

들나귀는 마귀입니다. 밤(이것은 이방 민족입니다.)이 낮, 즉, 선지자들의 믿음과 같아졌기 때문에 들나귀(마귀)가 울부짖었습니다. 원숭이는 마귀의 모습을 하고 있습니다. (마귀는) 시작은 가졌지만 끝(이것은 꼬리입니다)은 갖고 있지 않습니다. 태초에는 대천사들 중 하나였지만, 이 자의 끝은 밝혀지지 않습니다. 꼬리를 갖고 있지 않은 원숭이는 참으로 볼품이 없습니다. 꼬리가 없다는 점에서 후면이 추하기에 원숭이는 마귀도 그러하듯 좋은 끝을 갖고 있지 않습니다.

이와 같이 피지올로구스는 잘 설명해 주었습니다.

B21. ONAGER ET SIMIA

Est aliud animal quod dicitur onager. Physiologus dicit de onagro quia vicesimo quinto die mensis famenoth, qui est martius, duodecies in nocte rugit, similiter et in die; et ex hoc cognoscitur

---

213 그리스어본의 'Φαμενὼθ'(파메노트)의 음역이며, 이집트 달력의 7번째 달을 의미한다: "καὶ ἐν τῇ πέμπτῃ καὶ εἰκάδι τοῦ **Φαμενὼθ** μηνὸς γινώσκουσιν ἀπὸ τοῦ ὀνάγρου ὅτι ἰσημερία γίνεται"(사람들은 파메노트 월의 25일에 들나귀로부터 춘분이 되었음을 안다고 합니다.).

214 그리스어본에서 '춘분'을 의미하는 'ἰσημερία'(이세메리아)의 음역이다: "καὶ ἐν τῇ πέμπτῃ καὶ εἰκάδι τοῦ Φαμενὼθ μηνὸς γινώσκουσιν ἀπὸ τοῦ ὀνάγρου ὅτι **ἰσημερία** γίνεται"(사람들은 파메노트 월의 25일에 들나귀로부터 춘분이 되었음을 안다고 합니다.).

quia aequinoctium est diei vel noctis, et numerum horarum a rugitus onagri per singulas cognoscunt horas, semel rugientis.

B21. 들나귀와 원숭이

들나귀라고 하는 동물이 있습니다. 피지올로구스는 들나귀에 대해 이르기를 파메노트[215] 월, 즉 3월의 스물다섯 번째 날 밤에 12번, 낮에도 똑같이 운다고 합니다. 이것은 주야 평분시를 알려줍니다. 그리고 사람들은 매시간 한 번씩 우는 들나귀의 울음으로 시각을 압니다.

Onager igitur figuram habet diaboli, quia cum scierit noctes et dies coaequare (hoc est cum viderit diabolus populum qui ambulat in tenebris et umbra mortis modo converti ad dominum vivum, et coaequari fidei patriarcharum et prophetarum sicut coaequatur nox cum die) idcirco rugit die noctuque per singulas horas, quaerens escam suam quam perdidit. Neque enim rugit onager nisi quando sibi escam quaerit sicut dicit Hiob: *Numquid sine causa clamavit onager agrestis, nisi pabulum desiderans*[216]. Similiter et apostolus Petrus de diabolo dicit: *adversarius noster circuit tamquam leo rugiens, quaerens quem devoret*[217].

---

215 그리스어본의 'Φαμενὼθ'(파메노트)의 음역이다.

216 욥 6.5: *numquid rugiet onager cum habuerit herbam* aut mugiet bos cum ante praesepe plenum steterit. 이 구절에 상응하는 불가타의 의미는 "numquid rugiet onager cum habuerit herbam"(양식이 있으면 들나귀는 결코 울지 않는다)이다. 본문의 표현은 칠십인역을 반영하고 있다: "τί γάρ μὴ διὰ κενῆς κεκράξεται ὄνος ἄγριος ἀλλ᾽ ἢ τὰ σῖτα ζητῶν"(양식을 원해서가 아니라면 들나귀가 어찌 이유없이 울겠는가).

217 벧전 5.8: sobrii estote vigilate quia *adversarius vester diabolus tamquam leo rugiens circuit quaerens quem devoret.*

당나귀는 마귀의 모습을 갖고 있습니다. 밤과 낮이 같아지는 것을 알면(즉, 죽음의 암흑과 그림자 속에서 걷고 있던 사람들이 이제는 살아계신 주님께로 돌아서고 열조와 선지자의 믿음과 같아진 것을 마귀가 알게 되면) 그로 인해 잃어버린 자신의 먹을 것을 찾으며 밤낮으로 매시간 웁니다. 또한 들나귀는 자신을 위해 먹이를 찾을 때가 아니면 울지 않습니다. 욥은 이렇게 말씀합니다. "양식을 원해서가 아니라면 들나귀가 어찌 이유 없이 울겠는가." 마찬가지로 사도 베드로도 마귀에 대해 말씀합니다. "우리의 대적이 삼킬 자를 찾으며 우는 사자 같이 두루 다니느니라."

Similiter et simia figuram habet diaboli: sicut enim simia caput quidem habet, caudam vero non habet et licet totus turpis sit, tamen posteriora eius satis turpia et horribilia sunt. Sic et diabolus caput quidem habuit, caudam vero non habuit; hoc est, initium habuit cum esset angelus in caelis, sed quia hypocrita et dolosus fuit intrinsecus, perdidit caput; nec caudam habet, id est sicut periit ab initio in caelis, ita et in fine totus peribit, sicut dicit praeco veritatis Paulus: *Quem dominus Iesus interficiet spiritu oris sui*[218].

마찬가지로 원숭이도 마귀의 모습을 갖고 있습니다. 원숭이 역시 머리는 갖고 있지만 꼬리는 갖고 있지 않고, 온통 추하긴 하지만 원숭이의 뒷부분은 상당히 추하고 끔찍하기 때문입니다. 이렇게 마귀도 머리는 갖고 있었지만 꼬리는 갖고 있지 않습니다. 즉 마귀는 처음에는 하늘에서 그가 천사였지만, 본질적으로 위선자요 속이는 자였기 때문에 머리를 잃어버렸습니

---

218 살후 2.8: et tunc revelabitur ille iniquus *quem Dominus Iesus interficiet spiritu oris sui* et destruet inlustratione adventus sui.

다. 꼬리도 갖고 있지 않습니다. 다시 말하자면, 처음에 하늘에서 소멸해 버렸던 것처럼 그렇게 결국 전적으로 소멸할 것입니다. 진리의 선포자 바울은 이렇게 말씀합니다. "주 예수께서 그의 입의 기운으로 그를 죽일 것이니라."

26. 인도석

[Gr46] Y26 C30

Y26. Indicus Lapis

EST lapis qui vocatur sindicus, hanc habens naturam: si homo aliquis ydropicus fuerit, artifices medicorum inquirunt lapidem. Si autem invenerint eum, alligant ydropico horis tribus, et exiet ab eo omnis feditas, conbibens in seipsum lapis; et cum solverint eundem lapidem ydropico, expendunt lapidem cum homine; et modicus lapis adducit corpus hominis in statera, hoc est in pondere. Si autem dimittatur lapis in sole horis tribus, fedissimam aquam quam tulit de corpore ydropici effundit foras, et fit lapis mundus iterum sicut erat.

Y26. 인도석

신디쿠스라고 불리는 돌이 있습니다. 그 돌은 이러한 특성을 갖고 있습니다. 어떤 사람이 수종을 앓게 되면, 의사들은 이 돌을 찾습니다. 그 돌을 찾으면 세 시간 동안 수종병 환자에게 묶어 놓습니다. 그러면, 그에게서 모든 더러운 것이 빠져나오게 되고 돌이 자기 자신 안으로 흡수합니다. 의사들이 그 돌을 수종병 환자에게서 떼어내고 그 사람과 함께 돌의 무게를 답니다.

보통 크기의 돌이 저울, 즉 천칭에 있는 사람의 몸보다 무게가 더 나가게 됩니다. 그 돌이 해 아래 3시간 동안 놓이면, 수종병 걸린 이의 몸에서 빼냈던 매우 더러운 물을 밖으로 내보냅니다. 돌은 이전처럼 다시 깨끗해집니다.

Lapis est dominus noster Ihesus Christus. Quoniam ydropici fuimus, habentes aquas diabuli in corde, descendens ligatus est lapis salvatoris, circa cor nostrum caritas eius; surgens autem a mortuis, omnem intellegibilem infirmitatem anime nostre sustulit: *Et infirmitates nostras ipse baiulavit*[219].

돌은 우리 주 예수 그리스도입니다. 우리는 마음에 마귀의 물을 갖고서 수종을 앓았지만, 구원자의 돌이신 그분이 내려오셔서 묶이셨고, 그분의 사랑이 우리의 마음을 둘러싸셨습니다. 죽은 자들 가운데서 부활하신 이가 우리 영혼의 모든 가지적(可知的)인 연약함을 감당하셨습니다. "그분 자신이 우리 연약한 것을 친히 담당하셨습니다."

C30. DE LAPIDE INDICO

Talem naturam habet iste lapis est hydropicus. Si fuerit artifex medicus quaerit hunc lapidem et ligat eum hydropico horas tres et totas aquas contagionis sorbet hydropici. Deinde solvit lapidem et ponet eum ad solem horas tres. Et omnes humores quos abstulit effundit foras et fiet mundus lapis. Huic lapidi conparatur Dominus

---

219 마 8.17: ut adimpleretur quod dictum est per Esaiam prophetam dicentem *ipse infirmitates nostras accepit et aegrotationes portavit.*

Ihesus Xpistus qui omnem valitudinem peccatorum a nobis ut bonus medicus abstulit et nos adtraxit ad se excludens omnem languorum a nobis.

C30. 인도석에 관하여

이 돌은 이러한 특성을 가지고 있습니다. 수종을 앓는 사람이 있으면, 만약 그가 숙련된 의사라면, 그는 이 돌을 찾아서 세 시간 동안 수종병 환자에게 묶어 놓습니다. 그러면 그 돌은 수종을 앓는 자의 전염된 물을 모두 흡수합니다. 그런 다음 그는 돌을 풀어서 세 시간 동안 햇빛에 둡니다. 그리고 그 돌은 물을 모두 쏟아 버리고 깨끗한 돌이 될 것입니다. 주 예수 그리스도는 이 돌에 비유됩니다. 우리의 모든 질병을 제거하는 훌륭한 의사처럼, 그분은 우리에게서 죄의 모든 병을 제거하시고 우리를 당신에게로 이끄십니다.

27. 왜가리

[Gr47] Y27 B22

Y27. Herodius[220] Id Est Fulica[221]

EST volatile qui vocatur herodius, de quo memoratus est David, dicens: *Herodion domus dux est eorum*[222] (hoc est fulice, in psalmo CIII). Est autem hoc animal satis prudens pre omnibus volatilibus ; non multos cubiles querens, sed ubi moratur, ibi et pascit, et revertitur ibi et dormit ; neque morticina manducat, neque volat in multis locis : cubile eius et esca in uno loco sunt.

O et tu, homo polivomene[223], una tibi sit nutrix et sempiterna ecclesia catholica, ut spiritalis esca et celestis panis digestibilis fiat in te : noli querere multa loca aliene glorie (hoc est hereticorum).

---

220 그리스어본에서 '왜가리'를 의미하는 그리스어 'ἐρωδιός'(에로디오스)의 음역이다.

221 라틴어 'fulica'는 문자적으로는 '검둥오리'로 번역되지만, 왜가리를 의미하는 그리스어 단어의 라틴어 상대어로 사용되고 있다. 따라서 '풀리카'라고 음역하였다.

222 시 104.17(VUL 103.17): illic passeres nidificabunt *erodii domus dux est eorum.* '저들'은 '참새들'(passeres)을 의미한다.

223 그리스어본에서 '자유로운 삶을 영위하는 자여'를 의미하는 'πολιτευόμενε'(폴리튜오메네)의 음역이다: "Καὶ σὺ οὖν, ἄνθρωπε **πολιτευόμενε**, μὴ ζήτει πολλοὺς τόπους τῶν αἱρετικῶν"(그러므로 자유인들이여, 그대도 이단자들의 여러 곳을 찾지 마십시오).

Y27. 왜가리 즉 풀리카

왜가리라고 불리는 새가 있습니다. 다윗은 이 새를 회상하며 이렇게 말했습니다. "왜가리[224]의 둥지가 저들의 것보다 높은 곳에 있도다."(즉 시편 103편의 풀리카). 이 동물은 모든 새들보다 매우 영리합니다. 많은 둥지를 찾아다니지 않고 오로지 그가 머무르는 곳, 거기에서 먹고, 거기로 돌아가 잠을 잡니다. 사체를 먹지 않고 많은 곳을 비행하지도 않습니다. 이 새의 둥지와 먹이는 한 곳에 있습니다.

오, 자유로운 삶을 영위하는 자여, 당신도, 영원한 가톨릭교회가 참으로 당신에게 유일한 유모가 되게 하십시오. 영적인 양식과 하늘의 빵이 당신 안에서 잘 소화되도록 하기 위함입니다. 이방 영광(즉 이단들)의 많은 장소들을 찾아다니지 마십시오.

B22. FULICA

Est volatile quod dicitur fulica, satis intelligibile et prudentissimum super omnia volatilia. Cadaveribus non vescitur, non aliunde alibi pervolans atque oberrans, sed in uno loco commoratur et permanet usque in finem, et ibi escam suam habet, et ibi requiescit ; sicut dicit David : *Fulicae domus dux est eorum*[225].

B22. 풀리카

'풀리카'라고 불리는 새는 매우 가지적(可知的)이며 모든 새 중에 가장 영리

---

224 개역개정판에는 '학'이라고 번역되어 있다.

225 시 104.17(VUL 103.17): illic passeres nidificabunt **erodii domus dux est eorum.** 불가타 성경에는 '왜가리'(Herodio)로 기록되어 있다. '저들'은 '참새들'(passeres)을 의미한다.

한 새입니다. 이 새는 이곳저곳으로 날아다니거나 돌아다니지도 않으며 사체를 먹지도 않습니다. 오로지 한 장소에 체류하고 마지막까지 머뭅니다. 풀리카는 그곳에 자신의 먹이를 두고 그곳에 안주합니다. 다윗은 이렇게 말합니다. "풀리카의 둥지가 저들의 것보다 높은 곳에 있도다."

Sic ergo omnis homo fidelis secundum dei voluntatem conservatur et vivit; non huc atque illuc per diversa oberrans circumvolat, sicut faciunt haeretici; nec saecularibus desideriis ac voluptatibus delectatur corporalibus, sicut illae volucres quae carnibus vescuntur; sed semper in uno eodemque loco se ontinent et requiescit, id est in ecclesia catholica et apostolica, et ibi permanet usque in finem; sicut dominus dicit in evangelio: *Qui autem perseveravit usque in finem, hic salvus erit*[226].

그러므로 이렇듯 모든 믿음의 사람은 하나님의 뜻에 따라 보호되고 살아갑니다. 이단들이 그렇게 하듯이 이리저리 사방으로 방황하면서 분주히 뛰어다니지 않습니다. 고기를 먹는 저 새들처럼 세상적인 욕망과 육적인 쾌락을 즐거워하지도 않습니다. 오로지 항상 똑같은 한 장소에서 머무르고 안주합니다. 즉 이 장소는 사도적인 가톨릭교회이며, 그곳에서 마지막까지 머뭅니다. 이것은 복음서에서 주님이 말씀하신 바와 같습니다. "나중까지 견디는 자는 구원을 얻으리라."

Ibi ergo se ontinent, ubi dominus: Inhabitare facit unanimes in

---

226 마 10.22: et eritis odio omnibus propter nomen meum *qui autem perseveraverit in finem hic salvus erit.*

domo; et ibi habet quotidianum panem immortalitatis, potum vero pretiosum sanguinem Christi; reficiens se sanctis epulis et, super mel et favum, suavissimis eloquiis domini: *Non enim in solo pane vivit homo, sed in omni verbo dei*[227].

그러므로 그는 주님이 계신 곳에 자신도 머무르려고 합니다. 그분은 그 거처에서 사람들이 한 마음으로 거주하게 하십니다. 그리고 그곳에서 그는 영원한 일용할 양식과 음료, 즉 그리스도의 소중한 피를 소유하게 됩니다. 그는 꿀과 꿀벌집 외에 거룩한 음식과 그리스도의 매우 감미로운 말씀으로 자신을 소생시킵니다. "사람이 떡으로만 살것이 아니요 하나님의 모든 말씀으로 살 것이라."

---

227 마 4.4: qui respondens dixit scriptum est **non in pane solo vivet homo sed in omni verbo quod procedit de ore Dei.**

28. 돌무화과나무

[Gr48] Y28

Y28. PSYCOMORA

AMOS dixit: *Non sum propheta neque filius prophete, sed pastor caprarius vellicans sycamina*[228]: pastor caprarum, et hyrcos pascit. Bene Amos personam accepit Christi salvatoris.

Y28. 돌무화과나무

아모스는 말했습니다. "나는 선지자가 아니며 선지자의 아들도 아니요, 염소의 목자요 돌무화과나무[229] 열매를 긁어내는 자라." 염소의 목자는 염소를 먹입니다. 아모스는 훌륭하게도 구원자 예수님의 인격을 가졌습니다.

Quod autem dicitur sicamina vellicans: intellegibile est verbum et spiritale est; Zacheus autem ascendit in sycomora. Quod autem dixit psycamina vellicans, vel et cavans sanctis: quoniam priusquam

---

228 암 7.14: et respondit Amos et dixit ad Amasiam **non sum propheta et non sum filius prophetae sed armentarius ego sum vellicans sycomoros.** 본문은 불가타의 'armentarius'(배양하는 자) 대신에 'pastor caprarius'(염소의 목자)라는 표현을 사용하고 있다.

229 개역개정판에는 '뽕나무'라고 번역되어 있다.

scavatus sycaminas. Sunt intra ipsum conopes, hoc est intra eum in tenebris habitantes, lumen non videntes, in seipsos dicentes: *In magna regione habitamus*, in tenebris autem sunt sedentes.

'돌무화과나무 열매를 긁어내는 자'라고 말씀한 것은 가지적(可知的)이며 영적인 표현입니다. 삭개오가 그 돌무화과나무에 올라갔습니다. 그가 '돌무화과나무 열매를 긁어내는 자' 혹은 '거룩한 이들을 위해 도려내는 자'라고 말했던 것은 돌무화과나무 열매를 움푹 파내기 전에는 그 안에 벌레들이 있기 때문입니다. 즉 벌레들은 그 안에, 그 암흑 속에 살면서 빛을 보지 못하고 그들 스스로 이렇게 말합니다. "우리는 큰 곳에 살고 있구나." 하지만 그들은 암흑 가운데 앉아 있는 것입니다.

Cum autem aperietur sycaminus ferro, et exierint inde, vident lucorem solis fulgentis, et lune et siderum, et dicent: Nos in tenebris fuimus sedentes in umbra de his et Esaias dicens: *Ut educat de vinculis vinctos, et de domo carceris habitantes in tenebris*[230], vellicans primo die, tertio autem die parabitur fructus maturus, et esca fiet hominum.

한편 칼에 돌무화과나무 열매가 쪼개져 그들이 거기에서 나오면 그들은 반

---

230 사 42.7: ut aperires oculos caecorum et **educeres de conclusione vinctum de domo carceris sedentes in tenebris.** 본문은 불가타의 'de conclusione vinctum'(갇힌 자를 가둠에서) 대신에 'de vinculis vinctos'(갇힌 자들을 옥에서), 'sedentes'(앉아 있는) 대신에 'habitantes'(사는)이라는 표현을 사용하고 있다. 이 중에서 'de vinculis vinctos' 라는 구문은 전치사+복수 명사+복수 명사로 구성되어 있으며, 이러한 구성은 칠십인역에서 전치사+복수 명사+복수 명사로 구성되어 있는 'ἐκ δεσμῶν δεδεμένους'(갇힌 자들을 옥에서)라는 구문을 반영하고 있는 것이다: "**ἐκ δεσμῶν δεδεμένους** καὶ ἐξ οἴκου φυλακῆς καθημένους ἐν σκότει".

짝이는 해와 달과 별들의 빛을 봅니다. 그리고 말할 겁니다. "우리는 어둠 속에 앉아 암흑 가운데 있었구나." 이들에 관해 이사야가 말씀합니다. "갇힌 자들을 옥에서 이끌어 내며 암흑 가운데 사는 자들을 감옥에서 이끌어 내기 위함이라." 첫째 날에 긁어내지고, 셋째 날에 무르익은 과실이 준비될 것이고 사람들의 양식이 될 것입니다.

Compuncta est costa salvatoris mei, hoc est aperta est in lancea et ferro; et exiit sanguis et aqua. Tertia autem die surgens a mortuis, vidimus intellegibilia luminaria et spiritalia: sicut et scyniphas (hoc est culices), aperientes psycamina, viderunt luminaria inmortalia. Hedi personam accipiunt penitendum: etenim capilli eorum in sacco vertuntur, et: In cinerem penitentiam agunt in eis. *Populus qui sedebat in tenebris lumen vidit magnum, et qui erant in umbra mortis lux orta est eis*[231]. Adaperto autem psycamino, tertio autem die esca fiet: percussus autem dominus noster, et tertia die resurgens ex mortuis, esca et vita omnium nostrorum factus est.

우리 구원자의 옆구리가 찔리셨습니다. 즉 칼과 창으로 찢기셨고 물과 피를 쏟으셨습니다. 사흘 만에 죽은 자들 가운데서 부활하신 후 우리는 가지적(可知的)이며 영적인 빛을 보았습니다. 이처럼 각다귀들도(즉 벌레들도) 돌무화과나무 열매가 갈라지면 영원한 빛을 보게 됩니다. 염소들은 회개하게 될 사람을 의미합니다. 그들의 털은 털옷으로 바뀌기 바뀌고, 사람들은 털옷을 입고 재 속에서 회개하기 때문입니다. "흑암에 앉은 백성이 큰 빛을 보

---

231 마 4.16: *populus qui sedebat in tenebris lucem vidit magnam* et sedentibus in regione et *umbra mortis lux orta est eis.*

앉고, 사망의 그늘에 앉은 자들에게 빛이 비취었도다." 돌무화과나무 열매
가 쪼개지면, 셋째 날에 음식이 됩니다. 찔리신 우리 주님은 셋째 날에 죽
은 자들 가운데서 부활하시어, 우리 모두의 음식과 생명이 되셨습니다.

29. 표범

[Gr16] Y29 B23 C18

Y29. PANTHER

PROPHETA dicit: *Factus sum sicut leo domui Iuda, et sicut panthera domui Effraim*[232]. Panther hanc naturam habet: omnium animalium amicus est, inimicus autem draconi; omnimodo varius est sicut tunica Ioseph, et speciosus. Etenim dixit David in XLIIII psalmo: *Adstitit regina a dextris tuis in vestimento deaurato operta varietate*[233]. Panther quietum animal est, et mitissimum nimis. Si autem manducaverit, et satiatus fuerit, ilico dormit in fovea, et tertio die surgit a somno (sic et salvator noster). Panther autem, si surrexerit de somno tertio die, exclamat voce magna, et de voce eius omnis odor bonus aromatum; et qui longe sunt et qui prope,

---

232 호 5.14: *quoniam ego quasi leaena Ephraim et quasi catulus leonis domui Iuda* ego ego capiam et vadam tollam et non est qui eruat. 본문은 불가타의 'leaena'(암사자) 대신에 'panthera'(표범)이라는 단어를 사용하고 있다. 이는 칠십인역을 반영한 것이다: "διότι ἐγώ εἰμι ὡς **πανθὴρ** τῷ Εφραιμ καὶ ὡς λέων τῷ οἴκῳ Ιουδα"(내가 에브라임에게는 표범 같고 유다 족속에게는 사자 같으니).

233 시 45.9(VUL 44.10): filiae regum in honore tuo **adstetit regina a dextris tuis in vestitu deaurato circumdata varietate**. 본문은 불가타의 'vestitu'(옷) 대신에 'vestimento'(옷), 'operta'(둘러싼) 대신에 'circumdata'(둘러싼)이라는 표현을 사용하고 있다.

audientes eius vocem, assequuntur bonum odorem vocis eius.

Y29. 표범

선지자가 말합니다. "내가 유다 족속에게는 사자와 같고 에브라임 족속에게는 표범[234]과 같이 되었으니." 표범에겐 이러한 특성이 있습니다. 모든 동물에게 우호적이지만, 용에게는 적대적입니다. 표범은 요셉의 색동옷처럼 온통 알록달록하고 멋집니다. 다윗은 시편 44편에서 말했습니다. "다양한 색상으로 장식된 금으로 둘러싼 옷으로 치장하고서 여왕이 그대의 우편에 서리라." 표범은 조용하고 매우 온순합니다. 먹고 배가 부르면 굴에서 잠을 자고 3일 만에 (우리 구원자도 그러했듯) 잠에서 일어납니다. 표범이 3일 만에 잠에서 일어나면 큰 소리로 울부짖는데, 표범의 소리에서 향료의 온갖 좋은 향기가 납니다. 먼 데 있는 이들도 가까운 데 있는 이들도 표범의 소리를 들으면 그 소리에서 나는 좋은 향기를 따라갑니다.

Dominus noster et salvator surgens a mortuis omnibus bonus odor factus est nobis, his qui longe et qui prope, pax; sicut apostolus Paulus dixit: *Multifarie sapientie dei*[235]*, hoc est virginitas, abstinentia, misericordia, fides, caritas, unianimitas, pax, gaudium, longanimitas.*[236] Omni amore varia est celestis sapientia dei Christi; bene de panthere dictum est, quoniam inimicus est draconi in aqua. Nihil ergo sine intentione intellectus de volatilibus et animalibus

---

234 개역개정판에는 '사자'라고 번역되어 있다.

235 엡 3.10: ut innotescat principibus et potestatibus in caelestibus per ecclesiam **multiformis sapientia Dei.**

236 갈 5.22: ructus autem Spiritus est **caritas gaudium pax longanimitas** bonitas benignitas.

divine scripturae dixerunt; quoniam ait apostulus de satanan: *Non enim eius versutias ignoramus*[237], ambulat omni via non bona.

모든 죽은 자들 가운데서 일어나신 우리 주, 구원자도 우리를 위해 좋은 향기가 되셨고, 먼 데 있는 자들과 또한 가까운 데 있는 자들을 위해 화평이 되셨습니다. 사도 바울도 이렇게 말씀했습니다. "하나님의 각종 지혜는 이것이니 순결, 절제, 자비, 충성, 사랑, 화합, 화평, 기쁨, 오래 참음입니다." 하나님이신 그리스도의 하늘의 지혜는 온갖 사랑으로 다채롭습니다. 표범이 물에 있는 용에게 적대적인 이유가 잘 설명되었습니다. 성경은 이해시키고자 하는 뜻이 없이는 새와 동물에 관해 어떤 것도 이야기하지 않았습니다. 사도도 사탄에 관하여 이렇게 이야기합니다. "우리가 그 궤계를 알지 못하는 바 아니니," 그는 좋지 않은 모든 길로 다닙니다.

B23. PANTHERA

Est animal quod dicitur panthera, varium quidem colore, sed speciosum valde, nimis mansuetum. Physiologus dicit de eo, quoniam inimicum solum draconem habet. Cum ergo comederit et satiaverit se diversis venationibus, recondit se in speluncam suam, ponit se, et dormit; post triduum exsurgit a somno, et statim emittit rugitum magnum; simul autem cum rugitus exit de ore eius odor suavitatis, ita ut superet omnia aromata. Cum ergo audierint vocem eius omnes bestiae quae prope sunt et quae longe, congregant se

---

237 고후 2.11: ut non circumveniamur a Satana **non enim ignoramus cogitationes eius.** 본문은 불가타의 'cogitationes'(생각) 대신에 'versutias'(궤계)라는 단어를 사용하고 있다.

omnes et sequuntur suavitatis odorem qui exit de ore eius; solus autem draco, cum audierit vocem eius, timore contrahitur, et fulcit se in terraneis cavernis terrae, ibique non ferens vim suavitatis odoris: in semetipsum contractus obtorpescit, et remanet ibi immobilis atque inanis tamquam mortuus; caetera vero animalia sequuntur pantheram quocumque vadit.

B23. 표범

표범이라고 하는 동물은 알록달록할 뿐만 아니라 매우 멋지고 굉장히 온순한 동물입니다. 피지올로구스는 표범에 대해 말하기를 오로지 용을 적으로 삼는다고 합니다. 각종 사냥물을 실컷 먹으면 자신의 굴에 숨어 엎드려 잡니다. 3일 후에 잠에서 일어나고, 곧 큰 소리로 울부짖습니다. 그의 입에서 나오는 감미로운 향기는 모든 향료를 능가합니다. 가까운 데 그리고 먼 데 있는 모든 짐승이 표범의 소리를 들으면 모두 모여 그의 입에서 나오는 감미로운 향을 따라갑니다. 하지만 유일하게 용이 그의 소리를 들으면, 두려움에 사로잡힙니다. 감미로운 향의 힘이 닿지 않는 동굴에서 버팁니다. 스스로 긴장해 무감각해지고 거기서 마치 죽은 자처럼 꼼짝하지 않고 덧없이 머뭅니다. 반면 다른 동물들은 표범이 어디를 가든 따라갑니다.

Sic et dominus noster Iesus Christus, verus panther, omne humanum genus (quod a diabolo captum fuerat et morti tenebatur obnoxium) per incarnationem ad se trahens: *Captivam duxit captivitatem*[238], sicut dicit David propheta: *Ascendens in altum*

---

238 엡 4.8: propter quod dicit ascendens in altum **captivam duxit captivitatem** dedit dona hominibus.

coepisti captivitatem, accepisti dona in hominibus.[239] Panthera enim omnia capiens interpretatur: sicut dominus deus noster (ut diximus), videns humanum genus a daemonibus captum et idolis mancipatum atque omnes gentes et populos praedam diaboli effectos, descendens de caelis eripuit nos de potestate diaboli, et sociavit nos bonitati suae; et pietatis paternae filios apportavit, et implevit illud quod propheta ante praedixerat: *Ego (inquit) sicut panthera factus sum Effrem, et sicut leo domui Iudae*[240] idolis serviebat. Ergo tunc vocationem gentium et Iudaeorum significabat.

이처럼, 참된 표범이신 우리 주 예수 그리스도도 모든 인류(마귀에게 잡히고 죽을 죄에 붙들렸던)를 성육신을 통해 자신에게 이끄시며, "사로잡힌 자들을 사로잡으셨습니다." 이는 선지자 다윗이 이렇게 말한 바와 같습니다. "주께서 높은 곳으로 오르시며 사로잡힌 끌고 인간에게서 선물을 받으시니." 사실 표범은 모두를 사로잡는 자를 의미합니다. (말씀드린 바와 같이) 우리 주 하나님과 같습니다. 하나님은 귀신에게 잡히고 우상에게 붙들린 인류와 마귀의 먹잇감이 된 모든 민족과 사람들을 보시고 하늘에서 내려와 우리를 마귀의 권세에서 건져주시고, 우리를 하나님의 선하심과 연합하게 하셨습니다. 조상들에 대해 신실했던 자손들을 데려오셨고 선지자가 예언했던 것을 이루셨습니다. (이르시되) "내가 에브라임에게는 표범과 같이 되었고 유다 족속에게는 사자와 같이 되었으니," 유다는 우상을 숭배했었느니라. 즉 이것은 유

---

239 시 68.18(VUL 67.19): *ascendisti in altum cepisti captivitatem accepisti dona in hominibus* etenim non credentes inhabitare Dominum Deus.

240 호 5.14: *quoniam ego quasi leaena Ephraim et quasi catulus leonis domui Iuda* ego ego capiam et vadam tollam et non est qui eruat. Y본과 마찬가지로, 본문은 불가타의 'leaena'(암사자) 대신에 'panthera'(표범)이라는 단어를 사용하고 있다.

대인과 이방인의 부르심을 뜻했습니다.

Et animal varium est panthera, sicut dictum est per Salomonem de domino Iesu Christo, *qui est dei sapientia, spiritus intelligibilis, sanctus, unicus, multiplex, subtilis, mobilis, certus, incontaminatus, verus, suavis, amans bonum, aptus, qui nihil boni vetat fieri, clemens, firmus, stabilis, securus, omnia potens, omnia prospiciens, omnia faciens, mobilior sapientis, et reliqua.*[241] Quod autem divina sapientia Christus sit, testatur doctor veritatis Paulus dicens: *Nos autem praedicamus Christum crucifixum, Iudaeis quidem scandalum, gentibus vero stultitiam, ipsis autem vocatis Iudaeis atque gentibus Christum dei virtutem et dei sapientiam.*[242] Et quia speciosum animal est panthera dicit David de Christo: *Speciosus*

---

241 지혜서 7.21-24: et quaecumque sunt absconsa et inprovisa didici omnium enim artifex docuit me **sapientia est enim in illa spiritus intellectus sanctus unicus multiplex subtilis mobilis dissertus incoinquinatus certus suavis amans bonum acutus qui nihil vetat benefacere humanus stabilis certus securus omnem habens virtutem omnia prospiciens et qui capiat omnes spiritus intellegibiles mundos subtiles omnibus enim mobilibus mobilior est sapientia** adtingit autem ubique et capit propter suam munditiam. 본문은 불가타를 인용하는 것이 아니라, 칠십인역을 번역하고 있는 것으로 보인다. 본문은 불가타의 'dissertus'(논증되고) 대신에 'certus'(분명하고), 'ncoinquinatus'(더럽혀지지 않고) 대신에 'incontaminatus'(더럽혀지지 않고), 'certus'(분명하며) 대신에 'verus'(참되며), 'acutus'(예리하고) 대신에 'aptus'(알맞고), 'qui nihil vetat benefacere'(선한 일을 하는 것을 금하지 않고) 대신에 'qui nihil boni vetat fieri'(선한 일이 일어나는 것을 금하지 않고), 'humanus'(인간적이고) 대신에 'clemens'(어질고), 'stabilis'(단호하고) 대신에 'firmus'(단호하고), 'certus'(확고하며) 대신에 'stabilis'(흔들리지 않으며), 'omnem habens virtutem'(전능하고) 대신에 'omnia potens'(전능하고), 'qui capiat omnes'(모든 것을 취하며) 대신에 'omnia faciens'(모든 것을 행하며) 등으로 다른 표현들을 사용하고 있다.

242 고전 1.23-24: **nos autem praedicamus Christum crucifixum Iudaeis quidem scandalum gentibus autem stultitiam ipsis autem vocatis Iudaeis atque Graecis Christum Dei virtutem et Dei sapientiam.**

forma prae filiis hominum.[243] Et quia mansuetum animal est nimis Isaias dicit: *Gaude et laetare, filia Sion, praedica filia Hierusalem, quoniam rex tuus venit tibi mansuetus et salvans.*[244]

표범은 알록달록한 동물입니다. 이는 솔로몬이 주 예수 그리스도를 두고 이렇게 말씀하신 바와 같습니다. "그는 하나님의 지혜요 가지적(可知的)인 영입니다. 거룩하고, 유일하고, 다양하며 섬세합니다. 분명하고, 더럽혀지지 않고, 참되며 감미롭습니다. 선을 사랑하고 알맞습니다. 선한 일이 일어나는 것을 금하지 않습니다. 어질고, 단호하고, 흔들리지 않으며 평온합니다. 전능(全能)하고 전지(全知)하며 모든 것을 행하며 지혜보다 민첩합니다. 등등." 진리의 교사 바울은 그리스도가 신적인 지혜라고 증거하며 이렇게 말씀합니다. "우리는 십자가에 못 박힌 그리스도를 전하니 유대인에게는 거리끼는 것이요 이방인에게는 미련한 것이로되 오직 부르심을 받은 자들에게는 유대인이나 이방인이나 그리스도는 하나님의 능력이요 지혜니라." 또한 표범은 아름다운 동물이기에 다윗은 그리스도에 대하여 이렇게 말씀합니다. "당신은 사람의 아들들보다 아름답습니다." 또한 표범은 굉장히 온순한 동물이기에 이사야는 이렇게 말씀합니다. "기뻐하고 즐거워하라. 시온의 딸들아. 전하라. 예루살렘의 딸들아. 이는 온유하시고 구원을 베푸시는 너희의 왕이 너희에게 오시기 때문이다."

---

243 시 45.2(VUL 44.3): ***speciosus forma prae filiis hominum*** diffusa est gratia in labiis tuis propterea benedixit te Deus in aeternum.

244 슥 9.9: ***exulta satis filia Sion iubila filia Hierusalem ecce rex tuus veniet tibi iustus et salvator ipse pauper*** et ascendens super asinum et super pullum filium asinae. 본문은 불가타의 'exulta satis'(크게 기뻐하라) 대신에 'Gaude et laetare'(기뻐하고 즐거워하라), 'iubila'(노래하라) 대신에 'praedica'(전하라), 'ecce'(보라) 대신에 'quoniam'(이는 … 때문이다), 'iustus'(공의로우시고) 대신에 'mansuetus'(온유하시고), 'salvator'(구원을 베푸시는) 대신에 'salvans'(구원을 베푸시는)라는 표현을 사용하고 있다.

Et quia cum manducaverit et satiatus fuerit, statim quiescit et dormit, ita et dominus noster Iesus Christus, postquam satiatus fuit a Iudaeicis illusionibus. id est a flagellis, alapis, iniuriis, contumeliis, spinis, sputis manibus in cruce suspensus, clavis confixus, felle et aceto potatus, insuper et lancea perforatus: his igitur tot et tantis Iudaeicis muneribus satiatus, Christus obdormivit et requievit in sepulchro et descendit in infernum, et religavit illic draconem magnum et inimicum nostrum. Quod autem die tertio exsurgit a somno illud animal et emittit rugitum magnum et flagrat odor suavitatis ex ore eius, sic et dominus noster Iesus Christus tertia die resurgens a mortuis, sicut dicit psalmista: *Excitatus est tamquam dormiens dominus, tamquam potens crapulatus a vino.*[245]

표범은 먹고 배가 과하게 부르면 즉시 잠잠해지고 잠을 잡니다. 우리 주 예수 그리스도 역시 유대인들의 조롱을 과하게 당하신 후에 그러했습니다. 이 조롱은 채찍, 따귀, 모욕, 학대, 가시, 침입니다. 손에 못이 박혀 십자가에 달리시고, 담즙과 식초로 목을 축이셨을 뿐만 아니라 옆구리마저 창에 찔리셨습니다. 이렇게나 대단한 유대인들의 짓거리를 과하게 당하신 후에 무덤에서 잠드시고 쉬셨고 지옥으로 내려가셨을 뿐만 아니라 그곳에서 우리의 적, 거대한 용을 묶으셨습니다. 마침내 표범이 사흘 만에 잠에서 일어나 큰 소리로 울부짖고 감미로운 향이 입에서 강렬하게 피어오르듯, 우리 주 예수 그리스도 역시 사흘 만에 죽은 자 가운데서 다시 일어나십니다. 이는 시편 기자가 이렇게 말씀하신 바와 같습니다. "주께서 자다가 깬 자 같이, 포도

---

245 시 78.65(VUL 77.65): *et excitatus est tamquam dormiens Dominus tamquam potens crapulatus a vino.*

주로 인하여 외치는 용사 같이 일어나사."

Et statim exclamavit voce magna ita ut audiretur in omni terra
exiens sonus eius, in fines orbis terrae verba illius, dicentis:
Gaudete etiam et nolite timere, quoniam ego vici mundum[246]; et
iterum: *Pater sancte, quos dedisti mihi, custodivi; et nemo ex eis
periit nisi filius perditionis;*[247] et iterum: *Vado ad patrem meum
et patrem vestrum, et ad deum meum et ad deum vestrum;*[248] et
iterum: *Veniam ad vos, et non dimittam vos orphanos.*[249] Et in fine
evangelii ait: *Ecce ego vobiscum sum omnibus diebus usque ad
consummationem saeculi.*[250]

그리고 주님이 즉시 큰 소리로 울부짖으시고 이렇게 말씀하신 그 말씀과 소
리는 온 땅과 세상 끝까지 이르러 들렸습니다. "기뻐하고 두려워하지 말라.
내가 세상을 이기었노라." 또, 다시 "거룩하신 아버지시여, 당신께서 나에
게 주신 이들을 내가 지켰고, 멸망의 자식을 제외하고는 어느 누구도 잃지

---

246 요 16.33: haec locutus sum vobis ut in me pacem habeatis in mundo pressuram
habetis sed confidite **ego vici mundum.**

247 요 17.12: cum essem cum eis ego servabam eos in nomine tuo **quos dedisti mihi
custodivi et nemo ex his perivit nisi filius perditionis** ut scriptura impleatur.

248 요 20.17: dicit ei Iesus noli me tangere nondum enim ascendi ad Patrem meum vade
autem ad fratres meos et dic eis **ascendo ad Patrem meum et Patrem vestrum
et Deum meum et Deum vestrum.** 본문은 불가타의 'ascendo'(내가 올라가다) 대신에
'vado'(내가 가다)라는 표현을 사용하고 있다.

249 요 14.18: **non relinquam vos orfanos veniam ad vos.** 본문은 불가타와 달리 전후반 구
절이 바뀌어 있으며, 불가타의 'non relinquam'(내가 버려두지 않을 것이다) 대신에 'non
dimittam'(내가 버려두지 않을 것이다)라는 표현을 사용하고 있다.

250 마 28.20: docentes eos servare omnia quaecumque mandavi vobis et **ecce ego
vobiscum sum omnibus diebus usque ad consummationem saeculi.**

않았습니다." 또, 다시 "내가 내 아버지 곧 너희 아버지, 내 하나님 곧 너희 하나님께로 가노라." 또, 다시 "내가 너희에게로 오리라 너희를 고아와 같이 버려두지 아니할 것이다." 또 복음서의 끝에서 말씀하십니다. "내가 세상 끝날까지 너희와 항상 함께 있으리라."

Et sicut de ore pantherae odor suavitatis egreditur, et omnes qui prope sunt et qui longe (id est Iudaei, qui aliquando sensum bestiarum habebant, qui prope erant per legem; et gentes, qui longe erant sine lege), audientes vocem eius, repleti et recreati suavissimo odore mandatorum eius, sequuntur eum, clamantes cum propheta et dicentes: *Quam dulcia faucibus meis eloquia tua, domine, super mel et favum ori meo.*[251] De his odoribus mandatorum eius dicit David: *Diffusa est gratia in labiis tuis, propterea benedixit te deus in aeternum.*[252] Et Salomon in Canticis Canticorum dicit de eo: *Odor unguentorum tuorum super omnia aromata.*[253] Unguenta enim Christi quae alia esse possunt, nisi mandata eius, quae sunt super omnia aromata.

또한 표범의 입에서 감미로운 향이 나오듯, 가까운 데와 먼 데 있는 모든 자들은(즉, 일찍이 짐승의 생각을 가졌고 율법을 통해 가까운 데 있었던 유대인들과 율법 없이

---

251 시 119.103(VUL 118:103): q*uam dulcia faucibus meis eloquia tua super mel ori meo.* 본문은 불가타에는 없는 'favum'(꿀벌집)라는 단어를 포함하고 있다.

252 시 45.2(VUL 44:3): speciosus forma prae filiis hominum **diffusa est gratia in labiis tuis propterea benedixit te Deus in aeternum.**

253 아 4.10: quam pulchrae sunt mammae tuae soror mea sponsa pulchriora ubera tua vino et **odor unguentorum tuorum super omnia aromata.**

먼 데 있었던 이방인들) 그의 목소리를 들을 때, 매우 감미로운 그의 계명의 향으로 가득 차고 새로워집니다. 그들은 선지자를 따라가며 함께 외치며 말합니다. "주여, 주의 말씀이 내 목에 얼마나 단지요. 내 입에 꿀과 꿀벌집보다 더하나이다." 그의 계명의 향을 두고 다윗은 이렇게 말씀합니다. "당신의 입에 은혜가 넘치니 하나님이 당신에게 영원히 복을 주시도다." 솔로몬도 이에 대해 아가서에서 말씀합니다. "네 기름의 향기는 각양 향품보다 월등하구나." 사실 그리스도의 향유는 온갖 향료보다 월등한 그의 계명 외에 어떤 다른 것이 될 수 있겠습니까?

Sicut enim praesens aromatum species reddit odorem suavitatis, sic et verba domini, quae de ore eius exeunt, laetificant corda hominum, qui eum audiunt et sequuntur. *Unguentum exinanitum nomen tuum, propterea adolescentulae dilexerunt te;*[254] et: *Attraxerunt te post se et in odorem unguentorum tuorum currimus; et paulo post: Introduxit me rex in cubiculum suum.*[255] Oportet nos quam citius sicut adolescentulas, id est renouatas in baptismo animas, post unguenta mandatorum Christi currere, de terrenis ad

---

254 아 1.3(VUL 1.2): fraglantia unguentis optimis **oleum effusum nomen tuum ideo adulescentulae dilexerunt te.** 본문은 불가타의 'oleum effusum'(쏟은 향기름) 대신에 'Unguentum exinanitum'(쏟은 향기름), 'ideo'(그러므로) 대신에 'propterea'(그러므로)라는 표현을 사용하고 있다.

255 아 1.4a(VUL 1.3a): **trahe me post te curremus introduxit me rex in cellaria sua.** 본문은 불가타를 인용하는 것이 아니라, 칠십인역을 번역하고 있는 것으로 보인다. 칠십인역은 다음과 같다: εἵλκυσάν σε ὀπίσω σου εἰς ὀσμὴν μύρων σου δραμοῦμεν εἰσήνεγκέν με ὁ βασιλεὺς εἰς τὸ ταμίειον αὐτοῦ(그들이 당신을 이끌어 들이시니, 우리는 당신을 따라 당신이 지닌 향유의 향으로 달려갑니다). 본문은 불가타의 'trahe me'(나를 이끌라) 대신에 'Attraxerunt te'(그들이 당신을 이끌었다), 'cellaria'(침실) 대신에 'cubiculum'(침실)이라는 표현을 사용하고 있으며, 본문의 'in odorem unguentorum tuorum'(당신이 지닌 향유의 향으로)라는 구분은 불가타에는 없는 내용이다.

caelestia transmigrare, ut nos introducat rex in palatium suum, id est in Hierusalem ciuitatem dei et in montem omnium sanctorum; et cum meruerimus intrare illuc, dicamus: *Gloriosa dicta sunt de te, civitas dei;*[256] *sicut audivimus, ita et vidimus in civitate domini virtutum.*[257]

Bene de panthera Physiologus dicit.

향료 중에 강한 향료는 감미로운 향을 발하듯이 주님의 입에서 나오는 말씀은 그의 말씀을 듣고 따르는 사람들의 마음을 기쁘게 합니다. "네 이름이 쏟은 향기름 같으므로 처녀들이 너를 사랑하는구나." 그리고 "그들이 당신을 이끌어 들이시니, 우리는 당신이 지닌 향유의 향으로 달려갑니다. 곧이어, 왕이 나를 자신의 침실로 인도했습니다." 우리는 어린 처자들 즉, 세례를 통해 새로워진 영혼들처럼 그리스도의 계명의 향유로 빠르게 달려가야 하고 땅에서 하늘로 옮겨가야 합니다. 왕께서 우리를 자신의 궁, 즉 하나님의 성 예루살렘과 모든 성자들의 산으로 인도하시게 하기 위함입니다. 그곳에 들어갈 수 있게 되면, 이렇게 이야기합시다. "하나님의 성이여, 너를 가리켜 영광스럽도다 말하는도다. 우리가 들은 대로 우리가 만군의 주의 성에서 보았나니."

피지올로구스가 표범에 관하여 잘 설명해 주었습니다.

---

256 시 87.3(VUL 86:3): *gloriosa dicta sunt de te civitas Dei* diapsalma.

257 시 48.8(VUL 47:9): *sicut audivimus sic vidimus in civitate Domini virtutum* in civitate Dei nostri Deus fundavit eam in aeternum diapsalma.

C18. DE ANIMALE QUI DICITUR PANTHER

Propheta sic dicit *factus sum sicut panter in domo Effrem*[258]. Physiologus sic testificat de panterio quoniam talis est natura eius ut omnium animalium sit amicus. Inimicus autem est draconis. Varius est enim aspectus illius sicut tonica Ioseph etiam et totus varius est. Taciturnum est animal et mansuetum valde. Si autem manducaverit et sacitus fuerit, dormit in sua spelunca et tercia die exsurgit de somno, et cum surrexerit de loco suo et foris exierit, vociferat voce magna, et de voce eius exiit suavitas aromatum, et qui sunt longe et prope ab eo audientes vocem secuntur ut odore eius repleantur. Ita et Salvator meus Ihesus Xpistus tercia die resurrexit a mortuis. Omnes *qui longe et qui prope sunt* sicut dixit apostolus replevit suavitate fidei. Varius autem in eo quod multipliciter gentes terre adquesierit ipse est torris fortitudinis pacis misericordie et virtus et gloriae. Draconem antiquum diabolum valedissimum ut Dominus persequitur. Nam nihil scripturae sine similitudine nobis dixerunt.

C18. 표범이라 불리는 동물에 대하여

선지자는 이렇게 말합니다. "내가 에브라임 족속에게는 표범과 같이." 생물학자는 표범에 대해 이렇게 증언합니다. 표범의 특성이 이러한데, 곧 모든 동물에게 우호적입니다. 하지만 용에게는 적대적입니다. 그의 외모는 요셉의 색동옷처럼 온통 알록달록합니다. 조용하고 매우 온순한 동물입니다.

---

258 호 5.14: *quoniam ego quasi leaena Ephraim et quasi catulus leonis domui Iuda* ego ego capiam et vadam tollam et non est qui eruat. 본문은 Y본과 B본에서와 같이, 불가타의 'leaena'(암사자) 대신에 'panthera'(표범)라는 단어를 사용하고 있다. 이는 칠십인역을 반영한 것이다.

그러나 먹고 배가 부르면 굴에서 잠을 자고 3일 만에 잠에서 일어납니다. 자리에서 일어나 굴에서 나와서는 큰 소리를 울부짖는데, 그 소리에서 향료의 감미로움이 피어납니다. 멀리서 그의 음성을 듣는 자들은 그의 음성을 따라가는데, 이는 그의 향기로 충만하게 되려고 그러는 것입니다. 이처럼 나의 구원자 예수 그리스도께서도 3일 만에 죽은 자 가운데서 살아나셨습니다. 사도가 말했듯이, 멀리 있는 사람이나 가까운 사람이나 모두 믿음의 감미로움으로 가득 차게 됩니다. 그분은 힘과 평화와 긍휼과 능력과 영광으로 불타오르시어, 여러 방법으로 땅의 족속들을 복속시키셨다는 점에서 다채로우십니다. 주께서 고대의 용인 매우 강력한 마귀에게 그렇게 원수를 갚으셨습니다. 왜냐하면 성경은 비유 없이 우리에게 말씀하지 않으시기 때문입니다.

30. 고래 아스피도켈로네

[Gr17] Y30 B24 C19 C20

Y30. CETUS ID EST ASPIDOCELEON

PHISIOLOGVS autem dixit de ceto quoddam, quod est in mari, nomine aspidoceleon vocatur, magnum nimis, simile insule, et plus quam harena gravis, figuram habens diabuli. Ignorantes autem naute, alligant ad eum naves sicut ad insulam, et anchoras et palos navis configunt in eo; et accendunt super eum ignem ad coquendum sibi aliquid; si autem excaluerit cetus, urinat, descendens in profundum, et demergit omnes naves. Sic et tu, o homo, si suspendas te et aligas teipsum in spe diabuli, demergit te se cum simul in gehennam ignis.

Y30. 고래 아스피도켈레온[259]

피지올로구스는 어떤 고래에 대하여 이르길, 바다에 있고 아스피도켈레온이란 이름으로 불리는 이 고래는 섬처럼 매우 크고 모래보다 무거우며 마귀의 모습을 가졌다고 했습니다. 하지만 무지한 선원들은 섬에 배를 묶어 놓듯 아스피도켈레온에게 묶어 놓고 배의 닻과 말뚝을 그에게 고정시킵니다.

---

259 그리스어본의 'ἀσπιδοχελώνη'(아스피도켈로네)의 음역어이다.

그리고 자신들을 위해 뭔가를 조리하기 위해 아스피도켈레온 위에서 불을 지핍니다. 고래가 열기를 느끼면 잠수해 심연으로 내려가며 배 전체를 가라앉힙니다. 사람이여, 당신도 마귀의 소망에 당신을 매달아 자신을 묶어 놓는다면 고래는 자신과 함께 당신을 일시에 지옥불에 빠뜨립니다.

Aliut naturale habet cetus: si autem esurierit, multum adaperit os suum, et omnis odor bonus per os eius procedit; odorantes autem pusilli pisciculi, secuntur eius odorem, et conponant se in ore magni ceti illius; cum autem impletum fuerit os eius, concludit os suum, et gluttit pusillos omnes illos pisciculos, hoc est modicos in fide. Maiores autem et perfectos pisces non invenimus adpropiare ad cetum: consummati enim sunt perfecti; etenim Paulus apostolus dixit: *Non enim eius versutias ignoramus.*[260]

고래는 다른 특성도 갖고 있습니다. 배가 고프면 자기의 입을 크게 벌립니다. 그러면 온갖 좋은 향기가 그의 입에서 나옵니다. 작은 물고기들은 향을 맡으면서 고래의 향기를 따라갑니다. 작은 물고기들이 스스로 그 고래의 큰 입으로 모여듭니다. 고래의 입이 가득 차면 입을 다물고 작은 물고기들을 모두 삼킵니다. 작은 물고기들은 믿음이 적은 자들입니다. 그러나 크고 완전한 물고기들이 고래에게 가까이 가는 것은 발견되지 않습니다. 완전한 물고기들은 완성된 자들이기 때문입니다. 그래서 사도 바울도 말씀하셨습니다. "우리가 그 궤계를 알지 못하는 바 아니니."

---

260 고후 2.11: ut non circumveniamur a Satana **non enim ignoramus cogitationes eius.** 본문의 인용문은 Y29의 인용문과 동일하며, 불가타의 'cogitationes'(생각) 대신에 'versutias'(궤계)라는 단어를 사용하고 있다.

Iob perfectissimus piscis est, Moises et reliqui alii prophete; Ioseph effugiit cetum magnum, principis cocorum mulierem, sicut in Genesis scriptum est; sicut et Thecla Thamyridum, sicut Susanna duos senes Babylonicos iniquos; Hester et Iudit effugerunt Artaxersen et Olofernem; tres pueri Nabuchodonosor regem, magnum cetum; et Sarra filia Raguelis Nasmodeum (sicut in Tobia). Bene ergo Phisiologus dixit de aspidoceleon ceto magno.

욥은 가장 완전한 물고기입니다. 모세와 나머지 다른 예언자들도 그렇습니다. 요셉은 큰 고래, 즉 요리장의 아내를 피했습니다. 창세기에 그렇게 기록되어 있습니다. 이같이 테클라는 타미리스를, 수산나는 바벨론의 불의한 두 노인을 피했습니다. 에스더와 유딧은 아하수에로와 홀로페르네스를 피했습니다. 세 소년은 큰 고래인 느브갓네살 왕을, 라구엘의 딸 사라는 (토빗기에서와 같이) 아스모데우스를 피했습니다. 피지올로구스는 큰 고래 아스피도켈레온에 관하여 지혜롭게 이야기했습니다.

B24. ASPISCHELONE

Est belua in mare quae dicitur graece aspidochelone, latine autem aspido testudo; cetus ergo est magnus, habens super corium suum tamquam sabulones, sicut iuxta littora maris. Haec in medio pelago elevat dorsum suum super undas maris sursum; ita ut navigantibus nautis non aliud credatur esse quam insula, praecipue cum viderint totum locum illum sicut in omnibus littoribus maris sabulonibus esse repletum.

B24. 아스피스켈로네[261]

그리스어로 '아스피도켈로네'라고 하고 라틴어로 '아스피도 테스투도'[262]라고 하는 고래가 있습니다. 말하자면 이것은 큰 고래입니다. 가죽 위에 모래와 같은 것을 갖고 있어 마치 해변가와 같습니다. 아스피도켈로네는 대양 한가운데서 바다의 파도 위로 자기의 등을 들어올립니다. 그래서 선원들이 항해할 때 이것은 섬 외에 다른 것으로 생각되지 않습니다. 특히, 그 모든 장소가 바다의 모든 해안에서와 같이 모래로 가득한 것을 보게 되면 그렇습니다.

Putantes autem insulam esse, applicant navem suam iuxta eam, et descendentes figunt palos et alligant naves; deinde ut coquant sibi cibos post laborem, faciunt ibi focos super arenam quasi super terram; illa vero belua, cum senserit ardorem ignis, subito mergit se in aquam, et navem secum trahit in profundum maris.

한편 섬이 있다고 생각한 선원들은 자기들의 배를 아스피도켈로네 곁에 상륙시킵니다. 하선한 후 기둥을 박고 배를 붙들어 맵니다. 작업 후엔 음식을 조리하기 위해 마치 땅 위와 같은 모래밭 위에 불을 피웁니다. 하지만 이 괴물이 열기를 느끼면 갑자기 자기 몸을 물속으로 가라앉힙니다. 그리고 자신과 함께 배를 심연으로 끌고 들어갑니다.

Sic patiuntur omnes qui increduli sunt et quicumque ignorant diaboli astutias spem suam ponentes in eum; et operibus eius se

---

261 그리스어본의 'ἀσπιδοχελώνη'(아스피도켈로네)의 음역어이다.
262 각각 '방패'(aspido)와 '거북이'(testudo)라는 의미이다.

obligantes simul merguntur cum illo in gehennam ignis ardentis: ita astutia eius.

믿지 않는 사람들 그리고 자신의 소망을 마귀에게 두며 마귀의 교활함을 모르는 사람은 누구든지 모두 이렇게 수난을 당합니다. 마귀의 일에 자신을 동여맴과 동시에 마귀와 함께 타오르는 불지옥으로 가라앉습니다. 마귀의 교활함이 이와 같습니다.

Secunda eius beluae natura haec est: quando esurit, aperit os suum, et quasi quemdam odorem bene olentem exhalat de ore suo; cuius odorem, mox ut senserint minores pisces, congregant se intra os ipsius; cum autem repletum fuerit os eius diversis piscibus pusillis, subito claudit os suum et transglutit eos.

이 괴물의 두 번째 특성은 이렇습니다. 배가 고프면 자기의 입을 벌립니다. 그리고 좋은 향기를 풍기는 어떤 것을 입에서 내뿜습니다. 작은 물고기들은 이 괴물의 향을 맡자마자 바로 그 괴물의 입으로 모여듭니다. 하지만 괴물의 입이 각종 작은 물고기들로 가득 차면 돌연히 자신의 입을 닫고 물고기들을 삼킵니다.

Sic patiuntur omnes qui sunt modicae fidei, voluptatibus ac lenociniis quasi quibusdam odoribus diabolicis adescati subito absorbentur ab eo sicut pisciculi minuti; maiores enim se continent ab illo et neque appropiant ei. Sic ergo qui Christum semper in sua mente habent, magni sunt apud eum; et si sunt perfecti, agnoscunt multiformes astutias diaboli, et custodiunt se ab eo et magis resistunt: ille vero fugit ab eis. Dubii autem et modicae fidei homines, dum vadunt post voluptates et luxurias diaboli, decipiuntur; dicente scriptura: *Unguentis et variis odoribus delectantur*[263]*., et sic confringitur a ruinis anima*

믿음이 적은 모든 사람들이 이렇게 수난을 당합니다. 마귀의 어떤 향내와 같은 욕망과 유혹으로 배불린 이들은 즉시 작은 물고기들처럼 마귀에게 삼킴을 당합니다. 더 큰 자들은 마귀로부터 떨어져 자신을 붙잡아두고 마귀에게 가까이 가지 않습니다. 그러므로 항상 자신의 마음에 그리스도를 갖고 있는 자들은 그리스도 앞에서 큰 자입니다. 그들이 완전하면 마귀의 다양한 간계를 알고, 마귀로부터 자신을 보호할 뿐만 아니라 오히려 대적하기까지 합니다. 그러면 마귀는 그들로부터 도망합니다. 의심하고 믿음이 적은 사람들은 마귀의 욕망과 방탕을 따라가다가 속임을 당합니다. 기록된 바, "그들은 기름과 다양한 향기를 즐거워하나 이렇게 그 영혼은 파멸로 파괴되도다."

C19. DE CETO MAGNO ASPIDOHELUNES

Est caetus in mare aspidohelune duas naturas habet prima haec est. Si esurierit, aperit os suum, et maximus odor exiit de ore suo, et suavis ita ut minores pisces iungantur et sequantur eius suavitatem et congregantur omnes in ore ipsius, et cum impletus fuerit os eius

---

263 잠 27.9: *unguento et variis odoribus delectatur* cor et bonis amici consiliis anima dulcoratur.

claudit omnes pisces, et gluttit eos. Magni autem pisces et perfecti non adpropinquant ad os ipsius.

C19. 큰 고래 아스피도헬루네에 대하여

바다에는 아스피도헬루네라는 고래가 있습니다. 그 고래는 두 가지 본성을 갖고 있는데, 첫째는 이것입니다. 배가 고프면 입을 벌립니다. 그러면 입에서 매우 달콤한 향기가 나옵니다. 그래서 작은 물고기들이 줄을 지어 그 단맛을 쫓아서 모두 고래의 입속으로 모여듭니다. 가득 차면 입을 다물고 물고기들을 모두 삼킵니다. 그러나 크고 완전한 물고기는 그의 입에 접근하지 않습니다.

C20. DE NATURA SECUNDA PISCIS

Quia talis tot exhibeat ei in modico insule. Navigantes autem suspicantur insulam esse, et post flagitium tempestatis, ligant naves suas ad eam, et dum accenderint ignem super eam ad coquendum aut calefaciendum. Et si sentiens ignem demergit se in profundum et trahit post se omnes naves ligatas.

Huic animali similabitur mulier fornicaria. De qua dicit Salomon *mel enim stillat de labiis meretricis quae proscurio unguit suas fauces. postea autem amarior felle invenitur. et acutior magis quam gladius bisacutus qui demergit in tenebris peccatorem*[264]. Perfecti

---

264 잠 5.3-5: *favus enim stillans labia meretricis et nitidius oleo guttur eius novissima autem illius amara quasi absinthium et acuta quasi gladius biceps pedes eius descendunt in mortem* et ad inferos gressus illius penetrant(창녀의 입술은 꿀(벌집)을 떨어뜨리고 자신의 목구멍은 기름으로 미끌거리지만, 나중은 쑥 같이 쓰고 양

autem et cauti non adpropinquant ei. Qalis erat Ioseph apud mulierem Aegyptiam. Qualis erat Helias Zezabel arguens. Qualis erat Susanna in medio seniorum. Bene ergo similata est mulier huic pisci.

C20. 그 물고기의 두 번째 특성에 대하여

이 고래는 매우 커서 작은 섬처럼 보입니다. 그래서 선원들이 그것이 섬이라고 생각하고, 끔찍한 폭풍이 지나간 후에 배를 섬에 묶고 그 위에 불을 피워 요리하거나 몸을 따뜻하게 합니다. 그리고 그 고래가 열기를 느끼면 심연으로 내려가서 자신의 뒤를 따라 모든 배를 끌어당깁니다.

간음한 여자는 이 동물에 비유될 것입니다. 솔로몬이 이에 대해 말합니다. "창녀의 입술에서는 꿀이 떨어지고 자신의 목구멍을 과도하게 미끌거리게 할 것이나, 나중에는 쓸개보다 더 쓰게 되고 양날의 검보다 더 날카로와서 죄인을 어두움 속으로 끌어내릴 것이다." 그러나 완전하고 신중한 사람은 그에게 접근하지 않습니다. 마치 요셉이 이집트 여인과 함께 있었을 때와 같고, 엘리야가 이세벨을 비난하는 것과 같고, 수산나가 장로들 가운데에 있었던 것과 같습니다. 그러므로 이 음녀가 이 물고기와 매우 닮은 것입니다.

날의 검보다 더 날카로와서 그 발은 죽음으로 내려가고 그 걸음은 음부로 나아가나니). 본문은 불가타를 인용하는 것이 아니라, 칠십인역을 번역하고 있는 것으로 보인다.

31. 자고새

[Gr18] Y31 B25

Y31. PERDIX

HIEREMIAS dixit de perdice quoniam: *Clamavit perdix, colligens que non peperit*[265]. Perdix aliena ova calefacit laborans et nutriens; si autem creverint pulli, et volare coeperint, unumquemque genus evolans fugit ad parentes proprios, et solam eam dimittunt.

Sic et diabolus capit genus parvulorum; cum autem venerint in mensuram aetatis, veniunt ad Christum et ad ecclesiam, et fiet ille insipiens; hodie, si quis est in malis moribus, crastinum fiet ut sit sobrius; et fugisti diabulum, hoc est perdicem, et venies ad parentes tuos iustos et prophetas et apostolos.

Y31. 자고새

예레미야가 자고새에 대해 말합니다. "자고새는 울며 자신이 낳지 아니한 알을 모았다." 자고새는 남의 알을 수고하고 양육하며 품어 줍니다. 하지만

---

265 렘 17.11: **perdix fovit quae non peperit** fecit divitias et non in iudicio in dimidio dierum suorum derelinquet eas et in novissimo suo erit insipiens. 본문은 불가타의 'fovit'(품었다) 대신에 'congregavit'(모았다)는 단어를 사용하고 있다.

새끼들이 자라고, 날기 시작하면, 각자 자기 부모에게로 날아가버리며 자고새를 홀로 남겨놓습니다.

마귀도 미숙한 자들을 이렇게 잡아갑니다. 하지만 장성한 분량에 이르면 그리스도와 교회로 갑니다. 그때 그 마귀는 어리석은 자가 될 것입니다. 오늘 누군가 나쁜 품행 가운데 있을지라도, 내일은 신중해질 것입니다. 당신은 마귀, 즉 자고새를 떠나서 당신의 합법적인 부모와 선지자 그리고 사도에게로 가게될 것입니다.

B25. PERDIX

Est volatile quod dicitur perdix, fraudulentum nimis, sicut dicit sanctus Hieremias propheta de eo: Clamavit perdix et congregavit quae non peperit, faciens sibi divitias non cum iudicio; in dimidio autem dierum eius relinquent ea, et in novissimis suis erit stultus[266].

B25. 자고새

자고새라고 하는 매우 기만적인 새가 있습니다. 거룩하신 선지자 예레미야가 이 새에 대해 이렇게 말씀합니다. "자고새가 울며 자기가 낳지 아니한 알을 모았다. 불의로 재물을 모으는 자는 중년에 재물이 떠나겠고 필경은 어리석은 자가 되리라."

---

266 렘 17.11: *perdix fovit quae non peperit fecit divitias et non in iudicio in dimidio dierum suorum derelinquet eas et in novissimo suo erit insipiens*(자고새가 낳지 아니한 알을 품고 불의로 재물을 모았으나 중년에 그것을 돌보지 않고 필경은 어리석은 자가 되리라). 본문은 Y본과 같이, 불가타의 'fovit'(품었다) 대신에 'congregavit'(모았다)는 단어를 사용하고 있으며, 불가타를 인용하는 것이 아니라, 칠십인역을 번역하고 있는 것으로 보인다.

Physiologus dicit satis astutam esse perdicem, quae aliena ova diripiat, hoc est perdicis alterius, et corpore foveat; sed fraudis suae fructum habere non posse, quia cum duxerit pullos alienos, amittit eos; quoniam ubi vocem matris suae audierint, quae ova generavit, statim evolant et conferunt se ad suos parentes naturales; quodam munere adepto atque amore derelicto ille qui incassum in alienos suos fundit labores, et fraudis suae pretio multatur, remanet stultus et solus et inanis.

피지올로구스가 이르기를 자고새는 매우 교활해서 남의 알, 즉 다른 자고새의 알을 훔치고 몸에 품습니다. 하지만 속임수의 열매를 차지할 수 없습니다. 남의 새끼들을 데려온다 해도 이들을 잃어버리기 때문입니다. 그들이 알을 낳아주었던 어미의 목소리를 들으면 즉시 날아가 친부모에게 가기 때문입니다. 일은 하였으나 사랑받지 못하고 다른 이들에게 자신의 수고를 쏟아부었지만 버려지며 속임수의 대가를 치르는 자고새는 어리석고 외롭게 빈손으로 남겨집니다.

Huius imitator est diabolus, qui generationes creatoris aeterni rapere contendit; et, si quos insipientes et sensus proprii vigore carentes aliquo modo potuerit congregare, fovet eos illecebris corporalibus; at ubi vox Christi audita fuerit a parvulis, sumentes sibi alas spiritales per fidem, evolant et se Christo commendant, qui statim eos potissimo quodam paterno munere et amore sub umbra alarum suarum ipse suscipit, et matri ecclesiae dat nutriendos.

자고새의 모방자는 마귀입니다. 영원하신 창조주의 자손들을 빼앗으려고 합니다. 어리석고 자신의 판단 능력이 부족한 자들을 어떤 방식으로든 모을 수 있다면, 그들을 육적인 미끼로 품습니다. 하지만 그리스도의 음성이 미숙한 자들에게 들려지면 믿음을 통해 영적인 날개를 얻고 날아갑니다. 그리고 그리스도에게 자신을 맡깁니다. 그리스도는 즉시 그들을 아버지의 가장 좋은 선물과 사랑으로 자신의 날개 그늘 아래 직접 품어주십니다. 그리고 양육을 위해 어머니인 교회에게 그들을 넘겨줍니다.

32. 대머리독수리

[Gr19] Y32

Y32. VULTUR

PHISIOLOGUS dixit de vulture quoniam in excelsis et in altis invenietur locis; et dormit in excelsis petris et in pinnis templorum. Si autem pregnans fiat, vadit in Indiam, et accipit eutocium[267] lapidem: lapis autem est sicut nux[268] similis magnitudine; si autem volueris eum agitare, vel alius lapis[269] interius eius movetur, sicut tintinabulum, cum motus fuerit. Si, autem, conprehenderit partus vulturem ut pariat, sedit super lapidem hunc eutocium (qui dicitur), et parit sine dolore.

---

267 그리스어 'εὐτόκιος'(에우토키오스)의 음역어이다.

268 원문에는 'nix'(눈)로 표기되어 있다. 그리스어본의 'κάρυον'(호두)에 해당하는 라틴어 'nux'로 수정하였다. 그리스어본은 다음과 같다: "ὁ δὲ λίθος κατὰ τὸ **κάρυον** ἔχει τὴν περιφέρειαν"(그 돌은 호도처럼 둥근 둘레를 가지며).

269 원문에는 'capis'(손잡이 달린 컵)로 표기되어 있다. 그리스어본의 'λίθος'(돌)에 해당하는 라틴어 'lapis'로 수정하였다. 그리스어본은 다음과 같다: "καὶ ἐὰν θέλῃς αὐτὸν κινῆσαι, ἄλλος **λίθος** ἔνδον αὐτοῦ σαλεύεται, ὥσπερ κώδων κρούων καὶ ἠχῶν"(만약 그 돌을 흔들어 보려고 하면 그 안에 다른 돌이 있어서 마치 종처럼 부딪혀 소리 나며 흔들립니다).

Y32. 대머리독수리

피지올로구스가 대머리독수리에 관해 이르기를 매는 우뚝 솟은 높은 곳에 있고 우뚝 솟은 바위와 성당의 첨탑 흉벽에서 잠을 잔다고 했습니다. 그런데 알을 배면 인도로 가서 해산석(解産石)을 구합니다. 이 돌은 크기가 호도와 비슷합니다. 이 돌을 흔들어 보려고 하면 아마 돌 안의 다른 돌이 움직일 것입니다. 돌이 움직이면, 마치 종과 같습니다. 산란기가 대머리독수리에게 임박하면 알을 낳기 위해 해산석이라고 하는 이 돌 위에 앉습니다. 그러면 고통 없이 알을 낳습니다.

Et tu, homo, si pregnans anima tua fuerit facta, et malis meroribus adversarii diabuli, accipe intellegibilem lapidem interiorem eutocium. Exterior autem eius est theothocos; Maria autem habuit interius spiritalem lapidem salvatorem nostrum: *Lapidem enim quem reprobaverunt aedificantes, hic factus est in capud anguli*[270]; et: Percisus est *lapis de monte sine manibus natus*[271], et involutus propter veteres errores nostros in spem bonam.

사람이여, 그대도 당신의 영혼이 대적 마귀의 치명적인 슬픔을 잉태하면 가지적(可知的)인 내면의 해산석을 구하십시오. 이 돌의 외면은 테오토코스[272]

---

270 벤전 2.7: vobis igitur honor credentibus non credentibus autem *lapis quem reprobaverunt aedificantes hic factus est in caput anguli.*

271 단 2.34: videbas ita donec abscisus est *lapis sine manibus* et percussit statuam in pedibus eius ferreis et fictilibus et comminuit eos.

272 성모 마리아에 대한 칭호로서, '하나님을 낳으신'이라는 뜻을 가지고 있으며, 육화 이후 그리스도의 신성과 인성의 연합을 강조하는 입장이다. 그리스도의 인성과 신성을 구분하고 인성의 온전함을 강조하는 의미로 '크리스토코스', 즉 '그리스도를 낳으신'이라는 용어와 상대되는 의미로 사용된다.

입니다. 마리아는 내부에 영적인 돌, 우리의 구원자를 갖고 있었습니다. 건축자들은 이 돌을 버렸고, 이 돌은 모퉁이의 머릿돌이 되었습니다. 손도 대지 않고 산에서 잘려 나온 돌이, 우리의 옛 죄과 때문에 좋은 소망을 향해 굴러갔습니다.

Sed et crucifixus est propter redemptionem peccatorum nostrorum: tunc emundatur ab anima tua moechie, fornicationes, ebrietates, et cetera, et tunc celesti sermonem cyroforis; hoc est quod dixit Esaias: *A timore tuo, domine, concepimus, et peperimus spiritum salutis tue quem fecisti super terram.*[273] Etenim veterem testamentum habuit in ministerio salvatorem; absconsus est enim salvator pseudo Hebreis, nobis ergo apparuit.

더구나 우리의 죄를 구속하시기 위해 십자가에 못까지 박히셨습니다. 그래서 당신의 영혼에서 간음, 음란, 술 취함 등이 깨끗하게 없어지게 되고, 당신은 하늘의 말씀을 낳게 됩니다. 이것은 이사야가 말씀했던 것입니다. "주여, 당신을 두려워함으로 인해, 우리는 당신이 이 땅에서 이룬 당신의 구원의 영을 잉태하고 낳았나이다." 참으로 구약 성경은 그 직무 가운데 구원자를 품고 있었습니다. 그 구원자는 거짓 유대인들에게는 숨겨지셨으나, 결국 우리에게는 나타나셨습니다.

---

273 사 26.17-18: sicut quae concipit cum adpropinquaverit ad partum dolens clamat in doloribus suis sic facti sumus a facie tua Domine concepimus et quasi parturivimus et **peperimus spiritum salutes non fecimus in terra** ideo non ceciderunt habitatores terrae. 본문은 불가타를 인용하는 것이 아니라, 칠십인역을 번역하고 있는 것으로 보인다. 본문은 불가타에는 없는 'A timore tuo'(당신을 두려워함으로 인해)이라는 구분을 가지고 있으며, 'in terra'(땅에서) 대신에 'super terra'(땅에서)라는 표현을 사용하고 있다.

Bene ergo de vulture et lapide dictum est. In quo lapide David occidit Golia; in duobus lapidibus sustinentes Aaron, et hur manus Moysi, et fugaret Amalech. Vultur non unam habitationem neque cubilem habet; et nos veterem idolatriam (hoc est idolorum culturam et multorum deorum sequebamur) cubile non habentes, fidem in ecclesia unde et celestis paterna gratia apparuit; et tunc salvati sumus per Christum Ihesum.

그러므로 피지올로구스는 매와 돌에 대해 지혜롭게 이야기했습니다. 그 돌로 다윗은 골리앗을 죽였습니다. 두 돌 위에서 아론과 훌이 모세의 손을 떠받치고 있을 때에, 모세는 아말렉에게서 벗어났습니다[274]. 대머리독수리는 어떤 둥지도 보금자리도 갖고 있지 않습니다. 우리가 옛 우상숭배(즉 우리가 따랐던 우상과 많은 신들에 대한 숭배)의 둥지가 아닌 교회 안에 있는 믿음의 둥지를 가졌을 때, 그곳에서 하늘 아버지의 은혜가 나타났습니다. 그때 예수 그리스도를 통해 우리는 구원을 받게 됩니다.

---

274 출애굽기 17장 12절 참조.

33. 개미사자

[Gr20] Y33

Y33. MIRMICOLEON

In Iob Elefas Temaneorum rex dixit de mirmicoleon: *Periit eo quod non habeat escam.*[275] Pater autem eius habet vultum leonis, et comedit carnes; mater vero vultum formice, legumina manducat. Si autem peperit mirmicoleonta, perit eum, duas naturas habentem: vultum leonis, anteriora et posteriora formicae; non potest manducare carnes propter naturam matris, neque legumina propter naturam patris; in perdito ergo vadit, propter quod non habeat escam.

Y33. 개미사자

욥기에서 데만인들의 왕 엘리바스가 개미사자에 대해 말했습니다[276]. "먹을 것이 없어서 죽는다." 개미사자의 아비는 사자의 얼굴을 갖고 있고 고기를 먹습니다. 한편 어미는 개미의 얼굴을 갖고 있고 채식을 합니다. 어미가 개

---

275 욥 4.11: *tigris periit eo quod non haberet praedam* et catuli leonis dissipati sunt. 본문의 주어는 '개미사자'이자만 불가타의 주어는 '사자'(tigris)이며, 불가타의 'praedam'(먹이) 대신에 'escam'(먹을 것)이라는 단어를 사용하고 있다.

276 개역개정판에는 '사자'라고 번역되고 있다. 욥기 4장의 내용 참조.

미사자를 낳으면, 어미는 두 가지 특성, 앞면은 사자의 얼굴을, 후면은 개미의 얼굴을 갖고 있는 새끼를 잃게 됩니다. 어미의 특성으로 인해 고기를 먹을 수 없고, 아비의 특성으로 인해 식물을 먹을 수 없는 것입니다. 결국 먹을 것이 없어 파멸에 이릅니다.

Sic est ergo et omnis: *Vir duplex corde, indispositus in omnibus viis suis*[277]. Non oportet ergo gradere duabus viis, vecorde, duplici, et manibus resolutis, et peccatori ingredienti duabus viis; sicut in sapientia scriptum est: *Sit apud vos est, est, non, non*[278].

각 사람도 결국 이와 같습니다. "마음이 둘인 사람은 자신의 모든 길에 정함이 없습니다." 두 마음을 품은 자와 해이해진 무리들과, 두 길을 가는 죄인과 함께 두 길로 가지 않아야 합니다. 이와 같이 지혜롭게 기록되어 있습니다. "너희 중에 예면 예, 아니면 아니라 하라."

---

277 약 1.8: **vir duplex animo inconstans in omnibus viis suis.** 본문은 불가타의 'animo'(마음) 대신에 'corde'(마음), 'inconstans'(정함이 없는) 대신에 'indispositus'(정함이 없는)이라는 표현을 사용하고 있다.

278 마 5.37: **sit autem sermo vester est est non** non quod autem his abundantius est a malo est. 본문은 불가타의 'sermo vester'(너희 말이) 대신에 'apud vos'(너희 중에)라는 표현을 사용하고 있다.

Y34. MUSTELA

LEX dicit: Non manducabis mustelam, neque ei similem. Mustela hanc naturam habet: semen masculi in os accipit, et, pregnans facta, auribus pariet. Si autem per aurem dexteram contigerit ut generit, masculus erit ; si vero per sinistram, femina. Mala ergo ex auribus generantur.

Sunt ergo et nunc manducantes spiritalem et celestem panem in ecclesia ; cum autem dimissi fuerint, proiciunt verbum ex auditibus suis, et fiunt ut dicitur in psalmo LVII : *Sicut aspidis surde et obturantis aures suas, que non exaudiet vocem incantantis, et venefici que incantantur a sapiente.*[279]

Y34. 족제비

율법이 말합니다. "족제비와 그와 같은 것을 먹지 말라[280]." 족제비는 이러

---

279 시 58.4-5(VUL 57.4-5): furor illis secundum similitudinem serpentis *sicut aspidis surdae et obturantis aures suas quae non exaudiet vocem incantantium et venefici incantantis sapienter.*

280 개역개정판에는 '두더쥐'라고 번역되어 있다. 레위기 11장 29절 참조.

한 특성이 있습니다. 수컷의 정자를 입으로 받습니다. 임신한 암컷은 귀로 출산을 합니다. 오른쪽 귀로 출산을 하면 수컷이고, 왼쪽 귀로 하면 암컷입니다. 결국 악한 것은 귀에서 생겨납니다.

지금도 교회에서 영적인 하늘 양식을 먹는 이들이 있습니다. 하지만 돌아가면 자신이 들은 말씀을 내던집니다. 시편 57편에서 말씀한 바와 같이 됩니다. "자신의 귀를 완고하게 틀어막은 살무사와 같으니, 그 살무사는 술사와 공교하게 호리는 술객의 음성을 듣지 않는다."

B26. MUSTELA ET ASPIS

De mustela praecipit lex non manducare, quia immundum animal est. Physiologus dicit quoniam mustela semen masculi per os accipit et sic in utero habet; tempore vero pariendi per aures generat.

B26. 족제비와 살무사

율법은 족제비에 대해 먹지 말라고 명합니다. 부정한 동물이기 때문입니다. 피지올로구스가 이르기를 족제비는 수컷의 정자를 입으로 받아 배에 간직합니다. 출산 때에는 귀로 낳습니다.

Sic sunt aliquanti fidelium : libenter quidem accipiunt verbi divini semen, sed inobedientes effecti praetermittunt et dissimulant quae audierunt.

신자들 중 꽤 많은 수가 이와 같습니다. 그들은 자유롭게 거룩한 말씀의 씨

앗을 받습니다. 하지만 불순종자들이 되어 들었던 것들을 완전히 경시하고 간과합니다.

Isti tales non solum mustelae comparantur, sed etiam aspidi surdae, quae obturat aures suas et non audit vocem incantantis. Physiologus dicit quoniam aspis hanc habet naturam ut si, quando advenerit aliquis homo ad speluncam ubi habitat aspis, et praecantaverit eam omnibus carminibus suis ut exeat de cavernis suis, illa vero, ne audiat vocem incantantis, ponit caput suum ad terram, et unam quidem aurem praemit in terram, alteram vero aurem de cauda sua obturat.

이러한 이들은 족제비뿐만 아니라 귀먹은 살무사와도 비견됩니다. 이 살무사는 자신의 귀를 막고 술사의 음성을 듣지 않습니다. 피지올로구스가 이르기를 살무사는 이러한 특성을 가지고 있다고 합니다. 만일, 언제든 어떤 이가 살무사가 거하는 굴에 와서 자신의 온갖 노래로 살무사가 자신의 굴 밖으로 나오도록 홀리면, 그 살무사는 술사의 음성을 듣지 않기 위해 자기 머리를 땅 위에 두고서 한 귀는 땅에 짓누르고 다른 한 귀는 자기 꼬리로 막습니다.

Tales sunt istius mundi homines divites, qui unam quidem aurem suam deprimunt in terrenis desideriis ; aliam vero, posterioribus peccatis suis peccata nova semper addentes, obturant ; et ita fit ut non audiant vocem incantantis, hoc est praedicatores. Et hoc quidem solum aspides faciunt, quod aures obturant.

이 세상의 부자들이 이러합니다. 이들은 참으로 한 귀는 세상적 욕망으로 틀어막고 다른 한 귀는 이전의 죄에 새로운 죄를 더해가며 막습니다. 그래서 술사 즉 설교자의 음성을 듣지 않게 됩니다. 살무사들은 오로지 귀를 막기만 합니다.

Isti vero et oculos excaecant terrenis cupiditatibus et rapinis, ita ut nec auribus audire velint divina mandata et servare, nec oculis attendere in caelum et cogitare de illo qui est super caelum, et facit bonitatem et iustitiam. Hi qui nunc deum per praedicatores et divinas scripturas audire nolunt, audient eum in die iuidicii, dicentem : *Discedite a me, maledicti, in ignem aeternum, qui praeparavit diabolo et angelis eius.*[281]

참으로 이들은 세상적인 탐욕과 약탈로 눈도 멀게 합니다. 그래서 신성한 계명을 귀로 듣고 지키려 하지도 않을 뿐만 아니라 눈을 하늘로 향해 하늘 위에 계시고 선과 공의를 행하시는 분을 생각하려 하지도 않습니다. 설교자를 통해 하나님의 신성한 말씀을 들으려 하지 않는 이들은 심판의 날에 이러한 하나님의 말씀을 듣게 될 것입니다. "저주를 받은 자들아, 나를 떠나 마귀와 그 사자들을 위하여 예비된 영원한 불로 들어가라."

---

[281] 마 25.41: tunc dicet et his qui a sinistris erunt *discedite a me maledicti in ignem aeternum qui paratus est diabolo et angelis eius.* 본문은 불가타의 'qui paratus est' (예비된) 대신에 'qui praeparavit'(예비된)이라는 표현을 사용하고 있다.

35. 유니콘

[Gr22] Y35 B16 C21

Y35. MONOCERAS[282]

MOYSES de monoceraton in Deuteronomio dixit, benedicens Ioseph: *Primitivus tauri species eius, cornua unicornui cornua eius*[283]. Monoceras, hoc est unicornis, hanc naturam habet: pusillum animal est, hedo similis, acerrimum nimis, unum cornum habet in medio capite. Non potest ei venator appropiare, propter quod valde fortissimum est. Quomodo ergo eum venantur? virginem castam proiciunt ante eum; exilit in sinum virginis, et illa calefacit eum, et nutrit illud animal; et tollit in palatium regum.

Y35. 유니콘

모세는 신명기에서 요셉을 축복하며 유니콘에 대해 말하고 있습니다. "그의

---

282 그리스어본의 '유니콘'을 의미하는 'μονόκερως'(모노케로스)의 다른 표현인 'μουνόκερας' (무노케라스)의 음역이다.

283 신 33:17: *quasi primogeniti tauri pulchritudo eius cornua rinocerotis cornua illius* in ipsis ventilabit gentes usque ad terminos terrae hae sunt multitudines Ephraim et haec milia Manasse. 본문은 불가타의 'primogeniti'(첫 새끼) 대신에 'Primitivus'(첫 새끼), 'pulchritudo'(아름다움) 대신에 'species'(모습)이라는 표현을 사용하고 있다.

모습은 수송아지의 첫 새끼며, 그의 뿔은 유니콘[284]의 뿔이다." 유니콘, 즉 일각수(一角獸)는 이러한 특성을 갖고 있습니다. 이 동물은 작으며, 새끼 염소를 닮았는데, 매우 사납고 머리 한가운데 뿔을 하나 갖고 있습니다. 사냥꾼은 그에게 가까이 다가갈 수 없는데, 매우 힘이 세기 때문입니다. 그렇다면 이 동물을 어떻게 잡겠습니까? 동물 앞에 순결한 처녀를 데려다 놓습니다. 그러면 동물은 처녀의 품으로 뛰어듭니다. 처녀는 동물을 따뜻하게 안아주고 젖을 먹입니다. 그러고는 왕궁으로 데려갑니다.

Unum cornum autem habet, propter quod dixit salvator: *Ego et pater unum sumus*[285]. *Suscitavit enim nobis cornu salutis, in domo David pueri sui;*[286] veniens de caelo, venit in utero virginis Mariae: *Dilectus sicut filius unicorniorum*[287], sicut David in psalmo.

유니콘은 하나의 뿔을 갖고 있습니다. 구원자가 이렇게 말씀하셨기 때문입니다. "나와 아버지는 하나이니라." "그분은 우리를 위하여 그분의 종 다윗의 집에 구원의 뿔을 일으키셨으니." 하늘에서 오신 분은 동정녀 마리아의 태중으로 들어가십니다. 다윗은 시편에서 이렇게 말씀했습니다. "새끼유니콘 같이 사랑스러운 것이라."

---

284 개역개정판에는 '들소'라고 번역되어 있다.

285 요 10.30: *ego et Pater unum sumus.*

286 눅 1.69: *et erexit cornu salutis nobis in domo David pueri sui.* 본문은 불가타의 'erexit'(일으키셨다) 대신에 'suscitavit'(일으키셨다)라는 표현을 사용하고 있다.

287 시 29.6(VUL 28.6): et comminuet eas tamquam vitulum Libani et *dilectus quemadmodum filius unicornium.* 본문은 불가타의 'quemadmodum'(같이) 대신에 'sicut'(같이)라는 표현을 사용하고 있다.

B16. UNICORNIS

Est animal quod graece dicitur monoceros, latine vero unicornis. Physiologus dicit unicornem hanc habere naturam: pusillum animal est, simile haedo, acerrimum nimis, unum cornu habens in medio capite. Et nullus omnino venator eum capere potest; sed hoc argumento eum capiunt: puellam virginem ducunt in illum locum ubi moratur, et dimittunt eam in silvam solam; at ille vero, mox ut viderit eam, salit in sinum virginis, et complectitur eam, et sic comprehenditur, et exhibetur in palatio regis.

B16. 유니콘

그리스어로 '모노케로스'(유니콘)라고 부르고 라틴어로 '우니코르니스'(일각수)라고 하는 동물이 있습니다. 피지올로구스가 이르기를 유니콘은 이러한 특성을 가진다고 합니다. 이 동물은 작으며, 새끼 염소를 닮았는데, 매우 사납고 머리 한가운데 뿔을 하나 갖고 있습니다. 어떤 사냥꾼도 이 동물을 잡을 수 없습니다. 하지만 다음과 같은 방식으로 잡습니다. 처녀인 소녀를 유니콘이 머무는 장소로 데려갑니다. 그리고 그 소녀를 외딴 숲으로 보냅니다. 한편 유니콘은 소녀를 보자마자 그 처녀의 품으로 뛰어들고 안깁니다. 유니콘은 이렇게 잡힙니다. 그러고는 왕궁에 전시됩니다.

Sic et dominus noster Iesus Christus, spiritalis unicornis, descendens in uterum virginis, per carnem ex ea sumptam, captus a Iudaeis, morte crucis damnatus est; de quo David dicit: *Et dilectus sicut filius unicornium*[288]*; et rursum in alio psalmo ipse de se dicit: Et exaltabitur sicut unicornis cornu meum.*[289]

이렇게 영적인 유니콘이신 우리 주 예수 그리스도께서 동정녀의 태중으로 내려오실 때, 동정녀로부터 취하신 육체로 말미암아 유대인들에게 잡히시고 십자가형을 선고받았습니다. 이에 대해 다윗이 말씀했습니다. "새끼 유니콘 같이 사랑스러운 것이라." 그리고 다시 시편 다른 곳에서 자신에 대해 말씀하십니다. "내 뿔을 유니콘의 뿔 같이 높이셨으며."

Et Zacharias dicit: *Suscitavit eum cornu salutis in domo David pueri sui*[290]. Et in Deuteronomio Moyses benedicens tribum Ioseph: *Primitivos tauri species eius, cornua eius tamquam cornua unicornis*[291]. Quod autem unum cornu habet in capite significat hoc quod dicit salvator: Ego et pater unum sumus. Caput enim Christi, deus, secundum apostolum.[292] Acerrimum vero quod dicit eum, id est quod neque principatus, neque potestates, non throni neque dominationes intelligere potuerunt, nec infernus tenere valuit.

---

288 시 29.6(VUL 28.6): 상동.

289 시 92.10(VUL 91.11): *et exaltabitur sicut unicornis cornu meum* et senectus mea in misericordia uberi.

290 눅 1.69: *et erexit cornu salutis nobis in domo David pueri sui.*

291 신 33.17: *quasi primogeniti tauri pulchritudo eius cornua rinocerotis cornua illius* in ipsis ventilabit gentes usque ad terminos terrae hae sunt multitudines Ephraim et haec milia Manasse. 본문은 Y본과 같이, 불가타의 'primogeniti'(첫 새끼) 대신에 'Primitivus'(첫 새끼), 'pulchritudo'(아름다움) 대신에 'species'(모습)이라는 표현을 사용하고 있다.

292 고전 11.3: volo autem vos scire quod omnis viri caput Christus est caput autem mulieris vir caput vero Christi Deus.

사가라도 말합니다. "그를 구원의 뿔로 그분의 종 다윗의 집에 일으키셨으니." 또한 신명기에서 모세는 요셉 족속을 축복합니다. "그의 아름다움은 들소의 첫 수송아지요, 그의 뿔은 유니콘의 뿔이로다." 머리에 하나의 뿔을 가졌다는 것은 구원자께서 말씀하신바 이것을 의미합니다. "나와 아버지는 하나이니라." 사도에 따르면 그리스도의 머리는 하나님이시기 때문입니다. 그를 가리켜 매우 사납다고 한 것은 어떤 왕권도 어떤 권세도 어떤 왕도 어떤 통치자도 그를 이해할 수 없고 어떤 지옥도 능히 그를 잡을 수 없었다는 것입니다.

Quod autem dicitur pusillum animal: propter incarnationis eius humilitatem; dicente ipso: *Discite a me, quia mitis sum et humilis corde*[293]. In tantum autem acerrimus, ut nec ille subtilissimus diabolus intelligere aut investigare potuit, sed sola voluntate patris descendit in uterum virginis Mariae pro nostram salutem: *Et verbum caro factum est, et habitavit in nobis*[294]. Quod autem est similis haedo unicornis et salvator noster secundum apostolum: *Factus est in similitudinem carnis peccati, et de peccato damnavit peccatum in carne*[295]. Bene ergo dictum est de unicorne.

---

293 마 11.29: tollite iugum meum super vos et **discite a me quia mitis sum et humilis corde** et invenietis requiem animabus vestris.

294 요 1.14: **et Verbum caro factum est et habitavit in nobis** et vidimus gloriam eius gloriam quasi unigeniti a Patre plenum gratiae et veritatis.

295 롬 8.3: nam quod inpossibile erat legis in quo infirmabatur per carnem Deus Filium suum **mittens in similitudinem carnis peccati et de peccato damnavit peccatum in carne**. 본문은 불가타의 'mittens'(보내셨고) 대신에 'factus est'(되셨고)라는 표현을 사용하고 있다.

작은 동물이라고 불리는 것은 성육신하신 그의 겸손 때문입니다. 그분 자신이 말씀하셨습니다. "나는 온유하고 마음이 겸손하니 내게 배우라." 하지만 그는 심히 너무도 사나워서 매우 영리한 저 마귀도 이해하거나 알아볼 수 없었습니다. 오로지 아버지의 뜻으로 말미암아 우리의 구원을 위하여 동정녀 마리아의 태중으로 내려오셨습니다. 그리고 말씀이 육신이 되셨습니다. 그리고 우리 안에 거하셨습니다. 반면 유니콘이 새끼 염소를 닮았다는 것은, 사도가 말한 바대로, 우리 구원자가 이러하시기 때문입니다. "죄 있는 육신의 모양이 되셨고 죄를 인하여 육신에 죄를 정하사." 이렇게 유니콘에 관하여 잘 설명되었습니다.

C21. DE ANIMALE UNICORNIUM

In Psalmo sic dicit, *exaltabitur sicut unicornis cornu meum*[296]. Physiologus de eo dicit, quod minor sit animal. Est autem animal simile haedo mansuetum valde unum cornum habet super caput, et non potest venator adpropinquare ei propter quod valde fortissimum habet cornum. Quando tamen tripudiando discurrit sic modo conprehenditur. Proicitur ante eum virgo castissima et dum videret virginem statim venit mansuetus et in sinu eius se conlocat. Et dum calefiet sic eum portat festinans in domum regis. Nam nullus eum venator adprehendere valet. Ita et Salvator noster est de quo propheta dixit. *Erexit cornu salutis nobis in domo David*[297]. Dum

---

296 시 92.10(VUL 91.11): et *exaltabitur sicut unicornis cornu meum* et senectus mea in misericordia uberi.

297 눅 1.69: *et erexit cornu salutis nobis in domo David pueri sui.*

enim in saeculo videretur nulli reges nullaeque potestates maligne valuerunt nocere eum. cum *verbum caro factum est et habitavit in nobis*[298].

C21. 유니콘이라는 동물에 대하여

시편에서 이렇게 말합니다. "나의 뿔이 유니콘처럼 드높여지리라." 피지올로구스는 유니콘에 대해 말합니다. 이 동물은 아주 작습니다. 새끼 염소를 닮은 아주 온순한 동물인데, 머리에 뿔이 하나 있습니다. 뿔이 매우 강하기 때문에 사냥꾼이 접근할 수 없습니다. 총총거리며 도망 다니지만, 다음과 같은 방식으로 붙잡히게 됩니다. 가장 순결한 처녀가 그 동물 앞에 놓이고, 그 동물은 처녀를 보자마자 즉시 온순해져서 다가와 그녀의 품에 안깁니다. 그리고 그녀가 그 동물을 따뜻하게 안아주는 동안 그를 급히 왕궁으로 데려갑니다. 어떤 사냥꾼도 그를 잡을 수 없기 때문입니다. 선지자가 언급했던 우리의 구원자도 그러합니다. "그분은 우리를 위하여 다윗의 집에 구원의 뿔을 일으키셨으니." 세상에 있는 동안에는 어떤 왕이나 권세도 악의적으로 그를 해칠 수 없었습니다. "말씀이 육신이 되어 우리 가운데 거하시매."

---

298 요 1.14: *et Verbum caro factum est et habitavit in nobis* et vidimus gloriam eius gloriam quasi unigeniti a Patre plenum gratiae et veritatis.

36. 비버

[Gr23] Y36 B17

Y36. CASTOR

EST animal quod dicitur castor, innocentissimum valde et quietum. Virilia autem eius in medicinam proficiunt; invenitur in palatium regis. Venator autem currens, ut eum consequatur in montibus, castor autem videns venatorem persequentem, se ore suo incidit virilia sua, et dat venatori proiciens. Si autem alius venator eum persecutus postea fuerit, proicit se supinum, et ostendit se venatori; et venator videns se non habere virilia, discedit ab eo.

Y36. 비버

비버라고 하는 동물이 있습니다. 나무랄 데 전혀 없고 유순합니다. 비버의 수컷 생식기는 약으로 효과가 있습니다. 비버는 왕의 궁궐에서 발견됩니다. 사냥꾼이 산에서 비버를 뒤쫓기 위해 달려갈 때, 비버가 추격하는 사냥꾼을 보면, 자신의 입으로 자신의 생식기를 자르고 사냥꾼에게 던져줍니다. 하지만 나중에 다른 사냥꾼이 비버를 추격하면, 위를 향하게 드러눕고 자신을 사냥꾼에게 보여줍니다. 사냥꾼이 비버가 생식기를 갖고 있지 않은 것을 보면 사냥꾼은 그에게서 떠나갑니다.

O et tu, qui viriliter agis, politeuta dei, si dederis venatori que ei
sunt, amplius non accedit ad te; hoc est si habueris concupiscentiam
malam, cupiditatem, moechiam, furtum, excide haec a te, et da
diabulo. Dixit ergo et apostolus: *Reddite omnibus debita, cui
tributum tributum, cui honorem honorem, et cetera*[299]. Prius
turpitudines peccatorum, que in nobis sunt, proiciamus diabulo,
hoc est opera eius; et sic demus deo queque dei sunt, vota orationis,
fructum bonorum operum nostrorum.

남자답게 행동하는 그대여, 하나님 나라의 백성이여, 당신이 사냥꾼의 것
을 사냥꾼에게 주면 사냥꾼은 더 이상 당신에게 접근하지 않습니다. 즉, 당
신이 나쁜 욕망과 탐욕, 간음 및 절도 등의 것을 갖고 있다면 이러한 것들
을 당신에게서 끊어버리십시오. 그리고 마귀에게 주십시오. 사도도 이렇게
말씀했기 때문입니다. "모든 자에게 줄 것을 주되 공세를 받을 자에게 공세
를, 존경할 자를 존경하며, 등등." 무엇보다 우리에게 있는 죄악의 추함을
마귀에게 던집시다. 이것은 마귀의 일입니다. 마찬가지로 하나님의 것은
무엇이든 하나님께 드립시다. 서원 기도와 우리 선행의 열매를.

B17. CASTOR

Est animal quod dicitur castor, mansuetum nimis, cuius testiculi in
medicina proficiunt ad diversas valetudines. Physiologus exposuit
naturam eius dicens quia, cum investigaverit eum venator, sequitur

---

299 롬 13.7: *reddite omnibus debita cui tributum tributum* cui vectigal vectigal cui
timorem timorem *cui honorem honorem.*

post eum; castor vero, cum respexerit post se et viderit venatorem venientem post se, statim morsu abscidit testiculos suos, et proicit eos ante faciem venatoris, et sic fugiens evadit; venator autem veniens colligit eos, et ultra iam non persequitur eum, sed recedit ab eo. Si autem rursus evenerit ut alter venator perquirens inveniat et sequatur post eum, ille, videns se iam evadere non posse, erigit se et demonstrat virilia sua venatori; venator autem cum viderit eum non habere testiculos, discedit ab eo.

B17. 비버

비버라고 하는 동물은 매우 유순합니다. 비버의 고환은 약으로 여러 병에 효과가 있습니다. 피지올로구스는 비버의 특성을 이렇게 말하며 설명했습니다. 사냥꾼이 비버를 찾아내면, 사냥꾼은 비버를 뒤쫓습니다. 비버가 자기 뒤를 돌아보고 자기를 뒤따라오는 사냥꾼을 보면, 즉시 자신의 고환을 물어뜯어 끊어냅니다. 비버는 그것을 사냥꾼 면전에 내던지고 그렇게 도망쳐 벗어납니다. 뒤따라가던 사냥꾼은 고환을 주워 듭니다. 이젠 더 이상 비버를 쫓아가지 않고 비버에게서 물러납니다. 그럼에도 애써 (비버를) 찾아다니던 다른 사냥꾼이 비버를 찾아내고 뒤쫓는 일이 다시 일어나면, 비버는 이젠 자신이 벗어날 수 없다는 것을 알고 자신을 일으켜 세웁니다. 그리고 자신의 생식기를 사냥꾼에게 보여줍니다. 사냥꾼은 비버가 고환을 갖고 있지 않은 것을 알게 되면 비버에게서 떠납니다.

Sic et omnis qui secundum mandatum dei conversantur, et caste vult vivere, abscidit a se omnia vitia et omnis impudicitiae actus, et proiciat post se in faciem diaboli; tunc ille, videns eum nihil suorum habentem, confusus discedit ab eo. Ille vero vivit in deo et non capitur a diabolo qui dicit: *Persequens comprehendam eum*[300]. Nihil igitur diaboli homo dei habere debet, ut fisus cum domino dicere audeat: *Venit princeps mundi huius, et in me non invenit quicquam.*[301] Monet enim nos apostolus et dicit: *Reddite omnibus debita, cui tributum tributum, cui vectigal vectigal, cui timorem timorem, cui honorem honorem*[302].

이와 같이 하나님의 계명을 따라 행하고 정결하게 살기를 바라는 모든 사람은 모든 죄악과 모든 음행을 끊어버립니다. 그리고 자신의 뒤에 있는 마귀 면전으로 그것을 내던집니다. 마귀가 자신에게 속한 것을 하나도 갖고 있지 않은 그를 보고는 어리둥절해 그에게서 떠나갑니다. 그는 진실로 하나님 안에 살고 다음과 같이 말하는 마귀에게 잡히지 않습니다. "그를 잡으러 쫓아가노라." 따라서 하나님의 사람은 마귀의 것을 어떤 것도 가져서는 안 됩니다. 믿는 자로서 감히 주님과 함께 이야기하기 위함입니다. "이 세상 임금이 오겠음이라. 그러나 저는 내게 그 무엇도 찾지 못하니라." 사도도 우리에게 경계하며 말했습니다. "모든 자에게 줄 것을 주되 공세를 받을 자에게 공세를 바치고 국세를 받을 자에게 국세를 바치고 두려워할 자를 두려워하며 존경할 자를 존경하라."

---

300 출 15.9: **dixit inimicus persequar et conprehendam** dividam spolia implebitur anima mea evaginabo gladium meum interficiet eos manus mea.

301 요 14.30: iam non multa loquar vobiscum **venit enim princeps mundi huius et in me non habet quicquam.** 본문은 불가타의 'habet'(가지다) 대신에 'invenit'(찾다)라는 단어를 사용하고 있다.

302 롬 13.7: **reddite omnibus debita cui tributum tributum cui vectigal vectigal cui timorem timorem cui honorem honorem.**

In primis ergo diabolo reddantur quae sua sunt, hoc est renuntians illi et omnibus operibus eius malis; tunc demum ex toto corde conversus ad deum, reddes illi honorem tamquam patri, et timorem tanquam domino. Et separa te opera carnis, quod est vectigal et tributum diaboli; et adipiscamur fructus spiritales, id est: *Caritatem, gaudium, pacem, patientiam, bonitatem, fidem, mansuetudinem, continentiam, castitatem*[303] in operibus bonis, id est in elemosinis, in visitationibus infirmorum, in curis pauperum, in laudibus dei, in orationibus, in gratiarum actione, et caeteris qui dei sunt.

그러므로 가장 먼저 마귀에게 마귀의 것을 돌려줍시다. 즉 마귀와 마귀의 모든 악한 것들과 단절하는 것입니다. 전심으로 하나님께 돌아가 하나님을 아버지처럼 존경하고 주인처럼 두려워합시다. 그리고 당신을 육신의 일에서 떼어놓으십시오. 육신의 일은 마귀의 조세이고 관세입니다. 오히려 영적인 열매를 거둡시다. 즉 사랑과 희락과 화평과 오래 참음과 자비와 충성과 온유와 절제와 정결함이며, 선행 안에서 이루어집니다. 선행이란 자선과, 병문안과 가난한 자를 돌봄과 하나님 찬양과 기도와 은혜로운 행실과 그 외 다른 하나님의 일을 말합니다.

---

303 갈 5.22-23: fructus autem Spiritus est **caritas gaudium pax longanimitas bonitas benignitas fides modestia continentia** adversus huiusmodi non est lex. 본문은 불가타의 'longanimitas'(오래 참음) 대신에 'patientiam'(오래 참음), 'modestia'(온유) 대신에 'mansuetudinem'(온유)라는 단어를 사용하고 있으며, 불가타의 'benignitas'(양선)은 생략되어 있고, 'castitatem'(정결함)이 추가되어 있다.

37. 하이에나

[Gr24] Y37 B18

Y37. HYENA HOC EST BELUA

LEX dixit: *Non manducabis beluam neque similem ei.* Est arenotelicon, hoc est masculo-femina; aliquando autem masculus fiet, aliquando vero femina: inmundum tamen est animal propter quod duas naturas habet; et ideo et Hieremias dixit: *Numquid spelunca beluae hereditas mea mihi*[304].

Sic et omnis vir duplex animo belue comparatur: ad signum colligentis ergo aliquam masculorum habent exinde, hoc est animum; cum autem dimissa fuerit collecta, muliebrem naturam accipiunt.

Bene dixit Phisiologus.

---

304 렘 12.9: *numquid avis discolor hereditas mea mihi* numquid avis tincta per totum venite congregamini omnes bestiae terrae properate ad devorandum. 본문은 불가타의 'avis discolor'(무늬있는 새) 대신에 'spelunca beluae'(들짐승의 동굴)라는 표현을 사용하고 있다. 이는 칠십인역과 피지올로구스 그리스어본의 'μὴ σπήλαιον ὑαίνης ἡ κληρονομία μου ἐμοί'(하이에나의 굴은 내 유산이 아니냐)라는 구절을 반영하고 있는 것이다.

Y37. 하이에나 즉 들짐승

율법은 말합니다. "들짐승과 그 같은 것을 먹지 말라."[305] 이 들짐승은 '아레
노텔리콘[306]' 즉 자웅동체입니다. 어떤 때는 수컷이 되지만, 어떤 때는 암컷
이 됩니다. 두 가지 특성을 갖고 있기에 결국에는 부정합니다. 그래서 예레
미야는 말씀했습니다. "들짐승의 굴이 내 유산이 아니냐."

이렇게 이중적인 마음을 가진 모든 남자는 들짐승에 비유됩니다. 남자들은
모이라는 신호를 향한 마음을 갖는 남자들의 어떤 특성을 가지고 있습니다.
하지만 모임이 파하면 여자의 특성을 취합니다.

피지올로구스는 잘 설명해 주었습니다.

B18. HYAENA

Est animal quod graece dicitur hyaena, latine vero belua, de
qua lex dicit: *Non manducabis hyaenam, neque quod simile
est illi, quoniam immundum est.* De qua etiam per Hieremiam
prophetam dictum est: *Spelunca hyaenae hereditas mea facta
est*[307]. Physiologus dicit de ea quoniam duas naturas habet hyaena,

---

305 신명기 14장 8절 참조. 성경에서는 '들짐승'에 대해 직접적으로 언급하고 있지 않다. 그리스어
   본에는 '하이에나'로 기록되어 있다.

306 'arenotelicon'(아레노텔리콘)은 그리스어본에서 '자웅동체'를 의미하는 그리스어 'ρρεν θ
   ηλ'(아르레노쎌뤼)의 음역이다. 그리스어본은 다음과 같다: ὁ Φυσιολόγος ἔλεξε περὶ τῆς
   ὑαίνης ὅτι **ἀρρενόθηλύ** ἐστι· ποτὲ μὲν ἄρρην γίνεται, ποτὲ δὲ θῆλυ(피지올로구스가 하
   이에나에 관하여 말하기를, 하이에나는 **자웅동체**라고 합니다. 어떤 때는 수컷이 되지만, 어떤
   때는 암컷이 됩니다).

307 렘 12.9: **numquid avis discolor hereditas mea mihi** numquid avis tincta per totum
   venite congregamini omnes bestiae terrae properate ad devorandum. 본문은 불가타의
   'avis discolor'(무늬있는 새) 대신에 'spelunca hyaenae'(들짐승의 동굴)라는 표현을 사용하
   고 있다. 이는 칠십인역과 피지올로구스 그리스어본의 'μὴ σπήλαιον ὑαίνης ἡ κληρονομία
   μου ἐμοί'(하이에나의 굴은 내 유산이 아니냐)라는 구절을 반영하고 있는 것이다.

aliquando quidem masculus est, aliquando autem femina, et ideo immundum animal est.

B18. 하이에나

그리스어로 '하이에나'라고 하고 라틴어로는 '벨루아'(들짐승)라고 하는 동물이 있습니다. 율법이 이 동물에 대해 말씀합니다. "하이에나와 그와 비슷한 것은 먹지 말지니라. 하이에나는 부정하니라.[308]" 선지자 예레미야를 통해서도 이 동물에 대해 언급되었습니다. "하이에나의 굴이 내 유산이 아니냐." 피지올로구스가 하이에나에 대해 이르기를 하이에나는 두 가지 특성을 가지고 있는데 어떤 때는 수컷이 되지만, 어떤 때는 암컷이 된다고 합니다. 이 때문에 하이에나는 부정한 동물입니다.

Cui similes aestimati sunt filii Israel, quoniam ab initio quidem servierunt deo vivo, postea vero deliciis et luxuriae dediti idola coluerunt. Propter hoc propheta immundo animali comparavit synagogam. Sed et quicumque inter nos, circa voluptatem et avaritiam studium habentes, secundum apostolum: *Radix est omnium malorum idolorum servitus*[309], huic ipsae(ipsi) immundae beluae comparantur, cum nec viri nec feminae sunt, id est nec fideles nec perfidi, sed sunt sine dubio. De quibus ait Salomon: *Vir duplex animo, inconstans est in omnibus viis suis.*[310] Et salvator in

---

308 신명기 14장 8절 참조.

309 딤전 6.10: *radix enim omnium malorum* est cupiditas quam quidam appetentes erraverunt a fide et inseruerunt se doloribus multis.

310 약 1.8: *vir duplex animo inconstans in omnibus viis suis.*

evangelio dicit ad eos: *Non potestis duobus dominis servire, id est deo et Mammonae*[311].

이스라엘의 자손들은 하이에나와 비슷하다고 여겨집니다. 처음에는 살아계신 하나님을 섬겼지만 나중에는 향락과 사치에 열중하고 우상을 숭배했기 때문입니다. 이것 때문에 선지자는 회당을 부정한 동물에 비유했습니다. 하지만 우리 중에도 누구든지 쾌락과 탐욕에 몰두한 이들이 있다면, 사도가 이르기를 "일만 악의 뿌리는 우상의 종노릇 하는 것이니라."라고 했습니다. 바로 이 부정한 동물과 같아집니다. 이들은 남자도 여자도 아닌, 즉 의심할 바 없이 믿음이 있는 것도 믿음이 없는 것도 아닌 까닭입니다. 솔로몬이 이에 대하여 말했습니다. "두 마음을 품어 모든 일에 정함이 없는 자로다."[312] 복음서에서 구원자도 그들에게 말씀합니다. "너희는 두 주인을 섬길 수 없으니 즉 하나님과 맘몬이라."

---

311 마 6.24: **nemo potest duobus dominis servire** aut enim unum odio habebit et alterum diliget aut unum sustinebit et alterum contemnet non potestis **Deo servire et mamonae.**

312 야고보서 1장 8절의 '두 마음'을 솔로몬의 잠언 13장 4절의 '게으른 자의 마음'과 '부지런한 자의 마음'과 연결시키고 있다.

38. 수달
[Gr25] Y38 B19

Y38. NILUUS

EST animal quod dicitur niluus, hoc est in flumine, figuram habens canis. Inimicus autem est corcodrilli; si autem viderit corcodrillum dormientem, et apertum os eius, vadit niluus et unguit se totum luto; et cum persicaverit lutum, insilit in ore corcodrilli, et omnia intestina eius et viscera eicit.

Y38. 닐루우스

닐루우스[313]라고 하는 동물이 있습니다. 강에 살고 개의 모습을 갖고 있습니다. 이 동물은 악어의 천적입니다. 잠자고 있는 악어와 악어의 벌어진 입을 보면 닐루우스는 가서 자신의 온몸을 진흙으로 바릅니다. 진흙이 마르면 악어의 입 속으로 뛰어듭니다. 그리고 악어의 모든 내장과 창자를 밖으로 내던집니다.

Sic est inintellegibilis infernus, rapiens omnem animam et mortificans: celestis autem noster salvator, accipiens terrenum

---

313 그리스어 본문에서는 '수달'을 의미하는 'ἔνυδρος'(에뉘드로스)라는 용어를 사용하고 있다.

corpus, descendit in infernum, donec raperet educens eos qui antea
mortui erant, secundum sanctas promissiones, et ut solveretur
fortitudo et aculeus mortis[314].

각 영혼을 빼앗고 죽이는 불가지적(不可知的)인 지옥이 이와 같습니다. 하지
만 천상의 우리 구원자는 이 땅의 육신을 취하시고, 거룩하신 약속에 따라
이전에 죽었던 이들을 인도해 빼앗아 올 때까지 지옥으로 내려가셨습니다.
이는 사망의 힘과 쏘는 것을 없애기 위함이었습니다.

B19. HYDRUS

Aliud animal est in Nilo flumine, quod dicitur hydrus. Physiologus
dicit de eo quoniam satis hoc animal inimicum est crocodilo. Et
hanc habet naturam et consuetudinem: cum viderit crocodilum in
littore fluminis dormientem aperto ore, vadit et involuit se in limum
luti, quod possit facilius illabi in faucibus eius, et veniens insilit
in ore eius; crocodilus igitur desubitatus, vivum transglutit eum;
ille autem dilanians omnis viscera eius exit vivus de visceribus
crocodili iam mortui ac disruptis omnibus interraneis eius.

B19. 휘드루스[315]

나일강에는 휘드루스라고 불리는 또 다른 동물이 있습니다. 피지올로구스
가 이 동물에 대해 이르기를, 이 동물이 충분히 악어와 대적할 만하다고 합

---

314 고전 15.55: ubi est mors victoria tua ubi est mors stimulus tuus.
315 Y본에서는 'NILUUS'(닐루우스)라는 용어를 사용하고 있다.

니다. 그리고 휘드루스는 이러한 특성과 습성을 갖고 있습니다. 입을 벌린 채 강가에서 자고 있는 악어를 보면, 진흙탕으로 가 자신을 빠뜨립니다. 악어의 목구멍에서 더 쉽게 미끄러질 수 있기 때문입니다. 돌아온 그는 악어의 입 속으로 뛰어듭니다. 그래서 악어는 갑자기 살아 있는 휘드루스를 삼키게 됩니다. 휘드루스는 악어의 모든 내장을 찢어 버리고는, 이미 죽은 악어의 내장과 악어의 완전히 찢긴 창자 속에서 살아나옵니다.

Sic ergo mors et infernus figuram habent crocodili, qui inimicus est domini salvatoris nostri; ideoque dominus noster Iesus Christus, assumens terrenam carnem nostram, descendit ad infernum et, disrumpens omnia viscera eius, eduxit omnes qui ab eo devorati detinebantur in morte; sicut testatur evangelista: *Et monumenta aperta sunt, et resurrexerunt multa corpora sanctorum*[316]. Mortificavit igitur ipsam mortem; et ipse vivens resurrexit a mortuis et insultat illi per prophetam dicens: *O mors, ero mors tua; morsus tuus ero, inferne*[317]. Et alibi: *Absorta est mors in victoria Christi; ubi est, mors, contritio tua; ubi est, mors, aculeus tuus?*[318]

---

316 마 27.52: *et monumenta aperta sunt et multa corpora sanctorum qui dormierant surrexerunt.* 본문은 불가타의 'surrexerunt'(부활하였다) 대신에 'resurrexerunt'(부활하였다)는 단어를 사용하고 있다.

317 호 13.14: de manu mortis liberabo eos de morte redimam eos *ero mors tua o mors ero morsus tuus inferne* consolatio abscondita est ab oculis meis.

318 고전 15.54-55: cum autem mortale hoc induerit inmortalitatem tunc fiet sermo qui scriptus est *absorta est mors in victoria ubi est mors victoria tua ubi est mors stimulus tuus.* 본문은 불가타와는 다르게 'Christi'(그리스도의)라는 단어가 추가되어 있으며, 'victoria'(이김) 대신에 'contritio'(뉘우침), 'stimulus'(쏘는 것) 대신에 'aculeus'(쏘는 것)이라는 표현을 사용하고 있다.

그러므로 죽음과 지옥이 악어의 모습을 지니고 있으니, 이 악어는 우리 주 구원자의 적입니다. 그래서 흙으로 된 우리 육신을 취하신 우리 주 예수 그리스도는 지옥으로 내려가셨습니다. 그리고 지옥의 모든 내장을 찢으신 후 지옥에 삼켜 죽음에 붙잡혔던 모든 이들을 이끌고 나오셨습니다. 복음사가는 이렇게 증언합니다. "무덤들이 열렸고, 성인들 중에 많은 육신이 부활했도다." 그러므로 그분이 죽음 그 자체를 죽이신 것입니다. 그분 자신이 살아서 죽은 자들로부터 부활하셨고 선지자를 통해 이렇게 말씀하시며 죽음을 조롱하십니다. "오 죽음아, 내가 너의 죽음이 될 것이다. 지옥아, 내가 너의 물어뜯음이 될 것이다." 또 다른 곳에서 이르시되 "그리스도의 이김으로 죽음이 삼킨 바 되었다. 죽음아, 너의 뉘우침이 어디에 있느냐? 죽음아, 너의 쏘는 것이 어디에 있느냐?"

39. 이집트몽구스

[Gr26] Y39

Y39. ECHINEMON

Est animal quod dicitur echinemon[319], inimicum autem draconi. Si autem invenerit draconem, vadit contra eum et unguit se luto, et cooperiet nares suas de cauda sua, celans et inflans se, et sic astat contra draconem, donec eum interimat.

Sic et salvtator noster, accipiens ex terreni corporis substantiam, hoc est corpus quod accepit ex Maria, stetit donec occideret intelligibilem draconem Pharaonem, qui sedet super flumina Egypti, hoc est diabulum.

39. 이집트몽구스

이집트몽구스라고 불리는 동물이 있습니다. 용의 천적입니다. 용을 발견하면 용에게 맞서서 자신을 진흙으로 바르고 자신의 꼬리로 자기의 코를 막고, 자신을 숨기고 부풀립니다. 그렇게 용에게 맞서기를 용을 죽일 때까지 합니다.

그렇게 우리 구원자도 이 땅에서 육신의 본체, 즉 마리아에게서 받은 육신

---

319 그리스어본의 'ἰχνεύμων'(이크뉴몬)의 음역어이다.

을 취하시고 가지적(可知的)인 용 파라오를 죽일 때까지 맞섰습니다. 파라오는 이집트의 강 위에 앉아 있는 자니 곧 마귀입니다.[320]

---

320 에스겔 29장 3절 참조. 그리스어본에는 '악마인 큰 용'으로 표현되어 있다. 개역개정판에는 '마귀'가 아닌 '악어'로 번역되어 있다: "너는 말하여 이르기를 주 여호와께서 이같이 말씀하시되 애굽의 바로 왕이여 내가 너를 대적하노라 너는 자기의 강들 가운데에 누운 큰 악어라 스스로 이르기를 나의 이 강은 내 것이라 내가 나를 위하여 만들었다 하는도다".

40. 까마귀

[Gr27] Y40

Y40. CORNICOLA

HIEREMIAS propheta testator quoniam: Sedisti sicut cornicola deserta. Phisiologus pronuntiavit quoniam unius viri est; Et si vir moriatur, non fit alio viro, neque corpus viri alie mulieri commiscetur.

Sic ergo nunc deserta cornix sinagoga Iudeorum terrestris Hierusalem, que occidit virum suum celestem, propter quod deserta est, non habens virum Christum. Dixit enim apostolus de his qui ex gentibus crediderunt : *Statui enim vos uni viro virginem castam exhibere Christo*[321]. Habemus ergo nos virum divinum sermonem in animis nostris, ut non appropinquet alienus, et inveniamur spelunca latronum.

---

321 고후 11.2: aemulor enim vos Dei aemulatione ***despondi enim vos uni viro virginem castam exhibere Christo.*** 본문은 불가타의 'despondi'(언약하였다) 대신에 'statui'(결심하였다)라는 단어를 사용하고 있다.

Y40. 작은 까마귀

선지자 예레미야는 증언합니다. "너희는 홀로된 작은 까마귀와 같이 앉아 있구나[322]." 피지올로구스는 작은 까마귀가 한 수컷의 것이라고 선언하였습니다. 그 수컷이 죽으면 다른 수컷의 것이 되지 않고, 수컷도 다른 암컷과 교미하지 않습니다.

따라서 이처럼 지금 이 땅 예루살렘에 있는 홀로된 까마귀인, 유대인의 회당은 하늘에서 오신 자신의 남편을 죽였고 이것 때문에 버림받았습니다. 남편 되신 그리스도를 받아들이지 않은 것입니다. 그래서 사도는 이방인들 중에서 믿었던 이들에 관하여 말씀했습니다. "내가 너희를 정결한 처녀로 한 남편인 그리스도께 드리기로 결심했노라." 그러므로 우리는 우리 마음속에 말씀이 되시는 신성한 남편을 소유하고 있습니다. 이는 낯선 이가 다가오지 못하게 하며, 우리가 강도의 소굴에 빠지지 않기 위함입니다.

---

322 이 성경 구절은 칠십인역에 따른 것이다. 히브리어 성경에서는 '아랍 사람', 라틴어 불가타에서는 '도적'으로 기록되어 있다. 개역개정판은 다음과 같다: "네 눈을 들어 헐벗은 산을 보라 네가 행음하지 아니한 곳이 어디 있느냐 네가 길 가에 앉아 사람들을 기다린 것이 광야에 있는 아라바 사람 같아서 음란과 행악으로 이 땅을 더럽혔도다".

41. 산비둘기

[Gr28] Y41 B28

Y41. TURTUR

DIXIT Salomon: *Vox turturis audita est in terra nostra*[323]. Turtur
sedet in desertis, hoc est in solitudinibus secedens; non amat in
medio multorum esse.

Y41. 산비둘기

솔로몬이 말했습니다. "산비둘기[324]의 소리가 우리 땅에 들리는구나." 산비
둘기는 사막에 거주합니다. 즉 광야에서 은둔합니다. 다수가 있는 곳을 좋
아하지 않습니다.

Et salvator noster demorabatur in monte Oliveti (dixit enim);
assumens Ihesus Petrum, Iacobum, et Iohannem, ascendit in
montem. Turtur secedere in silentio amat: sic et generosi christofori
eligunt in secreto habitare; christofori dicuntur Christum induti, qui

---

323 아 2.12: flores apparuerunt in terra tempus putationis advenit **vox turturis audita est in terra nostra.**

324 개역개정판에는 '비둘기'라고 번역되어 있다.

imitantur turturem dominum nostrum Christum.

우리 구원자도 올리브산에 머물곤 하셨다(고 했습니다.) 예수께서 베드로, 야곱, 요한을 택하시고 산으로 오르셨습니다[325]. 산비둘기는 고요한 곳에 은둔하는 것을 좋아합니다. 그리스도를 품은 고결한 자들은 외딴 곳에 살기를 선택합니다. 그리스도를 품은 자들은 그리스도로 옷 입은 자라고 합니다.[326] 이들은 산비둘기, 우리 주 예수 그리스도를 본받습니다.

B28. TURTUR

Est volatile quod dicitur turtur; scriptum est de ea: *Vox turturis audita est in terra*[327]. Physiologus de turture dicit valde virum suum diligere, et caste cum illo vivere, et ipsi soli fidem servare; ita ut si quando evenerit ut masculus eius aut ab accipitre aut ab aucupe capiatur, haec alteri masculo se non iungit, sed ipsum semper desiderat et ipsum per singula momenta sperat, et ipsius recordatione et desiderio usque ad mortem perseverat.

B28. 산비둘기

산비둘기라고 하는 새가 있습니다. 이 새에 대해 [이렇게] 기록되어있습니다. "산비둘기의 소리가이 땅에 들리는구나." 피지올로구스는 산비둘기에 대해 자신의 수컷을 매우 사랑하고 그와 경건하게 살아갈 뿐만 아니라 오직

---

325 마태복음 17장과 마가복음 3장 참조.

326 갈라디아서 3장 27절 참조.

327 아 2.12: flores apparuerunt in terra tempus putationis advenit **vox turturis audita est in terra nostra.**

바로 그에게만 신의를 지킨다고 합니다. 그래서 언제든 그의 수컷이 매 혹은 새잡이에게 잡히는 일이 일어나면 이 새는 다른 수컷과 자신을 짝짓지 않습니다. 오로지 항상 바로 그만을 그리워하며 매 순간 그만을 바랍니다. 그에 대한 추억과 그리움을 죽을 때까지 한결같이 버리지 않습니다.

Audite itaque, omnes animae fidelium, quanta castitas in modica avicula invenitur; quicumque tamen personam turturis in vultu animae portatis, huius castitatem imitemini. Talis est enim sancta ecclesia, quae postquam vidit virum suum crucifixum, et die tertia resurrexisse et in caelos ascendisse, alio viro non coniungitur sed ipsum desiderat et ipsum sperat, et in illius amore et caritate usque ad mortem perseverat; dicente domino nostro Iesu Christo: *Qui perseveraverit usque in finem, hic salvus erit*[328]. Similiter etiam et propheta David hortatur et dicit in psalmo: *Viriliter age, et confortetur cor tuum, et sustine dominum*[329].

그러므로 모든 신실한 영혼들이여, 이 작은 새에게서 얼마나 많은 정절이 발견되는지 들어보십시오. 다만 영혼의 용모로 산비둘기의 인격을 지닌 자는 누구나 이 새의 정절을 본받으십시오. 사실 거룩한 교회도 그러합니다. 교회는 십자가에 못 박히신 자신의 신랑이 사흘 만에 부활하시고 하늘에 오르신 것을 본 후에 다른 남자와 짝을 짓지 않고 오로지 바로 그분만을 그리워하고 바로 그분만을 바랍니다. 그분에 대한 사랑과 정절을 죽을 때까지

---

328 마 10.22: et eritis odio omnibus propter nomen meum *qui autem perseveraverit in finem hic salvus erit.*

329 시 27.14(VUL 26.14): expecta Dominum *viriliter age et confortetur cor tuum et sustine Dominum.*

한결같이 버리지 않습니다. 우리 주 예수 그리스도께서 말씀하셨습니다. "나중까지 견디는 자는 구원을 얻으리라." 심지어 선지자 다윗도 시편에서 비슷하게 권면하고 말씀합니다. "용감하게 행하고 마음을 강건하게 하고 주를 의지할찌어다."

42. 제비

[Gr33] Y42

Y42. HYRUNDO

EZECHIAS rex dixit in Esaia propheta: *Sicut hyrundo, ita clamabo, et sicut columba, sic meditabor*[330]. Et in Hieremia dicitur: *Turtur et hyrundo et cyconia custodierunt tempus introitus sui*[331]. De hyrundine locutus est Phisiologus quoniam semel generat, et iam non.

Et salvator meus natus est semel in utero; baiulatus est semel, crucifixus est semel, et surrexit a mortuis semel: *Unus deus, una fides, unum baptisma*[332].

---

330 사 38.14: *sicut pullus hirundinis sic clamabo meditabor ut columba* adtenuati sunt oculi mei suspicientes in excelsum Domine vim patior sponde pro me. 본문은 불가타의 'pullus hirundinis'(제비 새끼) 대신에 'hyrundo'(제비)라는 단어를 사용하고 있다.

331 렘 8.7: milvus in caelo cognovit tempus suum *turtur et hirundo et ciconia custodierunt tempus adventus sui* populus autem meus non cognovit iudicium Domini. 본문은 불가타의 'tempus adventus'(올 때) 대신에 'tempus introitus'(올 때)라는 표현을 사용하고 있다.

332 엡 4.5: *unus Dominus una fides unum baptisma.* 본문은 불가타의 'Dominus'(주) 대신에 'Deus'(하나님)이라는 표현을 사용하고 있다.

Y42. 제비

히스기야 왕은 이사야서에서 말씀했습니다. "제비와 같이 내가 울부짖고 비둘기와 같이 묵상하겠노라." 예레미야서에서도 말씀합니다. "산비둘기, 제비, 황새[333]는 자신이 올 때를 지켰거늘." 피지올로구스가 제비에 대해 이르기를 제비는 한 번만 새끼를 낳고 더는 낳지 않는다고 합니다.

우리의 구원자도 태에서 한 번 나셨습니다. 한 번 잉태되었고, 한 번 십자가에 못 박히셨습니다. 그리고 죽은 자들 가운데서 한 번 부활하셨습니다. "하나님도 한 분이시오, 믿음도 하나이며, 세례도 하나입니다."

---

333 개역개정판에는 '두루미'라고 번역되어 있다.

43. 사슴

[Gr30] Y43 B29 C22

Y43. CERVUS

In psalmo XLI dicit: *Sicut cervus desiderat ad fontes aquarum, ita desiderat anima mea ad te, deus*[334]. Cervus inimicus est draconi; draco autem fugit a cervo in fissuras terre; et vadens cervus, et ebibens, implet nasa sua fontem aque, et evomit in fissuram terre, et educit draconem, et conculcavit eum, et occidit eum.

Y43. 사슴

시편 41편에서 말씀합니다. "하나님이여, 사슴이 샘물을 갈망하는 것처럼, 내 영혼도 당신을 갈망하나이다." 사슴은 용의 천적입니다. 용은 사슴에게서 지면의 틈새로 달아납니다. 사슴이 물을 마시러 가면 자신의 코를 샘물로 채웁니다. 그리고 지면의 틈새로 내뱉습니다. 그러고는 용을 끌어내 짓밟아 죽입니다.

---

334 시 42.1(VUL 41.2): *quemadmodum desiderat cervus ad fontes aquarum ita desiderat anima mea ad te Deus.* 본문은 불가타의 'quemadmodum'(처럼) 대신에 'sicut'(처럼)이라는 단어를 사용하고 있다.

Sic et dominus noster interfecit draconem magnum diabulum ex celestibus aquis, quibus habebat sapientie inenarrabilis; non enim potest draco baiulare aquam, neque diabulus sermones celestes. Si enim et tu habueris intelligibiles dracones absconsos in corde tuo, invoca Christum ab evangeliis per orationes, et ipse occidet eum:

이처럼 우리 주님도 형언할 수 없는 지혜를 담고 있는 하늘의 물로 큰 용, 마귀를 죽였습니다. 용은 물을 견딜 수 없고 마귀는 하늘 말씀을 견딜 수 없기 때문입니다. 이러하니 만일 당신도 당신 마음속에 숨어있는 가지적(可知的)인 용을 갖고 있다면 기도를 통해 복음서에서 그리스도를 불러내십시오. 그러면 몸소 용을 죽여주실 것입니다.

Tu es enim templum dei, et spiritus dei habitavit in te. Capilli autem cervi, ubi apparuerint in domo, vel de ossibus incenderis, numquam draconem invenies: vestigium dei et timor Christi si inveniantur in corde tuo, nullus spiritus inmundus introibit tibi.

당신은 하나님의 성전이고 하나님의 영이 당신 안에 거하셨습니다. 사슴의 털이 집에 있거나 당신이 그 뼈를 태운다면, 그 어떤 용도 보이지 않게 될 것입니다. 하나님의 자취와 그리스도를 두려워함이 당신의 마음에 있다면 그 어떤 부정한 영도 당신에게 들어오지 못할 것입니다.

B29. CERVUS

Item in psalmo quadragesimo primo: *Sicut cervus desiderat*

ad fontes aquarum, ita desiderat anima mea ad te, deus[335].
Physiologus dicit quoniam, ubi agnoverit cervus serpentem esse,
implet os suum aqua et effundit in foramine, et cum quodam
spiramine oris sui attrahit serpentem foris, et conculcans eum
pedibus interficit eum. Ita et dominus noster Iesus Christus, videns
inimicum diabolum in omni humani generis natione in quodam
speleo inhabitantem, habens in semetipso divinae sapientiae
fontem, cuius non potest antiquus draco sufferre sermones.

B29. 사슴

또한 시편 41편에서 (말씀합니다.) "하나님이여, 사슴이 샘물을 갈망하듯, 내
영혼도 당신을 갈망하나이다." 피지오루구스가 이르기를 사슴은 뱀이 있다
는 것을 알면 자기 입을 물로 채우고 구멍에 붓습니다. 입김으로 뱀을 밖으
로 끌어내 뱀을 발로 짓밟아 죽입니다. 예수 그리스도도 이와 같습니다. 그
분은 자신 안에 신성한 지혜의 샘을 가지고 계시면서, 인류의 모든 종족에
게 적대적인 마귀가 어떤 동굴에 깃들어 있는 것을 보고 계십니다. 그분의
말씀을 옛 용은 견딜 수 없습니다.

Cum enim vidisset in regione Gerasenorum, ultro cucurrit ille
cum omnes exercitus daemonum in homine uno habitans, dicit:
Quid mihi et tibi, fili dei? Venisti ante tempus torquere nos?; et
interrogavit eum dominus: *Quod tibi nomen est? et ille respondit:
Legio mihi nomen est.* Et rogabant Iesum ne imperaret illis, ut irent

---

335 시 42.1(VUL 41.2): 상동. 본문은 Y본과 같이, 불가타의 'quemadmodum'(처럼) 대신에
    'sicut'(처럼)이라는 단어를 사용하고 있다.

in abyssum.

거라사 지방에서 (그분이 용을) 보았을 때, 한 사람 안에 귀신의 온갖 무리와 함께 거하고 있던 그 용이 반대편으로 달아나며 이렇게 말합니다. "하나님의 아들이여, 나와 당신 사이에 무슨 관계가 있나이까? 때도 되기 전에 우리를 괴롭히러 오셨나이까? 주님이 그에게 물었습니다. "너의 이름이 무엇이냐?" 그가 대답했습니다. "나의 이름은 군대이옵니다." 그리고 그들은 예수님께 간청했습니다. 이는 예수님이 그들에게 지옥으로 가라고 명하지 않도록 하기 위함이었습니다.

Erat autem ibi grex porcorum multorum pascentium; daemones autem rogabant eum, dicentes: *Si eicis nos, mitte nos in gregem porcorum*; et ait illis Iesus: Ite; at illi exeuntes ab hominibus introierunt in porcos; et ecce magno impetu abiit totus grex per praeceps in mare, quasi duo millia, et suffocati sunt in aquis. Ecce quomodo audiens vocem diabolus domini, in praeceps fugit cum omnibus suis; de quo in novissimis diebus testatur apostolus, dicens: *Quem dominus Iesus interficiet spiritu oris sui*[336].

한편 거기엔 풀을 뜯는 수많은 돼지가 떼를 지어 있었습니다. 귀신들은 그분께 이렇게 말하며 간청했습니다. "우리를 내쫓으신다면, 우리를 돼지 떼에게로 보내주십시오." 예수님은 그들에게 말씀했습니다. "가라" 그러자 사람에게서 나온 그들은 돼지들에게로 들어갔습니다. 보십시오. 온 돼지 떼

---

336 살전 2.8: et tunc revelabitur ille iniquus *quem Dominus Iesus interficiet spiritu oris sui* et destruet inlustratione adventus sui.

가 매우 격렬하게 비탈을 지나 바다로 내달렸습니다. 거의 이천 마리가 물에 빠져 익사했습니다. 주님의 음성을 들은 마귀가 자신의 모든 무리와 함께 비탈로 어떻게 도주했는지 보십시오[337]. 사도가 마지막 날에 이에 대해 사도는 말씀하며 진술합니다. "주 예수가 그 입의 기운으로 그를 죽일 것입니다."

Et David dicit: *Montes excelsi cervis*[338]. Montes apostolos et prophetas dicit, cervos vero homines fideles, qui per apostolos et prophetas et sacerdotes perveniunt ad agnitionem Christi; sicut scriptum est in psalmo: *Levavi oculos meos ad montes, unde veniet auxilium mihi*[339].

다윗도 말씀합니다. "높은 산들은 사슴들을 위함이라." 다윗이 산을 사도들과 선지자들이라 하고, 사슴들은 믿음의 사람들이라고 합니다. 이들은 사도들과 선지자들 그리고 성직자들을 통해 그리스도를 아는 지식에 도달한 자들입니다. 이것은 시편에 기록된 바와 같습니다. "내가 산을 향해 내 눈을 들리니 그곳에서 나의 도움이 올 것이라."

C22. DE CERVO

Physiologus dicit quia inimicus est draconis et persequitur occidere

---

337 마가복음 5장 1-17절과 누가복음 8장 26-33절 참조.

338 시 104.18(VUL 103.18): ***montes excelsi cervis*** petra refugium erinaciis.

339 시 121.1(VUL 120.1): canticum graduum ***levavi oculos meos in montes unde veniet auxilium mihi.*** 본문은 불가타의 'in montes'(산을 향하여) 대신에 'ad montes'(산을 향하여)라는 구문을 사용하고 있다.

eum vult. Dum fugerit draco ante eum et absconderit se in scissuris, velociter cervus vadit ad fontem, et implet viscera sua aqua multa, et veniens vomens post eum. Turbatur draco ab aqua exiit et absorbet eum cervus. Itaque Dominus Ihesus Xpistus est, draconem magnum diabolum et in inferiora terre persecutus est eum. Et effundens de latere suo *sanguinem et aquam* et effugavit draconem *per lavacrum regenerationis* et diaboli opera amputavit.

C22. 사슴에 관하여

생리학자는 사슴은 용에게 적대적이며 그를 죽이고 싶어 한다고 말합니다. 용이 그 앞에서 도망하여 틈에 숨으면, 사슴은 급히 샘으로 달려가 자신의 창자에 물을 가득 채우고 가서는 용에게 토해냅니다. 괴로워하는 용이 물에서 나오자, 사슴이 용을 삼켜버렸습니다. 주 예수 그리스도도 이와 같습니다. 그분은 큰 용과 마귀를 쫓아 낮은 땅으로 내려가셨습니다. 그리고 옆구리에서 피와 물을 흘리시고, 거듭남의 씻음으로 용을 없애시며 마귀의 일을 제거하셨습니다.

44. 육지 개구리와 수생 개구리

[Gr29] Y44

Y44. RANA

Est rana que dicitur cerseus, hoc est desiccano. Cersea rana per estatem estus non curat; si autem comprehenderit eam pluvia, morietur; alie autem rane aquatice que inter aquas sunt, si viderint radios solis et calefacte fuerint, baptizant se in fonte.

Y44. 개구리

케르세우스[340]라고 하는, 즉 육지 개구리가 있습니다. 육지 개구리는 여름 동안 무더위를 개의치 않습니다. 하지만 빗물이 그를 덮치면 죽습니다. 반면 물 속에 있는 수생 개구리는 햇빛을 보다가 더우면 샘물에 들어가 자기 몸을 샘물에 담급니다.

Hoc est generosi abstinentes, desiccano sunt. Non pertinet eis de quibus patienter in abstinentiis laborantes; si autem pluvia eos

---

340 그리스어본에서 '육지에서 사는'이라는 의미인 그리스어 'χερσαῖος'(케르사이오스)의 음역이다. 그리스어본은 다음과 같다: Περὶ βατράχου [χερσαίου τε καὶ ἐνύδρου]([**육지**와 수생] 개구리에 관하여).

comprehendat, moriuntur (hoc est seculi cupiditates); aquatice autem rane in eis, que non sufferunt abstinentiam. Et si ad diem abstinuerint, non baiulantes radium solis intelligibilis, inmittunt se iterum in ea ipsa priora desideria.

즉 절제하는 고결한 자들은 바싹 마른 땅에서 나온 자들입니다. 절제 가운데 인내하며 일하는 자들에게 아무런 문제가 없습니다. 하지만 이들에게 빗물이 덮치면 죽습니다. (빗물은 세상의 탐욕입니다.) 반면 절제를 유지하지 못하는 이들 가운데 수생 개구리가 있습니다. 낮까지 절제한다 해도 가지적(可知的)인 태양의 빛을 견디지 못하고 즉시 이전의 바로 그 욕구로 다시 돌진합니다.

45. 살라만드라

[Gr31] Y45 B30 C23

Y45. SAURA ID EST SALAMANDRA

Est mirabile hoc in Danihelo de tribus fratribus: in camino ignis missi sunt, ut et hymnum dicerent deo. Vere non mirum iusti enim fuerunt; et si mortuos suos suscitaverunt, neque magnum iustos montes transferri in mare.

Phisiologus dixit de saura que dicitur salamandra, quoniam si introivit in camino ignis vel fornace balnearum, omnis ignis extinguitur; talem naturam habet. Quanto melius, qui secundum iustitiam extinguerunt virtutem ignis, obturaverunt ora leonum.

Y45. 도마뱀 즉, 살라만드라[341]

다니엘서에서 세 형제들에 관한 내용은 기적적인 일이었습니다[342]. 이들은 불가마 속으로 던져졌습니다. 이는 그들이 하나님을 찬송하도록 하기 위함 이었습니다. 또한 그들은 의로운 사람이었기 때문에, 이들이 죽은 자들을 일으켜 세우고 의로운 자들이 산을 바다로 옮겼을지라도 그렇게 대단한 일

---

341 그리스어본의 'σαλαμάνδρα'(살라만드라)의 음역이다. '살라만드라'는 도롱뇽의 일종이다.

342 다니엘서 3장 참조.

이 아닙니다.

피지올로구스가 살라만드라라고 하는 도마뱀에 대해 이르기를, 불가마나 욕탕의 풀무불에 들어가면 모든 불이 꺼진다고 했습니다. 이 도마뱀은 이러한 특성을 가지고 있는 것입니다. 하물며 공의를 따라 불의 세력을 멸하고, 사자들의 입을 막은 이들은 훨씬 더 대단한 것입니다.

B30. SALAMANDRA

Est reptile quoddam quod graece dicitur salamandra, latine vero stellio; hoc simile est lacertulae pusillae, colore vario; de quo Salomon dicit: *Sicut stellio habitans in domibus regum*[343]. Physiologus dicit de eo quoniam si casu undecumque inciderit in caminum ignis vel in fornacem ardentem, aut in quodcumque incendium, statim extinguitur ignis.

B30. 살라만드라

그리스어로 '살라만드라'라고 부르지만, 라틴어로는 '스텔리오'라고 하는 어떤 파충류가 있습니다. 이것은 다양한 빛깔을 지닌 작은 도마뱀과 비슷합니다. 이것에 대해 솔로몬이 말씀합니다. "왕궁에 거하는 스텔리오와 같구나." 피지올로구스는 살라만드라에 대해 이르기를 어디에서든 우연히 불가마나 극렬한 풀무불 혹은 어떤 불이든 간에 그 안에 떨어지면 즉시 불이 꺼진다고 합니다.

---

343 잠 30.28: *stilio manibus nititur et moratur in aedibus regis.* 개역개정판에는 '도마뱀'
이라고 번역되어 있다.

Isti sunt iusti et mirabiles omnibus hominibus dei; sicut fuerunt in camino ignis ardentis Ananias, Azarias, et Misael, et non tetigit eos omnino ignis quos intactos atque incontaminatos exisse de camino ignis, evidenter propheta Daniel declarat.

이러한 일들은 모든 하나님의 사람들에게는 의롭고 기적적인 일입니다. 이와 같이 아나니아와 아사랴, 그리고 미사엘은 불타는 화덕안에 있었습니다. 불은 전혀 그들을 범하지 않았으며, 무사히 다치지 않고 화덕에서 나왔다고 선지자 다니엘은 분명하게 선언합니다.

Et Paulus apostolus testatur dicens: *Fide omnes sancti extinxerunt virtutem ignis, obstruxerunt ora leonum*[344]. Ita et omnis quicumque ex tota fide sua crediderit in deo et in operibus bonis perseveraverit, transit gehennam ignis, et non tangit eum flamma; de quo scriptum est in Isaia propheta: *Si transieris per ignem, flamma te non comburet*[345].

사도 바울도 이렇게 말하며 증거합니다. "믿음으로 모든 성인들이 불의 힘을 꺼뜨렸고 사자의 입을 막았습니다." 이렇게 자신의 전적인 믿음으로 하나님

---

344 히 11:33: *qui per fidem devicerunt regna* operati sunt iustitiam adepti sunt repromissiones obturaverunt ora leonum.

345 사 43.2: cum transieris per aquas tecum ero et flumina non operient te *cum ambulaveris in igne non conbureris et flamma non ardebit in te.* 본문은 불가타의 'ambulaveris'(건너갈지라도) 대신에 'transieris'(건너갈지라도)라는 표현을 사용하고 있으며, 'flamma'(불꽃)을 주어로 하는 동사로 'ardebit'(불사를 것이다) 대신에 'comburet'(타다)라는 단어로 변경하고 있다. 본문에 인용된 불가타의 번역은 다음과 같다: 불 가운데로 건너갈지라도 너는 타지 않을 것이며 불꽃이 너를 불사르지 못할 것이다.

을 믿고 선한 일을 끝까지 해내는 자는 누구든지 모두 지옥불을 건너갑니다. 불이 그를 범하지 않습니다. 그에 관하여 이사야 선지서에 이렇게 기록되었습니다. "불 가운데로 건너갈지라도 불꽃이 너를 태우지 아니하리라."

C23. DE NATURA ANIMALIS QUI DICITUR SALAMANDRA

Hic si introierit in fornacem ignis, extinguitur ignis, aut in balneum si introierit, totus balneus frigidus efficitur. lta erant corpora trium puerorum quos ignis non lesit[346]. Sed magis adversarios tetigit quia eos in fornace Xpistus sua virtute roboravit.

C23. 살라만드라라고 불리는 동물의 특성에 관하여

이 동물이 불아궁이에 들어가면 불이 꺼지고, 욕탕에 들어가면 욕탕 전체가 차가워집니다. 이렇게 세 소년의 몸은 불로 인해 해를 입지 않았습니다. 그리스도께서는 대적자들에게 손을 대시기 보다, 극렬한 풀무불 속에 있던 자들을 당신의 덕으로 강하게 하셨습니다.

---

346 다니엘서 3장 참조.

46. 자석

Y46. Magnis Lapis

Est lapis qui dicitur magnis, suspendit ferrum, si adheserit ferro, hoc est si apponatur ferro. Si ergo creatura hec facit, quanto melius creator omnium et factor suspendit celum a terra, et extendit celum sicut pellem.

Y46. 자석

자석이라는 돌이 있습니다. 쇠 가까이 있으면, 즉, 쇠 곁에 놓이면 쇠를 매답니다. 하물며 피조물이 이러한 일을 한다면 만물의 창조주이자 조물주는 땅과 떨어진 하늘을 얼마나 더 잘 매달고 계시며, 가죽처럼 펼치시겠습니까.

256 | 피지올로구스 라틴어본 역주 중세 그리스도교 우화집

47. 금강석 2

[Gr32] Y47

Y47. ADAMANTINUS LAPIS

Est lapis adamantinus, in orientis partibus invenietur, non in diebus solis fulgens, sed in noctibus invenitur; adamantinus dicitur quia omnia domat, ipsum enim nemo potest domare.

Dominus meus et salvator omnes iudicat, et non iudicatur ab aliquo. Et in Amos propheta dicit: *Et vidi lapidem adamantinum*[347]. Et tu, si inventus fueris in orientis partibus, maxime si vocatus fueris iustus, inreprehensibilis et pius, sicut Iob, innocens, et cetera, a solis ortu.

Y47. 금강석

동방에서 발견되는 금강석이 있는데, 해가 있는 낮에는 빛나지 않고 오로지 밤에만 발견됩니다. 금강석이라고 불리는 이유는 모든 것을 굴복시키지만

---

347 암 7.7: haec ostendit mihi et ecce Dominus stans super murum litum et in manu eius trulla cementarii. 불가타에는 '금강석'에 대한 언급이 없다. 칠십인역을 반영하고 있는 것이다: οὕτως ἔδειξέν μοι κύριος καὶ ἰδοὺ ἀνὴρ ἑστηκὼς ἐπὶ τείχους **ἀδαμαντίνου** καὶ ἐν τῇ χειρὶ αὐτοῦ **ἀδάμας**(주께서 내게 보이신 것이 이러하니라 보아 그가 손에 **금강석**을 쥐고 **금강석**으로 된 담 곁에 서 있었다).

그 누구도 그 돌을 굴복시킬 수 없기 때문입니다.

우리의 주이시자 구원자는 모든 이를 심판하시지만, 누구에게도 심판받지 않으십니다. 선지자는 아모스서에서 말씀하십니다. "내가 금강석을 보았노라." 당신도 동방에서 발견된다면 그렇게 될 것입니다. 특히 의롭고 책망할 것이 없고, 해가 돋는 곳에서 순결한 욥과같이 경건하다는 등으로 불린다면 더욱 그렇습니다.

48. 비둘기

[Gr35] Y48 B31

Y48. COLUMBAE

IOHANNES evangelista dicit: *Vidi celum apertum, et spiritum dei sicut columbam venientem super eum*[348]. De multis columbis locutus est Phisiologus; sunt pegmatistes[349] columbe; multa enim sunt genera columbarum, et multis coloribus et variis; est niger, cinericius, auri speciem habens, mellicus (hoc est fuscus), totus albus[350], rufus; si autem omnes columbas mittat ad pegmatistes neminem inducet, solus rufus inducet omnes et placat.

---

348 마 3.16: ecce *aperti sunt ei caeli et vidit Spiritum Dei descendentem sicut columbam venientem super se.* 요 1.32: et testimonium perhibuit Iohannes dicens quia *vidi Spiritum descendentem quasi columbam de caelo et mansit super eum.* 눅 3.21-22: factum est autem cum baptizaretur omnis populus et Iesu baptizato et orante *apertum est caelum et descendit Spiritus Sanctus corporali specie sicut columba in ipsum* et vox de caelo facta est tu es Filius meus dilectus in te conplacuit mihi.

349 그리스어본의 'πηγματισταὶ'(페그마티스타이)를 음역한 단어다. 그리스어본은 다음과 같다: εἰσὶ γὰρ **πηγματισταὶ** περιστερῶν, καὶ πολλὰ γένη περιστερῶν καὶ πολύχρωμά εἰσιν(**비둘기** 애호가들도 있으며, 많은 종류들과 다양한 색깔들이 있습니다.).

350 그리스어본에서 '순백색'을 의미하는 'ὁλόλευκος'에 해당하는 표현이다. 다른 사본에는 'icotus, albus'로 쓰여있다.

Y48. 비둘기

사도 요한은 말합니다. "내가 하늘이 열리는 것과 하나님의 성령이 비둘기처럼 그 위에 임하는 것을 보았노라." 피지올로구스는 많은 비둘기에 관하여 이야기했습니다. 비둘기 애호가들이 있으며, 다양한 종류의 비둘기들과 많고 다양한 색의 비둘기들이 있습니다. 검은색, 회색, 금빛 외관을 가진 것, 꿀색(즉, 갈색), 순백색, 붉은색 등입니다. 만일 누군가가 모든 비둘기들을 애호가들에게 보내려고 한다면, 그는 어떤 비둘기도 이끌지 못할 것입니다. 붉은 비둘기만이 모든 비둘기를 이끌고 설득할 것입니다.

Sic sanguis salvatoris mei induxit omnes in vitam eternam: non Moyses, quia legem dedit, non Esaias, non quisque prophetarum, sed ipse veniens dei ilius dominus Ihesus Christus salvavit nos suo sanguine sancto. Hoc ipsum extra ab fornicaria: propter coccinum signum salvata est anima eius: Maria sortita accepit coccinum purpuram[351]. Et in canticis canticorum dixit: *Vestis coccinea labia tua, et loquella tua speciosa*[352]. Et in Matheo: *Clamidem coccineam induerunt eum*[353].

이렇게 나의 구원자의 피가 모든 이를 영생으로 인도했습니다. 율법을 주었다고 해서 모세도 아닙니다. 이사야도 아닙니다. 선지자들 중 그 누구도 아

---

351 계 17.4a: *et mulier erat circumdata purpura et coccino* et inaurata auro et lapide pretioso et margaritis habens poculum aureum in manu sua...

352 아 4.3a: sicut *vitta coccinea labia tua et eloquium tuum dulce.* 본문은 불가타의 'vitta'(끈) 대신에 'vestis'(옷), 'eloquium'(말) 대신에 'loquella'(말), 그리고 'dulce'(어여쁜) 대신에 'speciosa'(화려한)이라는 표현을 사용하고 있다.

353 마 27.28: et exuentes eum *clamydem coccineam circumdederunt ei.* 본문은 불가타의 'circumdederunt'(입혔다) 대신에 'induerunt'(입혔다)라는 단어를 사용하고 있다.

닙니다. 오로지 하나님의 아들로 오신 우리 주 예주 그리스도 그분 자신만
이 우리를 자신의 거룩한 피로 구원하셨습니다. 게다가 바로 이것은 간음한
여인[354]으로부터 시작되었습니다. 붉은빛 표식 덕분에 그녀의 영혼이 구원
받았습니다. 선택된 마리아는 자줏빛 붉은색 옷을 받았습니다. 아가서에서
도 말했습니다. "너의 입술은 홍색 옷이고 너의 말은 아름답도다." 마태복
음에서도 말했습니다. "그분께 홍포를 입혔습니다."

B31. COLUMBAE

Physiologus dicit multis ac diversis coloribus esse columbas, id
est color sturninus, niger, albus, stephanitus, braciotus, aerius,
cinericius, aurosus, melenus; rufus est ergo super omnes primus,
qui omnes regit et placat, et quotidie etiam agrestes congregat in
columbario suo.

B31. 비둘기

피지올로구스는 많고 다양한 색의 비둘기들이 있다고 말합니다. 즉 얼룩덜
룩한 색, 검은색, 하얀색, 철흑색, 적갈색, 하늘색, 회색, 금색, 연노란색
등입니다. 사실 모든 비둘기 중에 으뜸은 붉은색 비둘기입니다. 이 비둘기
는 모든 비둘기를 다스리고 설득할 뿐만 아니라 매일 자신의 새장 안에 야
생 비둘기들을 모읍니다.

Ipse est ergo primus, qui nos pretioso sanguine redemit et intra
unam ecclesiae domum de diversis nationibus congregavit; non

---

354 기생 라합을 가리킨다.

Moyses, non Helias, non aliquis prophetarum aut patriarcharum, sed ipse a patre veniens salvavit nos, et per passionem suam nos redemit a morte perpetua; sicut Iohannes dicit: *Vidi caelum apertum et spiritum dei descendentem tamquam columbam, missum a deo*[355]*, qui vult: Omnes homines salvos fieri et ad agnitionem veritatis venire*[356].

그러므로 우리를 값진 피로 구속하시고 다양한 나라에서 교회의 한 집으로 모이게 하신 그분이 으뜸이 되십니다. 모세도 아니고, 엘리야도 아니고 선지자나 조상 중의 어떤 이도 아니고 오로지 아버지로부터 오신 그분 자신이 우리를 구원하셨습니다. 자신의 수난을 통해 우리를 영원한 죽음으로부터 구속하셨습니다. 요한이 말한 바와 같습니다. "하늘이 열리고 하나님께서 보내신 하나님의 영이 비둘기처럼 내려오는 것을 내가 보았으니 하나님은 모든 사람이 구원을 받으며 진리를 아는데 이르기를 원하시느니라."

Ipse ergo volens humanum genus congregare in ecclesia sancta catholica et apostolica, misit spiritum sanctum: Multipharie multisque modis loquentem per leges et prophetas ad omne humanum genus, sicut diversus color columbarum est.

그래서 하나님은 인류가 사도적이고 거룩한 가톨릭교회로 모이기를 원하셔서 성령을 보내셨습니다. 성령은 율법과 선지자를 통해 여러 가지 많은 방법으로 모든 인류에게 말씀하시니, 이는 비둘기의 다양한 색과 같습니다.

---

355 마 3.16, 요 1.32, 눅 3.21-22 참조.
356 딤전 2.4: *qui omnes homines vult salvos fieri et ad agnitionem veritatis venire.*

Primum quidem significat legem quasi nigro colore, id est propter obscuros sermones et interpretabilem scientiam. Deinde sturninus color significat diversitatem duodecim prophetarum. Aerius color Heliam significat, qui raptus est per aera in curru usque ad caelum. Cinericius autem color significat Ionam prophetam, Ninivitis praedicans in cilicio et cinere poenitentiam agendam, quo facto concessum est ei a domino praesidium vitae.

먼저 검은색은 율법을 상징합니다. 모호한 말과 해석의 여지가 있는 의미 때문입니다. 이어서 얼룩덜룩한 색은 열두 선지자들의 다양성을 나타냅니다. 하늘색은 엘리야를 상징합니다. 엘리야는 하늘을 가로질러 천국까지 마차로 들림을 받았습니다. 반면 회색은 선지자 요나를 나타냅니다. 회개하기 위해 털옷과 재 속에서 니느웨인들에게 설교함으로 인해, 그는 주에 의해 생명의 보호를 받았습니다.

Aurosus color non nisi tres pueros significat, qui spiritum dei verum habentes regi Nabugodonosor dixerunt: *Scito, rex, quia nos deos tuos non colimus, neque imaginem auream quam erexisti non adorabimus*[357]. Melenus vero color est Heliseus, qui suscepit melotem a magistro suo Helia eunte in caelum, et duplici spiritu eius honorari meruit.

---

357 단 3.18: quod si noluerit **notum tibi sit rex quia deos tuos non colimus et statuam auream quam erexisti non adoramus.** 본문은 불가타의 'notum tibi sit'(아시옵소서) 대신에 'scito'(아시옵소서), 'statuam'(신상) 대신에 'imaginem'(신상)라는 단어를 사용하고 있다.

금색은 다름 아닌 세 소년을 상징합니다. 하나님의 참된 영을 지닌 세 소
년은 느부갓네살왕에게 말했습니다. "왕이시여. 우리는 당신의 신들을 섬
기지도 아니하고 당신이 세우신 금 신상을 숭배하지도 않을 것을 아시옵소
서." 한편 연노란색은 엘리사입니다. 그는 천국에 가는 자신의 스승 엘리야
로부터 망토를 받았고 갑절의 영으로 인해 존경받아 마땅했습니다.

Albus autem color est beatus Iohannes praecursor Christi,
habens candorem sacri baptismatis; de quo propheta Isaias ait:
Lavamini, mundi estote, auferte malum cogitationum vestrarum
ab oculis meis, discite benefacere; et si fuerint peccata vestra ut
fenicium, ut nix dealbabuntur[358]. De Iohanne dominus testatur
dicens: *Amen dico vobis, non fuit maior inter natos mulierum*
Iohanne Baptista[359]. Lex enim et prophetae usque ad Iohannem
praedicaverunt, iste digito demonstravit Christum: *Ecce agnus dei,*
ecce qui tollit peccata mundi[360].

---

358 사 1.16-18: *lavamini mundi estote auferte malum cogitationum vestrarum*
ab oculis meis quiescite agere perverse discite benefacere quaerite iudicium
subvenite oppresso iudicate pupillo defendite viduam et venite et arguite me dicit
Dominus *si fuerint peccata vestra ut coccinum quasi nix dealbabuntur* et si
fuerint rubra quasi vermiculus velut lana erunt. 본문은 불가타의 'coccinum'(주홍) 대
신에 'fenicium'이라는 단어를 사용하고 있다. 'fenicium'은 칠십인역의 해당 구절에서 '진홍'
을 의미하는 그리스어 'φοινικοῦν'(포이니쿤)의 음역이다. 칠십인역 이사야서 1장 18절 하반
절은 다음과 같다: ἐὰν ὦσιν αἱ ἁμαρτίαι ὑμῶν ὡς **φοινικοῦν** ὡς χιόνα λευκανῶ ἐὰν δὲ
ὦσιν ὡς κόκκινον ὡς ἔριον λευκανῶ.

359 마 11.11a: *amen dico vobis non surrexit inter natos mulierum maior Iohanne*
Baptista. 본문은 불가타의 'surrexit'(일어났다) 대신에 'fuit'(있었다)라는 단어를 사용하고
있다.

360 요 1.29b: *ecce agnus Dei qui tollit peccatum mundi.*

하얀색은 거룩한 세례의 고결함을 갖고 그리스도를 앞서 온 복이 있는 요한입니다. 이 선지자에 대해 이사야가 말씀했습니다. "씻어 깨끗하게 되어라. 내 눈에서 너희의 악한 계책을 멈추어라. 선행을 배우라. 너희의 죄가 주홍 같을지라도 눈과 같이 희게 되리라." 주님은 요한에 대해 말씀하시며 확언합니다. "진실로 너희에게 이르노니 여인 중에서 난 자 중에 세례 요한보다 더 큰 이가 없도다." 율법과 선지자들은 요한의 때까지 가르침을 전했고 요한은 손가락으로 그리스도를 가리켰습니다. "보라 하나님의 어린양이니 보라 세상 죄를 지고 가는도다."

Stephanitus vero Stephanus est, primus martyr, qui post acceptionem sancti spiritu Christum in dextera patris videre meruit. Rubeus vero color significat domini passionem, propter quod et Raab meretrix iam tunc coccineum signum misit, de quo in Hiericho salvata est; de quo in Canticis dicit: *Sicut sparcium colorem rubicundum labia tua*[361]. Et in evangelio dicit: Induerunt Iudaei domino *clamidem coccineam*[362]. Et Isaias dicit: *Quis est iste qui ascendit de Edom, rubrum vestimentum eius ex Bosra?*[363].

철흑색은 참으로 첫 번째 순교자인 스데반입니다. 그가 성령을 받은 후 아

---

361 아 4.3a: *sicut vitta coccinea labia tua et eloquium tuum dulce.* 본문은 불가타의 'vitta coccinea'(홍색 실) 대신에 'sparcium colorem rubicundum'(홍색의 금작화)이라는 표현을 사용하고 있다.

362 마 27.28: et exuentes eum *clamydem coccineam circumdederunt ei.* 본문은 Y본과 같이, 불가타의 'circumdederunt'(입혔다) 대신에 'induerunt'(입혔다)라는 단어를 사용하고 있다.

363 사 63.1a: *quis est iste qui venit de Edom tinctis vestibus de Bosra.* 본문은 불가타의 'venit'(오다) 대신에 'ascendit'(올라오다), 'tinctis'(염색한) 대신에 'rubrum'(홍색의)라는 단어를 사용하고 있다. 'rubrum'(홍색의)로 표현된 것은 칠십인역을 반영한 것이다.

버지의 우편에 계신 그리스도를 보는 것은 마땅했습니다. 붉은색은 참으로 주님의 수난을 상징합니다. 이 때문에 기생 라합도 이미 그때에 붉은색 표식을 해두었고 그 표식으로 인해 여리고에서 구원을 받았습니다. 이 표식에 대해 아가서에서 말씀합니다. "너의 입술은 홍색의 금작화[364]와 같구나." 복음서에서도 말씀합니다. "유대인들은 주님께 홍포를 입혔습니다." 이사야도 말씀합니다. "에돔에서 오며 보스라에서 홍의를 입고 오는 자가 누구냐?"

Et coccineum ligatum est in manu Zarae filii Iudae ab obstetrice, cum adhuc in utero matris esset. Et in Canticis Canticorum: *Fratruelis meus candidus et rubicundus*[365], candidus in virginitate, rubicundus in martyrio, per quod omnes credentes in eum pretioso sanguine redempti sumus, in nomine patris et filii et spiritus sancti, qui est benedictus in saecula saeculorum, Amen.

산파는 유다의 아들 세라의 손을 홍실로 묶었으니 그가 아직 모태에 있던 중이었습니다. 아가서에서도 '나의 사촌은 희고 붉다'고 합니다. 순결에 있어서 희고, 순교에 있어서 붉은 것이니 이를 통해 그를 믿는 우리 모두는 값진 피로, 세세토록 복되신 아버지와 아들과 성령의 이름으로 구속되었습니다. 아멘.

---

364 라틴어 'sparcium'을 'Sparcium Scoparium', 즉 '애니시다', '양골담초'라고도 불리는 '금작화'로 보았다.

365 아 5.10: *dilectus meus candidus et rubicundus electus* ex milibus.

49. 햇살 도마뱀

[Gr2] Y49 B37 C2

Y49. SAURA ELIACE[366] HOC EST ANGUILLA SOLIS

Est qui vocatur saura eliace, hoc est anguilla solis. Cum senuerit, impeditur duobus oculis suis, et excecatur, non videns solis lumen. Quid faciet? ex bona sua natura inquirit parietem respicientem ad orientem, et intrat in fissuram parietis, videns ad orientem, et oriente sole aperientur ei oculi, et nova efficitur.

Sic et tu, o homo, si ergo veteris hominis indumentum habes, vide ne quando oculi cordis tui impediti fuerint, requiras intellegibilem orientem solem *dominum* Iesum Christum, *cuius nomen vocatur oriens*[367] in propheta Hieremia. Et ipse est *sol iustitie*[368], sicut apostolus dicit; et aperiet tibi intellegibiles oculos cordis tui, et novum per veteris fiet tibi vestimentum.

---

366 그리스어본에서 '햇살 도마뱀'을 의미하는 'σαύρα ἡλιακή'(사우라 헬리케)의 음역이다.

367 슥 6.12a: et loqueris ad eum dicens haec ait **Dominus** exercituum dicens ecce vir **Oriens nomen eius.**

368 말 4.2: et orietur vobis timentibus nomen meum **sol iustitiae** et sanitas in pinnis eius et egrediemini et salietis sicut vituli de armento.

Y49. 햇살 도마뱀, 즉 햇살 뱀장어

햇살 도마뱀, 즉 햇살 뱀장어라고 불리는 동물이 있습니다. 늙으면 두 눈에 장애가 생기고 햇빛을 보지 못하면서 눈이 멀게 됩니다. (이 동물은) 무엇을 할까요? 그의 좋은 본성을 따라 동쪽을 향하고 있는 벽을 찾아 벽틈으로 들어가서 동쪽을 바라봅니다. 그리고 태양이 뜰 때 눈이 떠지고 회복하게 됩니다.

그러므로, 사람이여, 이와 같이 당신도 옛사람의 옷을 입고 있다면, 언젠가 당신의 마음의 눈이 장애를 갖지 않도록 조심하고 가지적(可知的)인 떠오르는 태양이신 주 예수 그리스도를 찾으십시오. 그분의 이름은 예레미야 선지서[369]에서 돋는 해로 불립니다. 사도께서 말씀하신 바와 같이 그분 자신은 의의 태양이십니다. 그분은 당신을 위해 당신 마음의 가지적(可知的)인 눈을 열어주실 것이고, 옛 옷으로 말미암아 당신을 위해 새 옷이 될 것입니다.

B37. LACERTA

Est volatile animal quod lacerta dicitur, clarum ut sol. Physiologus dicit de eo quia quando senuerit, utrisque oculis impeditur, ita ut nec solis lumen videat. Sed suae naturae huiusce modi praestat medicamentum: inquirit parietem attendentem contra orientem, et per foramen exit, et apertis oculis renovatur.

Sic et tu, homo, qui veteri tunica indutus es, quando oculi tui cordis caligentur, quaere locum intelligibilem orientem versus; id est, ad

---

369 'oriens'가 스가랴 6장 12절을 인용하는 것으로 볼 때, '예레미야 선지서'는 '스가랴 선지서'의 오기로 보인다.

solem iustitiae[370] Christum dominum nostrum Iesum te converte, *cuius nomen oriens*[371] dicitur; quatenus oriatur in corde tuo per spiritum sanctum, et lucem misericordiae suae ostendat tibi, qui illuminat omnem hominem in hunc mundum venientem.

B37. 도마뱀

도마뱀이라고 불리는 동물은 재빠르고 태양처럼 밝습니다. 피지올로구스가 이 동물에 대해 이르기를 늙으면 양 눈에 장애가 생겨 햇빛을 보지 못한다고 합니다. 하지만 도마뱀은 자신의 본성을 따라 다음과 같은 방식의 처방을 내립니다. 동쪽을 향하고 있는 벽을 찾아 [들어가서는], 구멍에서 나옵니다. 그러면 눈이 떠져 회복하게 됩니다.

옛 옷을 입고 있는 사람이여, 당신도, 당신 마음의 눈이 어두워질 때, 이렇게 가지적(可知的)인 해가 떠오르는 곳을 찾으십시오. 즉, 의의 태양, 우리 주 예수 그리스도를 향해 돌아서십시오. 그의 이름은 돋는 해라 일컬어집니다. 이는 그분이 성령을 통해 당신의 마음에서 일어나서 이 세상에 오는 모든 사람을 비추는 그 자비의 빛을 당신에게 보여주기 때문입니다.

C2. DE NATURA ANIMALIUM AESAUREP

Est qui vocatur aesaure elicae[372]. Dixit Physiologus. Cum senuerit impeditur duobus oculis et excaecatur non vidit solis lumen. Quid

---

370 말 4.2: et orietur vobis timentibus nomen meum **sol iustitiae** et sanitas in pinnis eius et egrediemini et salietis sicut vituli de armento.

371 슥 6.12a: et loqueris ad eum dicens haec ait **Dominus** exercituum dicens ecce vir **Oriens nomen eius.**

372 그리스어본에서 '햇살 도마뱀'을 의미하는 'σαύρα ἡλιακή'(사우라 헬리케)의 음역이다.

ergo facit naturae suae? Quaerit parietem intrans in scissuram parietis. Adtendentem ad orientem et ortu solis aperientur oculi eius.

Ne oculi cordis tui aliquando impediantur. Quaere ergo qui oriri facit solem iustitiae. Dominum Ihesum Xpistum cuius nomen *oriens*[373] vocatur per Prophetam, et iste *sol iustitiae*[374] aperiet tibi intellegibilis oculos cordis.

C2. 동물 햇살 도마뱀의 특성에 대하여

햇살 도마뱀이라 불리는 것이 있습니다. 피지올로구스는 말합니다. 이 동물은 늙으면 두 눈에 장애가 생기고 햇빛을 보지 못하면서 눈멀게 됩니다. 그러면 그는 자신의 본성에 따라 무엇을 하겠습니까? 그는 벽을 찾아 벽의 갈라진 틈으로 기어들어 갑니다. 동쪽을 바라보다가 해가 뜨면 그의 눈이 떠집니다.

당신의 마음의 눈이 언젠가 장애를 갖지 않도록 하십시오. 그러므로 정의의 해를 뜨게 하시는 분인 주이신 예수 그리스도를 찾으십시오. 그분의 이름은 선지서에 의해 돋는 해로 불립니다. 그 의의 태양이 가지적(可知的)인 마음의 눈을 열어주실 것입니다.

---

373 슥 6.12a: et loqueris ad eum dicens haec ait **Dominus** exercituum dicens ecce vir **Oriens nomen eius.**

374 말 4.2: et orietur vobis timentibus nomen meum **sol iustitiae** et sanitas in pinnis eius et egrediemini et salietis sicut vituli de armento.

50. 타조

B27

B27. ASIDA[375]

Item est animal quod dicitur asida, quod graeci struthiocamelon, latini struthionem dicunt. De isto animali Hieremias propheta dicit: *Et asida in caelo cognovit tempus suum*[376]. Physiologus dicit hoc quasi volturium esse; habet quidem pennas sed non volat sicut caeterae aves; pedes vero habet similes camelo, et ideo graece structocamelon dicitur. Hoc ergo animal, cum venerit tempus suum ut ova pariat, elevat oculos suos in caelum et videt si stella illa quae dicitur Virgilia ascendit; non enim ponit ova sua in terra nisi quando stella illa oritur in caelo. De qua stella dicit Hiob: *Qui facit Virgiliam et septentrionalem et dextrum et promptuaria austri.*[377]

---

375 그리스어로 'ασιδα'(아시다)의 음역으로, 일반적으로 '학'이라고 번역되지만, 본문에서는 '타조'를 의미하고 있다. 개역개정판에는 '학'이라고 번역되어 있다.

376 렘 8.7: *milvus in caelo cognovit tempus suum* turtur et hirundo et ciconia custodierunt tempus adventus sui populus autem meus non cognovit iudicium Domini. 본문은 불가타의 'milvus'(솔개) 대신에 'asida'(타조)라는 단어를 사용하고 있다. 칠십인역은 다음과 같다: καὶ ἡ **ασιδα** ἐν τῷ οὐρανῷ ἔγνω τὸν καιρὸν αὐτῆς.

377 욥 9.9: *qui facit Arcturum et Oriona et Hyadas et interiora austri.* 개역개정판은 다음과 같다: "북두성과 삼성과 묘성과 남방의 밀실을 만드셨으며".

B27. 타조

또한 타조라고 부르는 동물이 있습니다. 이 동물은 그리스어로 '스트루티오카멜론[378]이라 하고 라틴어로 '스트루티오'라고 합니다. 이 동물에 대해 선지자 예레미야가 말합니다. "공중의 타조도 자신의 때를 안다." 피지올로구스가 이르기를 이 동물은 독수리 같다고 합니다. 실제로 날개를 갖고 있긴 하지만 다른 새들처럼 날지는 않습니다. 낙타와 비슷한 발을 가지고 있습니다. 이로 인해 그리스어로 '스트룩토카멜론[379]이라고 불립니다. 따라서 이 동물은 알을 낳을 자신의 때가 오면 눈을 하늘로 들어 묘성이라 불리는 그 별이 떠올랐는지 살핍니다. 그 별이 하늘에 뜨지 않으면 땅에 자기 알을 낳지 않습니다. 욥이 그 별에 대해 말합니다. "누가 묘성과 북쪽 별과 오른쪽 별과 남방의 밀실을 만드셨습니까?"

Tempore enim suo oritur Virgilia stella in caelo, id est quando messes florent et aestas est, circa mensem iunium; tunc asida, cum viderit Virgiliam ascendisse in caelo, fodit in terra et ibi ponit ova sua et cooperit ea de sabulone in eremo; cum autem ascenderit de loco illo, statim obliviscitur et non redit ad ova sua. Est enim hoc animal naturaliter obliviosum; et ideo tempore aestatis generat ova et obruit illa de arena ut, quod illa factura esset, sedens super ova sua et ex fetu suo, eduxeret pullos suos: hoc ei temporis tranquillitas et aeris temperies praestare videtur, ut aestate calefacta arena excoquat ova et excludat pullos illos.

---

378 이 용어는 타조를 의미하는 그리스어 'στρουθίον'(스트루티온)와 낙타를 의미하는 그리스어 'κάμηλος'(카멜로스)의 합성어다.

379 '스트루티오카멜론'의 다른 이름이다.

묘성은 실제로 자신의 때 즉, 작물이 왕성한 6월경 여름, 하늘에 떠오릅니다. 그때 타조는 하늘에 모성이 떠오른 것을 보면, 땅을 파고 거기에 자기 알을 낳고 사막 모래로 덮어둡니다. 하지만 그곳을 떠나가면 즉시 잊어버리고 자기 알에게 돌아가지 않습니다. 이 동물은 천성적으로 잘 잊어버리기 때문입니다. 이 때문에 여름에 알을 낳고 모래로 알을 묻습니다. 이렇게 해야 하는 것은 타조가 알 위에 앉아서 알을 부화시켜서 자신의 새끼를 깨어 나오게 하려는 것입니다. 타조에게 평온한 계절과 적절한 기후가 더 나아 보이는 이유는 여름 더위에 뜨거워진 모래로 알을 데우고 새끼들을 부화시키고자 함입니다.

Si ergo asida agnoscit tempus suum et elevat oculos suos in caelum, et obliviscitur posteritatis suae, quanto magis nos oportet agnoscere tempus nostrum, oblivisci terrena et sequi caelestia, et elevare oculos cordis nostri? dicente apostolo: *Quae retro sunt obliviscens, ad destinatum contendo bravium supernae vocationis.*[380] Et dominus in evangelio dicit: *Qui diligit patrem aut matrem aut filios plus quam me, non est me dignus*[381]. Et illi qui excusabat se propter sepulturam patris dicit: *Dimitte mortuos sepelire mortuos suos, tu autem veni sequere me*[382].

---

380 빌 3.13-14: fratres ego me non arbitror conprehendisse unum autem **quae quidem retro sunt obliviscens** ad ea vero quae sunt in priora extendens me **ad destinatum persequor ad bravium supernae vocationis** Dei in Christo Iesu. 본문은 불가타의 'persequor'(좇아가노라) 대신에 'contendo'(좇아가노라)라는 단어를 사용하고 있다.

381 마 10.37: **qui amat patrem aut matrem plus quam me non est me dignus et qui amat filium aut filiam super me non est me dignus.** 본문은 불가타의 'amat'(사랑하다) 대신에 'diligit'(사랑하다)라는 단어를 사용하고 있고, 불가타에 없는 'filios'(자식을)이라는 단어를 추가하고 있다.

382 마 8.22: Iesus autem ait illi **sequere me et dimitte mortuos sepelire mortuos suos.**

그러므로 타조가 자신의 때를 알고 자기 눈을 하늘로 들뿐만 아니라 자신의 새끼들을 잊는다면, 우리는 얼마나 더욱 우리의 때를 알고 세상 것을 잊을 뿐만 아니라 하늘의 것을 좇고 우리 마음의 눈을 높이 들어야만 하겠습니까? 사도께서 말씀하십니다. "뒤에 있는 것은 잊어버리고, 푯대를 향하여 위에서 부르신 부름의 상을 위하여 좇아가노라." 주님도 복음서에서 말씀하십니다. "아비나 어미 혹은 자식을 나보다 더 사랑하는 자는 내게 합당치 아니하니라." 아버지의 장례로 인해 양해를 구했던 이에게도 말씀하십니다. "죽은 자들로 저희 죽은 자를 장사하게 하고 너는 와서 나를 좇으라."

51. 수탉

C31

C31. DE GALLI CANTU

Est etiam galli cantus suavis in noctibus non solum suavis, sed etiam utilis, qui quasi bonus cohabitator et dormientem excitat et sollicitum admonet et viantem consolatur, processum noctis canora significatione protestans. Hoc canente latro suas relinquit insidias. Hoc ipse Lucifer excitatus oritur caelumque inluminat. Hoc canente maesticiam trepidus nauta deponit, omnisque crebro vespertinis flatibus excitata tempestas et procella mitescit.

C31. 수탉의 노래에 대하여

감미로운 수탉의 노래는 밤에는 감미로울 뿐만 아니라 유익합니다. 이 노래는 좋은 동반자와 같이 잠든 자를 깨우고 불안해하는 사람을 타이르고 곡조 있는 신호로 밤의 진행 상황을 증언해주며 여행하는 사람을 위로해 줍니다. 이 노래로 인해 도적은 그의 계획을 포기합니다. 이 노래로 소환된 새벽별은 솟아올라 하늘을 비춥니다. 이 노래로 불안해하는 선원은 슬픔을 떨쳐버리며, 저녁 바람에 자주 휘몰아치는 모든 폭풍과 풍랑은 잦아듭니다.

Hoc devotus aspectus exsilit ad precandum, legendi quoque munus instaurat. Hoc postremo canente ipse pastor et ecclesiae Petrus culpam suam diluit, quam priusquam gallus cantaret negando contraxerat. Istius cantu spes omnibus redit, aegri levatur incommodum, minuetur dolor vulnerum, febrium flagrantia mitigatur, revertetur fides lapsis. Spiritus titubantes respexit, errantes corrigit, denique respexit Petrum et statim error abscessit, passa est negatio, secuta confessio. Quod non fortuitu accedisset, sed haec sententia Domini lectio docet.

이 노래로 기도하고자 하는 경건한 모습이 솟아오르고, 이로 인해 (성경)을 읽어야 하는 사명을 확립합니다. 이 마지막 노래로 교회의 목자인 베드로는 수탉이 울기 전에 부인함으로써 체결된 자신의 죄를 씻었습니다. 이 노래를 통해 모두에게 희망이 돌아오고, 아픈 이들의 불편함이 줄어들고, 상처의 고통이 완화되며, 열병의 열기가 사그라들고, 타락한 이들의 신앙이 회복됩니다. 성령께서 흔들리는 자들을 바라봐 주시고, 잘못하고 있는 자들을 바로잡아 주셨습니다. 마침내 성령께서 베드로를 바라봐 주시니 즉시 그 잘못이 제거되었으니, 부인함은 사라지고 고백이 뒤따랐습니다. 이 일이 우연히 일어난 것이 아니니, 이것은 주님의 의도에 의한 것이라고 성경은 가르치고 있습니다.

Sic enim scriptum est quia dixit Ihesus ad Symonem *non cantabit gallus priusquam me ter negis*[383]. Bene fortis in die Petrus nocte

---

383 요 13.38: respondit Iesus animam tuam pro me ponis amen amen dico tibi **non cantabit gallus donec me ter neges.**

turbatur. et ante galli cantum labitur et labitur tercio. Ut scias non inconsulta effusione sermonis relapsum sed mentis quoque notatione turbatum ta videns tamen post galli cantum fit fortior et iam dignus quem ut Xpistus aspiciat. *oculi Domini super iustos*[384]. Agnovit venisse remedium post quod iam errare non possit et in virtutem adversuo mutatus amarissime flevit ut lacrimis suis deleret errorem. Respice nos quoque Domine Ihesu Xpiste ut nos propria cognoscamus errata.

기록된 것처럼 예수께서 시몬에게 말씀하셨습니다. "닭 울기 전에 네가 세 번 나를 부인하리라 하셨느니라." 낮에 강했던 베드로는 밤에는 흔들렸습니다. 그리고 수탉이 울기 전에 그는 세 번 미끄러지고 또 미끄러졌습니다. 당신도 알고 있듯이, 베드로는 무분별한 말을 쏟아내며 뒤로 물러서지 않았으며, 정신 상태가 혼란하였으나, 수탉이 울고 난 후에 이제 그리스도께서 그를 살펴보고 계신다는 사실을 알고는 더 강해지고 합당한 자가 되었습니다. "주의 눈은 의인을 향하시고." 그는 해결책이 도달했다는 사실을 인지하고는 이후에는 더 이상 잘못을 저지를 수 없었으며 덕으로 변화된 후에는 눈물로 잘못을 없애기 위해 심히 통곡했습니다. 주 예수 그리스도여, 우리도 우리 자신의 실수를 깨달아 알 수 있도록 우리를 바라봐 주십시오.

---

384 시 34.15(VUL 33.16): *oculi Domini super iustos* et aures eius in precem eorum; 벧전 3.12: quia *oculi Domini super iustos* et aures eius in preces eorum vultus autem Domini super facientes mala.

52. 말
C32

C32. Caballus

C32. Caballus ante cabo dictus, propter quod gradiens ungula inpraessa terrarn concavet, quod reliqua animalia non habent. Inde et sonupes quod pedibus sonat. Vivacitas equorum multa, exultant enim in campis, odorantur bellum, excitantur sono tube ad proelium, voce adcensi ad cursum provocantur. Dolent cum victi fuerint, exultant cum vincerint. Quidam hostis in bello sentiunt adeo ut adversarios morsu petant. Aliqui etiam proprios Dominos recognoscunt, obliti mansuetudinis si mutentur. Aliqui propter Dominum dorso nullum recipiunt. Interfectis vel morientibus Dominis, multi lacrimas fundunt. Solum etiam equum propter hominem lacrimare et doloris affectum sentire. Inde centaurum equorum et hominum natura permixta est.

C32. 말

'카발루스'(말)는 '카보'(오목한)라는 말에서 이름이 붙여졌습니다. 왜냐하면 말이 걸을 때 발굽 무늬가 다른 동물들이 만들지 않는 곡선을 땅에 만들기 때문입니다. 그리고 발로 소리를 내기 때문에 '소누페스'(소리를 내는 발)이라고도 불립니다. 말들은 활기는 대단하여, 들판에서 뛰어다니고, 전쟁 냄새를 맡고, 나팔 소리에 전투에 나서며, 경주를 재촉하는 조련사의 목소리에 흥분합니다. 말들은 패배하면 슬퍼하고, 승리하면 기뻐합니다. 어떤 말들은 전쟁 중에 너무 예민해져서, 적들을 물어뜯기도 합니다. 어떤 말들은 자기 주인만 알아보고, 주인이 바뀌면 난폭해집니다. 어떤 말들은 주인 외에 누구에게도 등을 내주지 않습니다. 주인이 죽임을 당하거나 죽게 되면, 많은 말들이 눈물을 흘립니다. 오직 말만이 사람 때문에 눈물을 흘리고 슬픔의 감정을 느낍니다. 그러므로 켄타우루스[385]에게 말과 인간의 본성이 섞여 있는 것입니다.

---

385 그리스 신화에서 반인반마(半人半馬) 종족.

성경 찾아보기

성경	약어	장.절 *VUL: 불가타/ LXX: 칠십인역	우화 번호	이야기 번호
창세기	창	30.37	14	Y14, B11
		49.9	1	Y1, B1, C1
출애굽기	출	15.9	36	B17
		17.12	32	Y32
		20.12	10	B10
		21.17	10	Y10, B10, C7
레위기	레	11.29	34	Y34
민수기	민			
신명기	신	14.8	37	Y37
		14.17	7	Y7
		14.18-19	5	B5, C3
		33.17	35	Y35, B16
사무엘상	삼상	2.3	21	B20
욥기	욥	4.11	33	Y33
		6.5	25	B21
		9.9	50	B27
		31.40	14	Y14, B11
		39.5	11	Y11
시편	시	4.6(VUL 4.7)	17	B14
		18.43(VUL 17.45)	7	B7
		18.44(VUL 17.46)	7	B7
		24.10(VUL 23.10)	1	Y1, B1, C1
		27.14(VUL 26.14)	41	B28
		29.6(VUL 28.6)	35	Y35, B16
		34.15(VUL 33.16)	1	C31
		40.1-2(VUL 39.2-3)	20	B33
		42.1(VUL 41.2)	43	Y43, B29
		45.2(VUL 44.3)	29	B23

성경	약어	장.절 *VUL: 불가타/ LXX: 칠십인역	우화 번호	이야기 번호
시편	시	45.9(VUL 44.10)	29	Y29
		48.8(VUL 47.9)	29	B23
		49.20(VUL 48.21)	15	Y15, B12
		58.4-5(VUL 57.4-5)	34	Y34
		63.9(VUL 62.10)	18	B15
		63.10(VUL 62.11)	18	Y18, B15
		68.6(LXX 67.7)	19	B32
		68.18(VUL 67.19)	5, 29	Y5, B23
		69.1(VUL 68.2)	20	Y20, B33
		78.65(VUL 77.65)	29	B23
		87.3(VUL 86.3)	29	B23
		92.10(VUL 91.11)	35	B16, C21
		102.6(VUL 101.7)	6	Y6, B6, C4
		102.7(VUL 101.7)	7	Y7, B7
		103.5(VUL 102.5)	8	Y8, B8, C6
		104.17(VUL 103.17)	27	Y27, B22
		104.18(VUL 103.18)	43	B29
		104.25(VUL 103.25)	17	B14
		116.6(VUL 124.6)	20	Y20
		119.103(VUL 118.103)	29	B23
		121.1(VUL 120.1)	21, 43	B29, Y21
		121.4(VUL 120.4)	1	Y1, B1, C1
		133.1(VUL 132.1)	19	B32
		138.6(VUL 137.6)	21	B20
잠언	잠	5.3-5	30	C20
		6.6	14	Y14, B11, C14
		13.4	37	B18
		27.9	30	B24
		30.28	45	B30
아가	아	1.3(VUL 1.2)	29	B23
		1.4(VUL 1.3)	29	B23
		1.6(VUL 1.5)	16	B13
		2.8	21	Y21, B20
		2.9	21	B20
		2.12	41	Y41, B28
		2.15	18	Y18, B15, C17

성경	약어	장.절 *VUL: 불가타/ LXX: 칠십인역	우화 번호	이야기 번호
아가	아	4.3	48	Y48, B31
		4.10	29	B23
		5.2	1	Y1, B1, C1
		5.10	48	B31
이사야	사	1.2	6	Y6, B6, C4
		1.16-18	48	B31
		13.21	15	Y15, B12, C15
		13.22	15	Y15, B12, C15
		26.17-18	32	Y32
		38.14	42	Y42
		42.7	28	Y28
		43.2	45	B30
		54.1	11	Y11
		63.1	48	B31
예레미야	렘	6,	6, 8	Y6, Y8, C6
		3.2	40	Y40
		8.7	42, 50	Y42, B27
		12.9	37	Y37, B18
		17.11	31	Y31, B25
		50.8	14	Y14
에스겔	겔	29.3	39	Y39
다니엘	단	2.34	32	Y32
		3.18	48	B31
		13.52(VUL)	8, 13	Y8, Y13
호세아	호	2.23	7	Y7, B7
		5.14	29	Y29, B23, C18
		13.14	38	B19
요엘	욜			
아모스	암	7.7	47	Y47
		7.14	28	Y28
스가랴	슥	6.12	49	Y49, B37, C2
		9.9	29	B23
말라기	말	4.2	49	Y49, B37, C2
지혜서	지혜	6.21-24	29	B23
집회서	집회	9.9	3	Y3
마태복음	마	3.7	12	Y12, C8

성경	약어	장.절 *VUL: 불가타 / LXX: 칠십인역	우화 번호	이야기 번호
마태복음	마	3.16	48	Y48
		4.4	27	B22
		4.16	28	Y28
		5.17	9	B9
		5.37	33	Y33
		6.9	20	B33
		6.24	37	B18
		7.14	13	Y13, C9
		8.17	26	Y26
		8.20	18	Y18, B15
		8.22	17	B14, B27
		10.16	13, 19	Y13, B32, C9
		10.22	27, 41	B22, B28
		10.37	59	B27
		11.11	48	B31
		11.29	35	B16
		13.52	9	B9
		25.8	14	Y14, B11
		25.9	14	Y14
		25.35	21	B20
		25.41	34	B26
		26.27	6	Y6, C4
		27.28	48	Y48, B31
		27.52	38	B19
		28.19	8	C6
		28.20	29	B23
마가복음	막	5.1-17	43	B29
누가복음	눅	1.35	19	Y19, B32
		1.69	35	Y35, B16, C21
		3.7	12	Y12, C8
		3.21-22	48	Y48
		6.45	19	B32
		8.26-33	43	B29
		12.32	7	Y7, C5
		13.32	18	B15, C17
		13.35	5	Y5

성경	약어	장.절 *VUL: 불가타/ LXX: 칠십인역	우화 번호	이야기 번호
누가복음	눅	22.48	21	B20
요한복음	요	1.12	5	B5
		1.14	1, 35	Y1, B16, C1, C21
		1.29	21, 22, 23, 51	Y21, Y23, B31, C29-2
		1.32	48	Y48
		3.5	8	B8
		3.14	5	Y5, B5, C3
		3.19	7	B7
		4.15	13	Y13
		9.29	7	B7
		10.17-18	9	Y9, B9
		10.30	36	Y35
		13.38	51	C31
		14.18	29	B23
		14.30	5, 36	Y5, B5, B17, C3
		16.33	29	B23
		17.12	29	B23
		18.36	23	Y23
		19.15	7	B7
		20.17	29	B23
로마서	롬	1.25	6	Y6, C4
		7.14	14	Y14, B11, C12
		8.3	36	B16
		8.13	18	B15
		9.25	7	Y7, B7
		11.33	14	Y17
		13.7	13, 36	Y13, Y36, B17
		15.8	7	Y7
고린도전서	고전	1.23-24	29	B23
		9.22	7	Y7
		10.11	14	B11
		11.3	13, 35	Y13, B16, C11
		11.7	7	C5
		15.54	38	B19
		15.55	38	Y38, B19
고린도후서	고후	2.11	29, 30	Y29, Y30

성경	약어	장.절 *VUL: 불가타/ LXX: 칠십인역	우화 번호	이야기 번호
고린도후서	고후	3.6	14	Y14, B11
		5.21	7	Y7, C5
		11.2	40	Y40
갈라디아서	갈	3.27	41	Y41
		4.5	7	Y7
		4.24	14	Y14
		5.19-21	17	B14
		5.22	17, 29, 36	Y29, B14, B17
		5.23	17, 36	B14, B17
		6.14	19	C24
에베소서	엡	3.10	29	Y29
		4.5	42	Y42
		4.8	5, 36	B5, C3, B23
		4.24	8	Y8
		5.27	5	Y5
		6.12	13	Y13
빌립보서	빌	2.8	20	Y20
		3.13-14	50	B27
데살로니가전서	살전	2.8	43	B29
		5.23	20	B33
데살로니가후서	살후	2.8	25	B21
디모데전서	딤전	2.4	48	B31
		6.10	37	B18
디모데후서	딤후	2.19	21	Y21
		3.5	15	Y15, B12, C15
히브리서	히	11.33	45	B30
야고보서	약	1.8	15, 33, 37	Y15, Y33, B18, C15
베드로전서	벧전	2.7	32	Y32
		2.22	5	Y5, B5
		5.8	25	B21
요한계시록	계	17.4	48	Y48

라틴어 찾아보기

라틴어 우화 명칭	우화 번호
achates lapis	22, 23
achatis lapis	22, 23
adamantinus lapis	24, 47
aesaure elicae	49
anguilla solis	49
antelups	2
aquatica rana	44
aquila	8
arbor peredexion	19
arbor peredixion	19
arbor peridexion	19
asida	50
aspidoceleon	30
aspidochelone	30
aspidohelune	30
aspischelone	30
autolops	2
autolopus	2
caballus	52
calatrius	5
caprea	21
castor	36
cersea rana	44
cervus	43
charadrius	5
columba	48
cornicola	40
dorchon	21
dorcon	21
echinemon	39

라틴어 우화 명칭	우화 번호
elephans	20
elephas	20
eliace saura	49
elicae aesaure	49
eliphans	20
epope	10
ericius	16
formica	14
fulica	27
gallus	51
herinacius	16
herodius	27
honocentaurus	15
honotaurus	15
hyaena	37
hydrus	38
hyena	37
hyrundo	42
ibis	17
ignifer lapis	3
indicus lapis	26
lacerta	49
lapis achates	22, 23
lapis achatis	22, 23
lapis adamantinus	24, 47
lapis ignifer	3
lapis indicus	26
lapis magnis	46
lapis pirobolus	3
lapis sindicus	26
leo	1
magnis lapis	46
margarita	23
mirmicoleon	33
monoceras	35
monoceros	35
mustela	34
nicticorax	7
niluus	38

라틴어 우화 명칭	우화 번호
nocticorax	7
nycticorax	7
onager	11, 25
onocentaurus	15
panther	29
panthera	29
pelicanus	6
perdix	31
peredexion arbor	19
peredixion arbor	19
peridexion arbor	19
phenix	9
pirobolus lapis	3
psycomora	28
rana aquatica	44
rana cersea	44
salamandra	45
saura eliace	49
serena	15
serpens	13
serra	4
simia	25
simius	25
sindicus lapis	26
sirena	15
solis anguilla	49
stellio	45
struthio	50
struthiocamelon	50
syrena	15
tragelaphus	20
turtur	41
unicornis	35
upupa	10
vipera	12
vulpis	18
vultur	32
yppopus	10
yricius	16